Ponto Chic
Um bar na história de São Paulo

Dados Internacionais de Catalogação na Publicação (CIP)
(Câmara Brasileira do Livro, SP, Brasil)

Iacocca, Angelo
　　Ponto Chic : um bar na história de São Paulo / Angelo Iacocca. – São Paulo: Editora Senac São Paulo, 2011.

　Bibliografia
　ISBN 978-85-396-0168-4

　1. Bares – São Paulo (SP) 2. Ponto Chic (Bar) – São Paulo (SP) – História 3. São Paulo (SP) – História I. Título.

11-13125　　　　　　　　　　　　CDD-647.958161

Índice para catálogo sistemático:
1. Bar Ponto Chic : São Paulo : Cidade :
　　História　　647.958161

ANGELO IACOCCA

Ponto Chic
Um bar na história de São Paulo

editora
senac
são paulo

ADMINISTRAÇÃO REGIONAL DO SENAC NO ESTADO DE SÃO PAULO
Presidente do Conselho Regional: Abram Szajman
Diretor do Departamento Regional: Luiz Francisco de A. Salgado
Superintendente Universitário e de Desenvolvimento: Luiz Carlos Dourado

EDITORA SENAC SÃO PAULO
Conselho Editorial: Luiz Francisco de A. Salgado
　　　　　　　　　　 Luiz Carlos Dourado
　　　　　　　　　　 Darcio Sayad Maia
　　　　　　　　　　 Lucila Mara Sbrana Sciotti
　　　　　　　　　　 Jeane Passos Santana

Gerente/Publisher: Jeane Passos Santana (jpassos@sp.senac.br)

Edição de Texto: Maísa Kawata
Preparação de Texto: Sandra Kato
Revisão de Texto: Denise de Almeida, Fátima de Carvalho M. de Souza,
　　　　　　　　　 Luiza Elena Luchini (coord.), Milena Cavalcante
Projeto Gráfico e Capa: Antonio Carlos De Angelis
Ilustrações do Miolo e da Capa: Anna Paula de Sousa e Silva
Fotos: Claudio Wakahara
Impressão e Acabamento: Salesianas

Comercial: Rubens Gonçalves Folha (rfolha@sp.senac.br)

Proibida a reprodução sem autorização expressa.
Todos os direitos reservados a
Editora Senac São Paulo
Rua Rui Barbosa, 377 – 1º andar – Bela Vista – CEP 01326-010
Caixa Postal 1120 – CEP 01032-970 – São Paulo – SP
Tel.(11) 2187-4450 – Fax (11) 2187-4486
E-mail: editora@sp.senac.br
Home page: http://www.editorasenacsp.com.br

© Angelo Iacocca, 2011

Sumário

- 7 Nota do editor
- 9 Um local de vivas recordações
  Ignácio de Loyola Brandão
- 13 Alguns anos antes...
- 19 Anos 1920
- 41 Anos 1930
- 69 Anos 1940
- 105 Anos 1950
- 165 Anos 1960
- 203 Alguns anos depois...
- 217 Receitas do Ponto Chic
- 239 Bibliografia

Nota do editor

Inaugurado em 1922, no largo do Paissandu, o Ponto Chic fazia parte do circuito da vida noturna que se desenvolvia ao longo da avenida São João, onde se concentrava a maioria dos cinemas, teatros, confeitarias, casas noturnas, bares e restaurantes da moda.

Para a juventude da época, em especial para os estudantes da Faculdade de Direito do largo São Francisco, o Ponto Chic era o local para onde todos convergiam com a certeza de viver momentos agradáveis, encontrar os amigos, discutir política, comemorar vitórias ou encontrar conforto nas derrotas. Além de local de encontro dos estudantes, o Ponto Chic também foi reduto de artistas, poetas, intelectuais, políticos, jornalistas, profissionais do futebol e de uma legião de frequentadores anônimos à procura de um bom chope ou para saborear o delicioso sanduíche bauru, criado no bar em 1936 por um estudante da São Francisco.

Com esta publicação, o Senac São Paulo apresenta o bar que dá título ao livro como ponto de partida para mostrar a história de São Paulo entre as décadas de 1920 e 1960.

À boemia paulistana.

Um local de vivas recordações

Saindo do jornal *Última Hora*, no Vale do Anhangabaú, subíamos a rua Capitão Salomão e, chegando ao Paissandu, íamos direto ao Ponto Chic. Ali começava a peregrinação pela noite. Ali nos abastecíamos. Era um bar-restaurante simples, sem nenhuma sofisticação, com um grande balcão de mármore gasto e arruinado pelo tempo. Mas, por trás daquele balcão, havia um criador excelso de sanduíches. Jamais vi alguém fazer sanduíches tão depressa e tão saborosos. Aquele sim foi o primeiro *fast-food*. E não sabíamos. Entre o pedido, feito em pé no balcão, e a entrega passavam-se dois minutos. Quando o sanduicheiro entregava o prato, o queijo ainda escorria quente, derretendo, caindo pelas bordas do pão. Víamos o mestre cortar o pão francês, ir à frigideira, recolher a massa (imaginávamos lava de queijo) candente, colocá-la sobre o pão, separar com carinho as fatias de rosbife, o tomate e o pepino e depositar à nossa frente. Um ritual. Pequeno cerimonial repetido centenas de vezes por dia, entrando pela madrugada.

Ponto Chic. Uma instituição. A salvação para quem tinha pouco dinheiro para comer e muita fome. O bauru valia por um prato reforçado, era generoso e barato. Na verdade, tirando os grandes restaurantes da cidade, comia-se barato em São Paulo. Comia-se relativamente bem, mesmo em restaurantes populares. Não posso dizer se defino o Ponto Chic como bar, restaurante ou lanchonete. O que interessa? O que importa foram as gerações que passaram por ele. Estudantes, operários, o pessoal do circo que se reunia nas proximidades, artistas (Anselmo Duarte, Odete Lara, Cacilda Becker e Walmor Chagas, Irene Ravache, entre outros que vi), jornalistas, advogados, prostitutas, cáftens, vagabundos, jogadores de futebol, políticos, professores, escritores (Abílio Pereira de Almeida, Ricardo Ramos, Lygia Fagundes Telles, Jorge Mautner, Antônio Bivar), colunistas sociais (quantas vezes acompanhei a Alik Kostakis, uma das mais lidas, para que ela enfrentasse o mexido de ovos e presunto; quantas vezes encontrei ali o Tavares de Miranda, o Mattos Pacheco?), empresários (pois não almoçava ali o Joseph Halfin, o *big boss* da Air France?), banqueiros e bancários, *socialites*.

O Ponto Chic foi a instituição mais democrática que conheci. Igualava classes sociais. Promovia a solidariedade. Dia e noite, cheio. Barulhento. Com o cheiro do queijo derretido se esparramando pelo ar. Com os copos suados de chope circulando entre as mesas. As pessoas falando alto. Naquele tempo – e falo dos anos 1960 –, o centro era diferente, as coisas aconteciam por ali, onde estavam os grandes cinemas da cidade, hoje espalhados pelos *shoppings* e imediações da Paulista. Ia-se ao centro ver filmes. Obrigatório o paletó e gravata para entrar no Ipiranga, Olido, Rivoli, Paissandu, Metro, Rio Branco. Passava-se pelo Ponto Chic. Antes ou depois da sessão. Saía-se do trabalho, comia-se o bauru, entrava-se no cinema. Ou deixava-se o cinema e corria-se para o bauru ou o mexido, as duas instituições maiores. Ali era o ponto de encontro, num tempo em que os bares ou restaurantes eram lugares para se jogar conversa fora. Hoje, come-se e bebe-se discutindo negócios. Como discutir um negócio tendo à sua frente a frigideira quente e o mexido que exala inefável cheiro de presunto de boa qualidade misturado ao queijo candente? Ou será que ajuda a amolecer as almas?

O Ponto Chic que frequentei ficava no centro de uma cidade tranquila. Podia-se andar, parar na esquina, ficar horas sentado na praça da República, circular pela Boca do Luxo ou do Lixo. Existia a marginalidade, mas ela nos deixava de lado, se não nos intrometêssemos nos assuntos dela. Havia os malandros, ladrões, cáftens, havia a escória, mas eram raros os casos de agressão gratuita, assaltos. Aliás, a malandragem que rondava em torno dos bordéis e inferninhos preocupava-se com a segurança dos frequentadores. Porque o movimento podia cair, a polícia baixar, e atrapalhava tudo. Existia mesmo uma ética marginal, desaparecida na violência indiscriminada que tomou conta da cidade e tornou o centro terra arrasada.

Uma vez que tudo se descentralizou, os cinemas se foram, as grandes lojas também, muita coisa fechou, o Ponto Chic preferiu se espalhar. Pode ser encontrado em pontos diversos da cidade. Mesmo porque São Paulo cresceu de tal modo, o trânsito bagunçou de tal maneira, que se tornou complicado ir ao Paissandu apenas para comer bauru ou mexido. O Ponto Chic se tem modernizado, conservando todavia seus dons maiores, o sanduíche que o celebrizou e o mexido que foi imitado, copiado, e nunca igualado. Nunca, em tempo algum. Talvez porque as frigideiras é que contenham o segredo, nos amassados e na pretura. Jamais coma um mexido se a frigideira for limpa, nova. Perde o gosto. Confira. É uma pequena dica de um velho frequentador.

Ignácio de Loyola Brandão

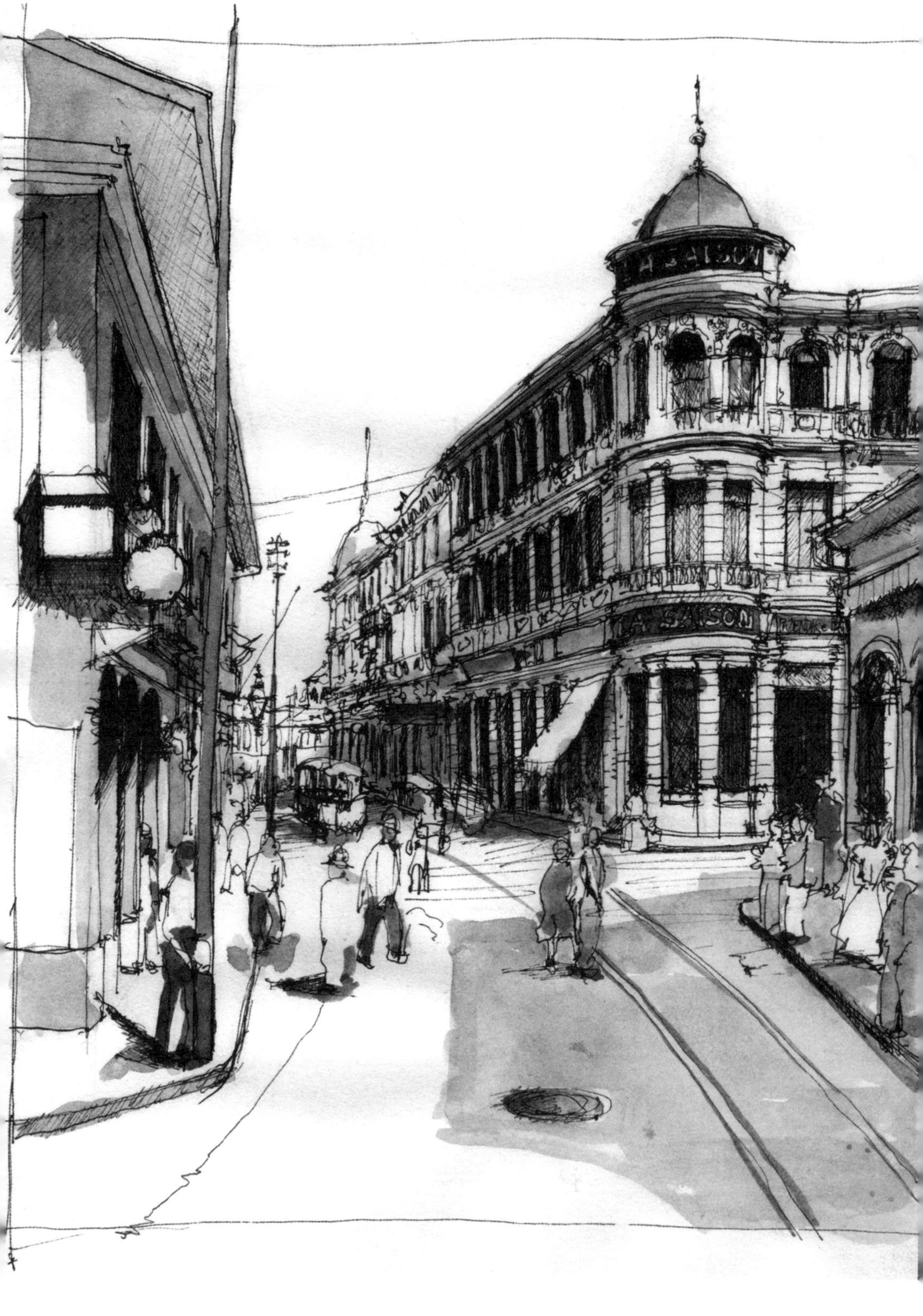

A SAISON
LA SAISON

Alguns anos antes...

Dos barões do café aos primórdios da industrialização

Quando o burgo se transforma em metrópole, surge uma cidade agitada e com sotaque francês No início do século XX, São Paulo ainda conservava algumas características de cidade provinciana, com uma economia basicamente agrícola. A riqueza estava no campo, onde imperava a aristocracia territorial dos "barões do café".

As atividades comerciais eram desenvolvidas inicialmente no tradicional Triângulo, formado pelas ruas São Bento, Direita e 15 de Novembro, onde se concentravam as casas bancárias e os principais estabelecimentos comerciais, que aos poucos se espalhariam também em áreas próximas como o largo da Sé, ladeira de São João e nas ruas Boa Vista, General Carneiro, Florêncio de Abreu, Líbero Badaró, Benjamin Constant e José Bonifácio, no chamado *centro velho*.

A garoa, ao lado dos lampiões de gás, fazia parte do cenário paulistano. Na região central, para se locomoverem, as pessoas utilizavam os bondinhos puxados a burros, os ágeis tílburis ou os confortáveis "carros de praça" puxados por cavalos.

Numa cidade ainda pacata, a agitação ficava por conta da presença marcante dos estudantes de direito, que sempre frequentavam os *points* mais concorridos. Nada mais normal numa cidade que, logo depois da fundação da Faculdade de Direito do largo São Francisco, em 1828, passara a ser carinhosamente chamada de "burgo dos estudantes". De fato, convergiam para a São Francisco muitos estudantes do interior paulista (filhos dos ricos fazendeiros) e de outros estados (também filhos de fazendeiros ou comerciantes), em busca de formação acadêmica e cultural. Sem problemas de dinheiro, aqueles estudantes encontravam na cidade também uma vida intensa, efervescente, marcada por encontros literários, pelo romantismo das serenatas e muita boemia.

Socialmente, as pessoas se encontravam nos cafés e confeitarias, estabelecimentos luxuosos e agradáveis localizados nas ruas centrais e principalmente no largo do Rosário (atual praça Antônio Prado), considerado o coração do Triângulo. Nas confeitarias, que permaneciam abertas até as 22 horas e recebiam público masculino e feminino, podia-se tomar sorvete e saborear doces ao som de uma pequena orquestra. As mais procuradas eram a Castellões e a Brasserie Paulista, onde as damas que saíam para as compras faziam uma pausa para o chá da tarde e aproveitavam para conversar com as amigas ou dar uma primeira folheada na *Revista da Semana*. Ainda mais movimentados, os cafés eram verdadeiros pontos de encontro, para onde convergiam os homens de negócios durante o dia e, à noite, os estudantes e a maioria dos boêmios. Os mais famosos eram o Brandão, o Guarany, o Girondino, o Acadêmico e o Java.

Do ponto de vista cultural, São Paulo contava com diversos teatros, como o Santana, o Apolo, o São José, o Politeama, o São Paulo, o Boa Vista, o Cassino Antarctica, o Palace Theatre e o famoso Teatro de Variedades, no largo do Paissandu. Outras casas de espetáculo também muito procuradas eram os cafés-concerto, entre os quais se destacavam o Cassino Paulista, na ladeira de São João, e o Moulin Rouge, no largo do Paissandu, onde à noite a mocidade se reunia para ouvir cantoras populares e assistir a números de cancã.

O fonógrafo também fazia sucesso na cidade, e as poucas casas especializadas em instrumentos musicais, entre elas a Casa Levy, vendiam o aparelho e também uma grande variedade de cilindros, ou *fonogramas*, com as novidades musicais da época. O telefone, mesmo sendo uma raridade, já podia ser encontrado em algumas casas mais abastadas. Era uma caixa de madeira fixada à parede, de onde saíam um fone de ebonite e uma manivela, e tinha pilhas na parte de baixo.

Durante algumas décadas, a garoa ainda continuaria a molhar os chapéus dos paulistanos, mas a cena do cavalo atrelado ao tílburi se repetiria por pouco tempo. A energia elétrica, que já estava acabando com os românticos lampiões de gás que emolduravam a São Paulo das serestas, vinha impondo sua força também no transporte urbano. O primeiro bonde elétrico fez sua viagem inaugural no ano de 1900 e, aos poucos, a empresa canadense The São Paulo Railway, Light & Power Co. Ltd., concessionária da eletricidade e do tráfego urbano da cidade, tomaria conta das ruas, limitando o espaço para os pequenos veículos puxados por animais, que gradualmente seriam substituídos por automóveis importados.

Com a construção da Estação da Luz, inaugurada em 1901, São Paulo, que já era a "capital comercial" daqueles fazendeiros enriquecidos, dava um passo determinante rumo ao crescimento econômico. Ao mesmo tempo, podia ostentar seu mais autêntico símbolo como a "Metrópole do Café". Muitos daqueles fazendeiros, por causa da proximidade com o porto de Santos, cidade onde negociavam seu café, resolveram se estabelecer em São Paulo, construindo suas casas inicialmente nos bairros de Campos Elíseos e Higienópolis, e depois na avenida Paulista, trazendo a beleza da arquitetura europeia para a cidade, que também passou a ser denominada "Capital dos Fazendeiros".

É bem verdade que, em sua maioria, os fazendeiros costumavam passar longas temporadas em Paris. Justificavam o fato alegando que "precisavam tomar banhos de civilização e cultura". Nada contra. Afinal, naquele tempo Paris era a capital cultural do mundo, e, como tal, reinava absoluta. Mas, na realidade, viajar não passava de uma maneira de aqueles fazendeiros gastarem uma pequena parte do dinheiro ganho com o café, e, convenhamos, não teria a menor graça gastá-lo apenas em São Paulo, e muito menos nas pequenas cidades do interior paulista onde se localizavam suas fazendas.

Por causa dessa preferência, a cidade também fazia questão de "ser francesa", a começar pelo nome de estabelecimentos comerciais como o Hotel de France, na rua São Bento, ou dos grandes magazines La Ville de

Paris e La Saison, na rua Direita. Para encontrar os últimos lançamentos da moda parisiense, bastava dar uma volta pelo sofisticado comércio da rua 15 de Novembro, onde a maioria das lojas ostentava nomes em francês: Au Printemps, Au Palais Royal, Notre-Dame de Paris, Au Louvre. Havia ainda a Casa Garraux, que vendia de tudo, onde também funcionava uma grande livraria, com livros brasileiros e importados, principalmente da França e da Itália. O mais famoso salão de cabeleireiro era o La Grand Duchesse e a mais afamada joalheria chamava-se A la Pendule Suisse. Além disso, o francês era o idioma obrigatório nas escolas tradicionais e nas casas das famílias ricas. Os filhos dos fazendeiros, por exemplo, já eram alfabetizados em francês por professores particulares a partir dos cinco anos de idade.

Graças à riqueza oriunda do café, a cidade vivia seus momentos de maior glória, com a execução de grandes projetos de melhorias e embelezamento urbanístico na região central. Entre 1903 e 1911, do outro lado do Viaduto do Chá foi construído o Teatro Municipal, num projeto que envolveu os arquitetos Ramos de Azevedo e Domiziano Rossi e o cenógrafo Claudio Rossi. Durante anos, o Municipal seria considerado o edifício mais importante de todo o estado, o teatro mais amplo do Brasil e um dos mais belos de toda a América do Sul. Inaugurado na noite de 12 de setembro de 1911, com a presença do barítono Titta Ruffo, o palco do Municipal logo iria exibir o talento de consagrados artistas internacionais, entre eles a bailarina Isadora Duncan, em 1916, e o tenor Enrico Caruso, em 1917.

A convite do prefeito barão de Duprat (1911-1914), os arquitetos franceses Bouvard e Coched executaram o projeto do parque do Anhangabaú, com belos gramados, árvores e folhagens ornamentais. Era um harmonioso complemento à beleza arquitetônica das construções em estilo neoclássico francês já existentes, como o Palacete Prates, a sede da Prefeitura e o Clube Comercial.

Com o surgimento do cinematógrafo, o paulistano podia contar com uma nova opção de lazer e diversão. Em 1912, já funcionavam no centro da cidade três boas salas de cinema: o Bijou Theatre, na ladeira de São João, o Radium, na rua São Bento, e o Iris Theatre, na rua 15 de Novembro. Considerado o mais importante acontecimento social do ano, em dezembro de 1916 foi inaugurado o Cinema Central, na ladeira de São João, esquina com a rua Formosa, com duas luxuosas salas de projeção: a Verde e a Vermelha, onde Rodolfo Valentino arrebatava os corações femininos.

Impedidos de viajar à Europa por causa da Primeira Guerra Mundial (1914-1918), os fazendeiros resolveram gastar seu dinheiro aqui mesmo e muitos investiram seus recursos no setor industrial, que ainda dava os primeiros passos. Na mesma época, para fugir da guerra, novos grupos de imigrantes europeus vieram para o Brasil, em sua maioria para São Paulo. Diferente da primeira leva de imigrantes, formada em grande parte por camponeses, dessa vez tratava-se de trabalhadores oriundos de países que já haviam passado por um expressivo processo de desenvolvimento industrial. Portanto, eles traziam na bagagem um importante aprendizado para a formação da classe operária, além de muitas ideias sobre política trabalhista e vontade de vencer na nova terra. Foi quando a cidade recebeu o grande impulso que faltava para entrar definitivamente na era industrial.

Nas décadas seguintes, São Paulo iria colher os melhores frutos daquele período de prosperidade. A industrialização marcava a chegada de novos tempos, impulsionando o desenvolvimento e acelerando o crescimento, um tanto desordenado, da futura grande metrópole. Será essa São Paulo, uma cidade em constante mutação, o pano de fundo dessa nossa história.

THEATRO MUNICIPAL

Anos 1920

Em 1922, enquanto a Semana de Arte Moderna agitava a vida cultural da cidade, no largo do Paissandu nascia o Ponto Chic

No ritmo dos Anos Loucos Os anos 1920 reservariam para a cidade de São Paulo um período de grandes mudanças políticas, econômicas, sociais e culturais, fatores que marcariam profundamente a até então pacata comunidade.

Ao se iniciar a nova década, a população de São Paulo já havia ultrapassado a marca dos 500 mil habitantes, apesar da grande epidemia de gripe espanhola de 1918 ter causado muitas vítimas. Com a urbanização das avenidas Brigadeiro Luís Antônio, Angélica e Paulista, onde foram construídas luxuosas mansões, a expansão da cidade era um fato concreto e irreversível. Devido às profundas mudanças de comportamento que testemunharam, os anos 1920 seriam mundialmente conhecidos como os Anos Loucos. A revolução vinha dos Estados Unidos, que no início da década passavam por um período de crescimento econômico e de mudanças sociais, com um clima de grande euforia e otimismo dominando o país. O norte-americano trabalhava muito, mas também queria viver intensamente, e aproveitava ao máximo seu tempo livre para frequentar teatros, cinemas, casas de espetáculos e principalmente salões de baile, onde dançava *fox-trot* e *charleston*.

Foi a época em que proliferaram as "grandes orquestras" e as *jazz-bands*, elementos indispensáveis para compor o permanente "ar de festa" em que vivia a América, e que logo seria retratada por escritores norte-americanos em livros como *Este lado do paraíso*, de Francis Scott

Fitzgerald, de 1920, que se tornaria um verdadeiro manual para o "estilo de vida" das novas gerações.

Mas seria o cinema o veículo mais importante para a difusão daquela grande "loucura", e os astros de Hollywood ditavam a moda a ser seguida pela maioria das pessoas.

O mundo vivia um período de liberdade dos costumes até então nunca imaginada. A mulher dos anos 1920, por exemplo, livrou-se dos espartilhos e passou a desfrutar de sua nova realidade. A moda, inspirada em atrizes famosas da época, como Gloria Swanson e Theda Bara, exigia cabelos curtos, grandes decotes descobrindo as costas, saias curtas mostrando pernas e joelhos, e *maillots* chegando às virilhas.

No Brasil, os conservadores ficaram escandalizados, mas as mudanças eram irreversíveis, e, apesar dos muitos conflitos – em geral, "os senhores maridos" não permitiam que as mulheres usassem "aquelas modas imoraes" –, os novos hábitos logo foram incorporados pela sociedade. A nova mulher, sempre usando sensual batom carmim e longos colares, era carinhosamente chamada de "melindrosa", e seu par ideal era o "almofadinha", que personificava o homem típico daquele período. Ele vestia terno impecável, andava bem barbeado, às vezes com um pequeno bigode bem aparado, e com os cabelos curtos e penteados para trás, devidamente engomados com brilhantina, formando um visual inspirado nos atores Rodolfo Valentino ou Ramon Novarro. Em sua maioria, os "almofadinhas" usavam sapatos de duas cores, palheta durante o dia e chapéu de feltro à noite (o mais famoso era o *Chapeo Ramenzoni*), praticavam esportes e eram exímios dançarinos. "Melindrosas" e "almofadinhas" foram figuras prediletas dos caricaturistas da época, como Belmonte, Cícero, Nemésio Dutra e outros, nas charges publicadas nas revistas *Fon-Fon!*, *Careta*, *O Malho*, *Shimmy*, *A Cigarra*, *O Cruzeiro*, *Para Todos...*, *Revista da Semana* e *Illustração Brasileira*.

Nos salões de baile, em suas *matinées* e *soirées*, as danças da moda eram o tango, o maxixe e, acompanhando a onda que vinha da América do Norte, o *fox-trot* e o *charleston*. Além de dançar, todos se divertiam cheirando lenços umedecidos com éter, que era vendido em frascos, como o popular "Colombina". Aliás, na época, quase todas as drogas estavam na moda e eram consumidas abertamente. Durante o carnaval, os salões e os corsos eram palco de verdadeiras batalhas de lança-perfume (o mais famoso era o "Rodo Metallico"), um produto que logo seria proibido, o mesmo acontecendo com as drogas.

Foi nesse clima de mudanças de comportamento que São Paulo seria palco de sua primeira grande revolução. Uma revolução cultural.

A Semana de 22 Com a realização da Semana de Arte Moderna, em fevereiro de 1922, São Paulo mostraria ao restante do país um novo perfil da cidade, e o Movimento Modernista se tornaria um marco da ruptura com as escolas acadêmicas, além de revolucionar a cultura brasileira.

Mas, para melhor entender a importância cultural da Semana de 22, como ficaria conhecida, é necessário retroceder alguns anos.

A partir de 1917, em reuniões realizadas na cidade, alguns intelectuais começaram a esboçar novas tendências, baseadas nos movimentos de vanguarda que vinham se consolidando na Europa, como o expressionismo alemão e francês, e em especial o cubismo, que surgiu na França, e, na pintura, tinha como expoentes Pablo Picasso, Braque e Mondrian, entre outros. Na literatura, além da influência de Cendrars, havia uma busca de inspiração no futurismo, um movimento de caráter agressivo e radical, iniciado em 1909 pelo italiano Filippo Tommasio Marinetti.

Nos meios literários de São Paulo destacavam-se Mário de Andrade, Oswald de Andrade, Ronald de Carvalho, Menotti del Picchia, Manuel Bandeira e Guilherme de Almeida, já revelando algumas inovações de linguagem; Villa-Lobos compunha música brasileira erudita, e nas artes plásticas surgiam a pintora Anita Malfatti e o escultor Victor Brecheret.

Os sinais de mudanças eram evidentes e, ainda em 1917, era editado o livro *A cinza das horas*, de Manuel Bandeira; Guilherme de Almeida publicava *Nós*, e Mário de Andrade, usando o pseudônimo de Mário Sobral, lançava *Há uma gota de sangue em cada poema*. Mas a grande revelação seria *Juca Mulato*, um poema regionalista de Menotti del Picchia, que foi aplaudido pelo público e pela crítica, tornando-se um *best-seller* em 1920, fato inédito para um período em que predominavam textos clássicos.

No dia 1º de dezembro de 1917, inaugurava-se em São Paulo, no Salão da rua Líbero Badaró, a primeira exposição individual da pintora Anita Malfatti, que iria gerar uma série de polêmicas, a partir de uma crítica contundente do escritor Monteiro Lobato, publicada na edição da noite do jornal *O Estado de S. Paulo*, de 20 de dezembro de 1917, com o título "Paranoia ou mistificação?".

A seguir, alguns trechos daquele artigo:

> [...] Arte Moderna, eis o escudo, a suprema justificação. Na poesia também surgem, às vezes, furúnculos desta ordem, provenientes da cegueira nata de certos poetas elegantes, apesar de gordos, e a justificativa é sempre a mesma: arte moderna.
> [...] Estas considerações são provocadas pela exposição da sra. Malfatti onde se notam acentuadíssimas tendências para uma atitude estética forçada no sentido das extravagâncias de Picasso e companhia.
> [...] Percebe-se de qualquer daqueles quadrinhos como a sua autora é independente, como é original, como é inventiva, em que alto grau possui um sem-número de qualidades inatas e adquiridas das mais fecundas para construir uma sólida individualidade artística. Entretanto, seduzida pelas teorias do que ela chama de arte moderna, penetrou nos domínios dum impressionismo discutibilíssimo, e põe todo o seu talento a serviço duma nova espécie de caricatura.
> [...] Na Exposição Malfatti figura ainda como justificativa da sua escola o trabalho de um mestre americano, o cubista Bolynson. É um carvão representando (sabe-se disso porque uma nota explicativa o diz) uma figura em movimento. Está ali entre os trabalhos da sra. Malfatti em atitude de quem diz: eu sou o ideal, sou a obra-prima, julgue o público do resto tomando-me a mim como ponto de referência.
> Tenhamos coragem de não ser pedantes: aqueles gatafunhos não são uma figura em movimento; foram, isto sim, um pedaço de carvão em

movimento. O sr. Bolynson tomou-o entre os dedos das mãos ou dos pés, fechou os olhos, e fê-lo passar na tela às tontas, da direita para a esquerda, de alto a baixo.

[...] Já em Paris se fez uma curiosa experiência: ataram uma brocha na cauda de um burro e puseram-no de traseiro voltado para uma tela. Com os movimentos da cauda do animal a brocha ia borrando a tela. A coisa fantasmagórica resultante foi exposta como um supremo arrojo da escola cubista, e proclamada pelos mistificadores como verdadeira obra-prima que só um ou outro raríssimo espírito de eleição poderia compreender. Resultado: o público afluiu, embasbacou, os iniciados rejubilaram e já havia pretendentes à tela quando o truque foi desmascarado.

Na edição do *Jornal do Commercio* do dia 11 de janeiro de 1918, data do encerramento da exposição de Anita Malfatti, o futuro *modernista* Oswald de Andrade escrevia o artigo "A Exposição Anita Malfatti", em defesa da artista:

[...] Possuidora de uma alta consciência do que faz, levada por um notável instinto para a apaixonada eleição dos seus assuntos e da sua maneira, a vibrante artista não temeu levantar com os seus cinquenta trabalhos as mais irritadas opiniões e as mais contrariantes hostilidades. Era natural que elas surgissem no acanhamento da nossa vida artística. A impressão inicial que produzem os seus quadros é de originalidade e de diferente visão. As suas telas chocam o preconceito fotográfico que geralmente se leva no espírito para as nossas exposições de pintura. A sua arte é a negação da cópia, a ojeriza à oleografia.
Diante disso, surgem desencontrados comentários e críticas exacerbadas. No entanto, um pouco de reflexão, desfaria, sem dúvida, as mais severas atitudes. Na arte, a realidade na ilusão é o que todos procuram.
[...] A distinta artista conseguiu, para o meio, um bom proveito, agitou-o, tirou-o da sua tradicional lerdeza de comentários e a nós deu uma das mais profundas impressões de boa arte.

A partir de 1920, tendo Menotti del Picchia, Oswald de Andrade e Mário de Andrade na liderança, os modernistas, também chamados "avanguardistas" e "futuristas", já estavam bem articulados e iniciavam um trabalho de arregimentação de novos adeptos.

Em janeiro de 1921, realizava-se o "Banquete do Trianon", onde, com um discurso de Oswald de Andrade, foi oficializado o modernismo e surgiu a ideia da realização de uma semana de eventos com o objetivo de mostrar a emancipação estética dos modernistas, através de um programa eclético a ser apresentado ao público. No mesmo ano, Graça Aranha e Plínio Salgado aderiam ao movimento, dando um novo impulso ao grupo, que já estava mais amadurecido.

Finalmente, de 13 a 18 de fevereiro de 1922, com o apoio de Paulo Prado e René Thiollier na organização, o Teatro Municipal de São Paulo seria palco da Semana de Arte Moderna. Foram realizados três saraus, nos dias 13, 15 e 17, com leitura de poemas, conferências, dança e música, reunindo modernistas de São Paulo e do Rio de Janeiro, e uma exposição de artes plásticas no saguão do teatro, com ampla cobertura jornalística, em que se sucediam opiniões contra e a favor, provocando a maior agitação cultural da história da cidade até aquele momento.

A literatura teve a participação de Mário de Andrade, Oswald de Andrade, Menotti del Picchia, Guilherme de Almeida, Plínio Salgado, Ronald de Carvalho, Manuel Bandeira, Graça Aranha, Tácito de Almeida e outros. Heitor Villa-Lobos representou a música, tendo suas composições interpretadas por Guiomar Novaes, Paulina d'Ambrósio, Hernani Braga, Alfredo Gomes e Lucília Villa-Lobos. As artes plásticas foram representadas com pinturas e desenhos de Anita Malfatti, John Graz, Emiliano Di Cavalcanti, Vicente do Rego Monteiro, Yan de Almeida Prado, Zina Aita e Ferrignac, e com esculturas de Wilhelm Haarberg e Victor Brecheret; a arquitetura teve a participação de Przyrembel e Antônio Moya.

A primeira noite foi aberta com uma conferência de Graça Aranha intitulada "A emoção estética na arte moderna", que em linguagem tradicional e acadêmica manifestou seu apoio à arte moderna. Em seguida, Guilherme de Almeida e Ronald de Carvalho declamaram alguns poemas e, para encerrar a noite, foram executadas músicas de Villa-Lobos.

Devido ao comportamento da plateia, que teve reações surpreendentes, vaiando, latindo, relinchando, gritando e às vezes aplaudindo, a segunda noite foi considerada a mais importante e também a mais tumultuada. Em um dos intervalos do programa, do alto da escadaria que dá para o saguão do teatro, Mário de Andrade fez uma pequena palestra sobre a exposição de artes plásticas em meio a vaias e ofensas.

A imprensa estava dividida, com os "futuristas" de um lado e os "passadistas" do outro, criando divergências que acabaram dividindo também a opinião pública. Alguns jornais estampavam matérias favoráveis, outros veiculavam textos agressivos, como o que foi publicado na "Seção Livre" do jornal *A Gazeta* em 22 de fevereiro de 1922, com o título "Balelas futuristas", assinada por um tal de Pauci Vero Electi, que atacava principalmente os artistas plásticos:

> [...] Este movimento, pois, é uma manifestação de mais desabusada "improbidade" artística de que há memória, um verdadeiro estelionato, praticado por sujeitos que, simples aprendizes desastrados, reles imitadores ou deslocados plagiadores, pretendem intrujar o público dizendo-se gênios autênticos, originais, livres e pessoais.
> [...] Chamaremos a contas aqueles a quem a crítica do sr. Mário de Andrade presenteou com mais messe de adjetivos lisonjeiros.

Continuando, o autor do texto passa a atacar violentamente os artistas Brecheret, Anita Malfatti e Di Cavalcanti:

> [...] É ainda o mesmo Brecheret que conseguindo alistar-se entre os discípulos do reputado Nicola Rollo, foi-se apossando, sem a menor cerimônia, da técnica, da maneira, dos característicos próprios e inconfundíveis que tem aquele artista no plasmar das figuras e no compor dos grupos, para argamassar a "maquette" dos Bandeirantes [...]

> [...] Como se tem visto, a senhorita Malfatti desconhece por completo harmonia, cor e perspectiva, consequências lógicas do desenho, cujos enigmas só agora está tentando decifrar [...]
> [...] Passemos agora ao menino carnavalesco, que se fantasia de arlequim e fabrica fantasias para o próximo carnaval [...]
> [...] um títere da arte, é o sr. Di Cavalcanti, que por ser de fato um molecote ainda em cueiros, é quase irresponsável pelos atentados burlescos que pratica, pois nunca aprendeu nada em sua vida: desenho, cor, proporções, perspectiva, são para ele verdadeiros logogrifos. Enquanto não os resolve, vai pacificamente masturbando telas abracadabrantes, dolorosos produtos de um onanismo cerebral desenfreado, próprio da idade, infelizmente, e que só com a idade passará. A sua "obra" não merece ser considerada. É um menino vicioso, que faz coisas feias pelos cantos da arte, de onde será enxotado a correiadas [...]

É oportuno lembrar que, nas artes plásticas, como também na literatura ou na música, o melhor julgamento é feito pelo próprio tempo. Os bons artistas permanecem, enquanto os medíocres são eliminados inapelavelmente, ou melhor, "enxotados" – como queria o autor do texto – e relegados ao esquecimento. E, hoje, todos reconhecem o valor de Victor Brecheret, Anita Malfatti e Emiliano Di Cavalcanti para a arte brasileira contemporânea.

Considerada, na época, uma manifestação restrita aos meios artísticos e intelectuais, e apesar de não existir um projeto comum entre os participantes pelo fato de agrupar representantes de diversas correntes, a Semana de Arte Moderna resultou em um marco histórico fundamental, por anunciar uma nova visão artística e congregar o sentimento de união em torno de objetivos comuns: a liberdade de criação e a ruptura com as formas tradicionais de cultura. A aproximação e o encontro de escritores, poetas, artistas plásticos, arquitetos e músicos permitiu uma valiosa troca de ideias e experiências.

Nos anos seguintes, aquele pequeno grupo de modernistas seria engrossado por novos adeptos, entre eles os artistas Tarsila do Amaral, Lasar Segall, Osvaldo Goeldi, Antônio Gomide e Ismael Nery, nomes logo consagrados no Brasil e que, a exemplo dos primeiros, teriam grande relevância no panorama internacional. Na literatura, Sérgio Milliet e Alcântara Machado também aderiram ao movimento.

Nesse contexto, foi de grande importância a figura de Olívia Guedes Penteado, dona de fazendas de café que, em seu palacete da rua Conselheiro Nébias, nos Campos Elíseos, reunia para o chá da tarde, todas as terças-feiras, intelectuais e artistas como Mário e Oswald de Andrade, Tarsila do Amaral, Anita Malfatti e outros, que liam seus textos e mostravam suas pinturas no amplo "salão" da casa, sempre repleto de convidados, decorado com quadros de Picasso, Cézanne, Léger e obras de artistas brasileiros.

Além da realização de diversas exposições e recitais, no Brasil e na Europa, os integrantes do grupo modernista lançaram manifestos, promoveram debates e fundaram revistas de arte e literatura, ampliando o interesse pela arte moderna. Entre as publicações que surgiram na época, destaca-se a revista *Klaxon*, lançada em 1922 em São Paulo, e que contava com a colaboração de Mário e Oswald de Andrade, Menotti del Picchia, Guilherme de Almeida, Sérgio Milliet e de alguns escritores europeus.

Ao mesmo tempo, inicia-se em São Paulo um rico período para a produção literária, que iria crescer vertiginosamente a partir do lançamento, em 1922, do livro de poemas *Pauliceia desvairada*, de Mário de Andrade, que na mesma década ainda publicaria *Amar, verbo intransitivo*, em 1927, e *Macunaíma*, em 1928. Na mesma época seriam publicados *Memórias sentimentais de João Miramar*, de Oswald de Andrade (1923), *Ritmo dissoluto*, de Manuel Bandeira (1924), e *Brás, Bexiga e Barra Funda*, de Alcântara Machado (1927).

Traduzindo o amor do autor pela cidade através de uma crítica social sutil e contundente, o livro *Pauliceia desvairada* representou um marco para a literatura brasileira, sendo considerado a primeira obra verdadeiramente moderna. Em seu "Prefácio interessantíssimo", Mário de Andrade anunciava: "Está fundado o Desvairismo".

Um "Ponto Chic" surge na cidade A elite paulistana, agora ao lado da classe média, continuava lotando as confeitarias do Triângulo, e a cidade já contava com novos pontos de encontro como o Bar Viaducto, na rua Direita, com boa música ao vivo e ambiente familiar, onde as garotas e os rapazes se encontravam e podiam flertar disfarçadamente, sob o olhar vigilante dos pais das moças.

Mas a grande atração foi a inauguração de uma nova casa de lanches e choperia, em março de 1922, no número 27 do largo do Paissandu, aberta por Odilio Cecchini, um italiano fanático pelo Palestra Itália e amante da boemia.

Bastante arborizado, durante o dia o largo do Paissandu era uma simples praça onde funcionavam o Restaurante Carlino, um dos mais antigos da cidade (o proprietário era o pai de Odilio Cecchini), a Padaria Central, o famoso *atelier* de coletes das Irmãs Russo, lojas de louças, oficina de ferreiro, e a nova Igreja do Rosário dos Homens Pretos já estava terminada (a anterior ficava no antigo largo do Rosário e foi demolida em 1904 para dar lugar a grandes edifícios comerciais).

Mas, à noite, tudo mudava. Na época, ao lado da ladeira de São João, o largo do Paissandu já despontava como um dos pontos principais da vida noturna de São Paulo. A grande sensação do local era o Moulin Rouge, o café-concerto mais movimentado da cidade, e, ao acender das primeiras luzes, o largo era invadido por todo tipo de gente: artistas de teatro, grupos de estudantes, prostitutas, boêmios, desordeiros e vagabundos que por ali perambulavam. Também havia um ponto de carros de praça, onde os cocheiros, em sua maioria italianos, passavam horas jogando intermináveis partidas de *morra*, e, entre eles, o mais popular era o velho Garibaldi, de longas barbas brancas, amigo de todos, que entregava em domicílio os beberrões e até os ajudava a entrar em casa.

Quando foi aberto, o local não tinha nome, mas, devido às luxuosas instalações, com espelhos decorados, azulejos franceses, cristais importados, balcão e mesas com tampos de mármore de Carrara, e pelo fato de logo atrair as elites e os intelectuais da cidade, passou a ser considerado um "lugar chique", até ser batizado oficialmente de Ponto Chic e tornar-se parte da história de São Paulo.

Convergiam para o novo ponto de encontro da Pauliceia, agora já desvairada, quase todos os integrantes da Semana de Arte Moderna, em especial Mário de Andrade, Raul Bopp e Oswald de Andrade, como também os antimodernistas, encabeçados por Monteiro Lobato.

Como veremos ao longo de nossa história, durante muitos anos, o Ponto Chic seria frequentado apenas por homens, tornando-se o local que reuniria políticos, artistas, escritores, poetas, jornalistas, cantores, estudantes de direito e toda a elite boêmia da cidade.

O avanço da comunicação A década de 1920 também seria marcada por um grande incremento nas comunicações, com o surgimento de uma série de jornais e revistas, e, principalmente, pelo nascimento do rádio.

São Paulo já contava com vários jornais, entre eles *O Estado de S. Paulo*, *Diário Popular*, *Correio Paulistano*, *Jornal do Comércio* e *A Gazeta*, quando ocorre o lançamento da *Folha da Noite*, em 1921, o primeiro do grupo Folhas, que também editaria a *Folha da Manhã* a partir de 1925. No mesmo ano foi lançado o *Diário da Noite*, e em 1928 surgia o semanário *A Gazeta Esportiva*, totalmente dedicado ao futebol, esporte que crescia no interesse popular. Com o *Diário de S. Paulo*, em 1929, Assis Chateaubriand, que já havia comprado *O Jornal*, do Rio de Janeiro, dava início a um império jornalístico que, anos depois, com a aquisição das revistas *O Cruzeiro* e *A Cigarra*, se tornaria a primeira grande cadeia brasileira de jornais, os Diários Associados.

A primeira emissora brasileira, a Rádio Sociedade do Rio de Janeiro, foi fundada em 1923 por Henrique Morize e Edgard Roquette Pinto, e no ano seguinte São Paulo também entrava no ar com a Rádio Educadora Paulista. O começo foi um tanto tímido, pois eram poucas as casas que possuíam o aparelho, e também devido às dificuldades em ouvir nitidamente as transmissões no chamado "rádio de galena", equipado com dois fones de ouvido. Mas, a partir da década seguinte, o rádio se tornaria o mais importante veículo de comunicação de massa.

Five o'clock tea & football Ao ser contaminada pelos Anos Loucos, São Paulo já deixava de ser "tão francesa" e, além de aderir aos modismos que vinham da América, também passou a absorver costumes de outros países europeus.

O chá da tarde, por muitos chamado de *five o'clock tea*, tornara-se um hábito nas mansões dos fazendeiros endinheirados e também nas casas da classe média paulistana, que continuava prosperando. O autêntico chá inglês era acompanhado de broinhas de fubá, rosquinhas de leite e pãezinhos de minuto servidos em porcelanas. Era o momento em que as donas de casa mostravam seus dotes para as amigas, tanto no preparo dos deliciosos biscoitos, como nos lindos bordados das toalhas de mesa, além de exibir a grande atração da época: a "victrola", onde ouviam os sucessos fonográficos de Francisco Alves e Vicente Celestino. Também aproveitavam para falar de arte, literatura, e discutir os novos lançamentos da moda, que todas acompanhavam pela revista *Vida Doméstica*, que mensalmente trazia as últimas novidades.

Nas mansões mais ricas, enquanto os homens saíam para tratar de assuntos ligados a seus negócios, as senhoras madames desenvolviam ao máximo a arte de receber as amigas com requinte, chegando à sofisticação de distribuir cartões coloridos onde constava o nome da anfitriã, endereço, data e horário para o chá. Nessas horas, os filhos ficavam aos cuidados de governantas, cuja tarefa era ajudar nas lições de casa e reforçar os ensinamentos de francês e inglês, línguas obrigatórias nos colégios da elite paulistana como o Sion e o Mackenzie. Já as famílias da classe média mandavam seus filhos para a Escola Normal Caetano de Campos, na praça da República, e os ricos imigrantes italianos haviam construído o Colégio Dante Alighieri, próximo à avenida Paulista, com o objetivo de permitir aos filhos, além do aprendizado do idioma pátrio, uma educação nos moldes de sua terra natal.

Nos anos 1920, um esporte britânico chamado *football* começava a ganhar força popular na cidade, para surpresa das elites e da própria imprensa. Tradicionalmente, os paulistanos quase não praticavam esportes. Entre as classes abastadas predominavam o críquete e, ainda que timidamente, o basquete, introduzido no Brasil em 1896 pelos alunos do Mackenzie College. No entanto, as competições que mais atraíam a população eram as regatas no rio Tietê.

O futebol surgiu em São Paulo graças a Charles Miller, que, em 1894, depois de um período de estudos na Inglaterra, voltou ao Brasil trazendo duas bolas de couro, chuteiras e uniformes. Em seguida, ele organizou o "primeiro jogo de futebol", disputado num gramado da Várzea do Carmo, onde hoje fica o Gasômetro, entre dois times formados por ingleses que trabalhavam na Companhia de Gás, no London Bank e na São Paulo Railway. De imediato todos estranharam aquela bola cheia de ar, que deveria ser chutada e nunca tocada com a mão. O primeiro jogo regulamentar foi realizado na tarde do dia 14 de abril de 1895 na Chácara Dulley, onde alguns anos depois surgiria o bairro do Bom Retiro, quando o The Team do Gás, integrado por empregados da Companhia de Gás, enfrentou o The São Paulo Railway Team, formado por funcionários da ferrovia, incluindo o próprio Miller na posição de centroavante. Em 1942, em entrevista à *Gazeta Esportiva*, Charles Miller lembraria aquele jogo: "Ao chegar ao campo, a primeira tarefa foi enxotar os animais da Companhia Viação Paulista, que ali pastavam. O time da Raiylway venceu por 4 a 2 e os jogadores, entusiasmados, prometeram disputar outras partidas nas semanas seguintes".

Tendo Miller no comando, o primeiro time brasileiro de futebol, o São Paulo Athletic Club, foi fundado em 1895 por ingleses, e, três anos depois, o Mackenzie College também formaria sua equipe, que atuou até 1922. Com o surgimento do Clube Athlético Paulistano, em 1900, o esporte bretão atraiu novos simpatizantes, e, nos primeiros anos do século, tradicionais clubes de regatas como o Espéria, Tietê e Germânia (atual Esporte Clube Pinheiros) também criavam seus times de futebol. Surgiram clubes também em outras cidades, e entre os mais antigos figuram a Associação Atlética Ponte Preta, fundada em 1900 em Campinas, e o Fluminense Futebol Clube, criado dois anos depois no Rio de Janeiro. Mesmo assim, o futebol era considerado apenas "um jogo esquisito dos ingleses", não despertando nenhum interesse popular, e muito menos a atenção da imprensa da época.

Em 1902, Charles Miller ajudou a fundar a Liga do Futebol Paulista, e, nos anos seguintes, novos times surgiram na cidade, como o Sport Club Corinthians Paulista em 1910, e o Palestra Itália em 1914. Em poucos anos, já existiam times suficientes para cada estado poder organizar seu próprio campeonato e, para espanto de todos, o futebol arrastava multidões para os pequenos estádios, como aconteceu no jogo entre o Palestra Itália e o Paulistano, realizado no dia 16 de novembro de 1919 no Parque Antarctica, reunindo um público de aproximadamente 40 mil espectadores.

O novo esporte crescia e se popularizava em todas as camadas sociais e, nos anos 1920, o Brasil passou a disputar o Campeonato Sul--Americano. Foi nessa época que surgiu em São Paulo nosso primeiro ídolo do futebol, Arthur Friedenreich. Aclamado pela multidão que lotava os estádios nos jogos do Paulistano, Friedenreich sagrou-se herói popular, contribuindo para tornar o futebol, a partir da década seguinte, a grande paixão nacional.

Uma cidade à italiana Por causa do grande fluxo imigratório, a São Paulo dos anos 1920 mais parecia uma cidade italiana. É claro que, na época, também havia imigrantes portugueses, espanhóis, alemães, libaneses, japoneses e outros, mas em número muito menor; portanto, pelas ruas centrais da cidade, o italiano já era um idioma familiar aos ouvidos dos transeuntes, e o jornal *Fanfulla*, todo escrito em italiano, alcançava tiragens invejáveis. Os peninsulares atuavam em muitos setores: no comércio, na indústria, nas artes, na literatura, na agricultura e nas mais diversificadas profissões. Também começaram a surgir as primeiras cantinas, introduzindo novos hábitos alimentares na cidade, como o macarrão e a *pizza*, com sabores típicos do sul da Itália.

A assimilação das duas culturas foi rápida. O paulistano logo estaria falando "italianado", uma característica ainda marcante, e gesticulando com as mãos. Por sua vez, os italianos, que já haviam fundado até um time de futebol, se entrosaram rapidamente com os brasileiros, receberam o apelido de "carcamanos" e criaram um linguajar próprio, o chamado "italiano do Brás".

São Paulo "nas alturas" Em 1922, o Brasil comemorava o 1º Centenário da Independência, com discursos e paradas cívicas e militares em todas as cidades. O ponto alto das comemorações foi a inauguração, em São Paulo, do Monumento da Independência, em frente ao Museu do Ipiranga, o maior e mais completo museu histórico da cidade, que em suas várias salas abriga objetos de uso pessoal de d. João VI, d. Pedro I e d. Pedro II; quadros de Debret, Almeida Júnior e Pedro Américo; arte religiosa, indumentária, numismática, filatelia e peças históricas. No mesmo ano, foram entregues à cidade o prédio dos Correios e Telégrafos, no parque do Anhangabaú, outra grande obra dos arquitetos Ramos de Azevedo e Domiziano Rossi, e a Basílica de São Bento, ao lado do Mosteiro de São Bento, fundado em 1598.

Ainda em 1922, o início de uma grande construção na ladeira de São João, ocupando todo o quarteirão entre a rua São Bento e a Líbero Badaró, deixava os paulistanos curiosos: "o que seria construído numa área tão grande?". Alguns anos depois, a surpresa já se tornara espanto, pois a enorme construção não parava de subir, e muitos populares passavam ao largo do local, com medo de um desabamento.

O responsável por aquela "maluquice" era o comendador Giuseppe Martinelli, um rico imigrante italiano, comerciante e importador, proprietário de uma grande companhia de navegação no Rio de Janeiro.

A construção, com projeto do engenheiro Roberto Lacombe, não foi fácil, pois já no início das obras surgiram os primeiros problemas quando, nas escavações do subsolo, rachou-se a parede do prédio vizinho, e logo depois seria encontrado um lençol de água subterrâneo que levaria meses para ser canalizado até o córrego do Anhangabaú. Outra dificuldade surgiu quando o edifício estava na altura do 22º andar, e a prefeitura quis interromper a construção por problemas de segurança. Martinelli insistiu, garantindo que não haveria perigo de desabamento e alegando que "estava construindo um monumento para a cidade".

Inaugurado em 1929, com 30 andares, o Prédio Martinelli tornou-se o primeiro arranha-céu paulistano, e o maior edifício da América do Sul, com 105 metros de altura. Era servido por 11 elevadores e contava com 601 salões, 873 salas para escritórios, 247 apartamentos e 2.133 janelas. O material empregado em sua construção foi quase todo importado: o cimento preto veio da Iugoslávia, o mármore de Carrara foi trazido em blocos da Itália para ser serrado e polido aqui mesmo, e o cimento cor-de-rosa, que daria o tom às paredes externas, foi importado da Suécia. Já o granito vermelho veio de Itu, no interior paulista.

Como ninguém acreditava que o edifício fosse seguro, para afastar os temores de que "o prédio iria cair", o próprio comendador Martinelli foi morar no último andar, e o conde Francesco Matarazzo comprou um imenso apartamento no prédio. Logo os andares seriam ocupados por salões de festas, cassinos, sindicatos e hotéis de luxo, entre eles o Hotel São Bento. Com entrada pela São João, então já transformada em avenida, foi inaugurado o elegante Cine Rosário, com a presença do príncipe de Gales.

Dizem que, em decorrência da crise econômica do início da década seguinte, o comendador Martinelli não conseguiu alugar todas as salas e apartamentos, e que, por causa dos prejuízos acumulados, foi obrigado a vender o edifício abaixo do custo. De qualquer maneira, São Paulo ganhava um novo cartão-postal e podia ostentar seu rico monumento, dando o primeiro passo rumo à verticalização.

Iniciava-se, assim, um longo período de construções, e as ruas centrais, que já viviam abarrotadas de gente disputando espaço com um número sempre maior de bondes e automóveis, passariam a conviver com uma infinidade de obras que mudariam rapidamente a fisionomia da cidade. Até o Teatro São José foi demolido, em 1925, para dar lugar à nova sede da Light, o Prédio Alexandre Mackenzie, que ficou pronto em 1929.

Crise na política Desde a proclamação da República, no comando do governo revezavam-se as elites do período denominado "café com leite", por causa da tradicional aliança entre os estados de São Paulo, o mais rico, e Minas Gerais, o mais populoso. A sucessão presidencial era um jogo de cartas marcadas, no qual prevalecia a "política dos governadores": em troca de sua total autonomia e do direito de interferir na composição do Congresso, os estados davam seu apoio ao presidente da República. No âmbito regional e municipal, os votos eram administrados pelos grandes proprietários de terras, que mantinham verdadeiros exércitos armados para defender seus interesses e controlar seu "curral eleitoral". Dessa maneira, era normal que os filhos, netos e outros parentes dos fazendeiros ocupassem cargos de deputados, senadores e ministros.

As elites e as oligarquias dominavam a política nacional, mas sem a participação popular e das classes operárias. O paulista Rodrigues Alves, por exemplo, o presidente mais votado da década, recebeu em 1902 menos de 600 mil votos, que representavam pouco mais de 3% da população brasileira, na época com 17.800.000 habitantes.

Para suceder Epitácio Pessoa, em 1922 foi eleito presidente o mineiro Artur Bernardes. Seu opositor era Nilo Peçanha, apoiado pela Reação Republicana, formada por diversos estados do país e por alguns setores do exército brasileiro. Terminada a eleição, movimentos revoltosos surgiram entre os militares de baixa patente, principalmente entre os tenentes que, após o fechamento do Clube Militar, realizaram a Revolta do Forte de Copacabana, o que levou o governo a decretar o estado de sítio.

São Paulo logo sentiria os reflexos do "movimento tenentista" quando, na madrugada de 5 julho de 1924, estourou uma revolução articulada por militares descontentes liderados pelo general Isidoro Dias Lopes, pelo major Miguel Costa, pelo tenente João Cabanas e pelos capitães e irmãos Joaquim e Juarez Távora (Joaquim seria morto nos combates). Durante 23 dias, a cidade permaneceu sob o controle dos revoltosos, que, em suas primeiras ações, ocuparam as estações da Luz e do Brás, os quartéis da Força Pública, o Campo de Marte e outros pontos estratégicos. O presidente do estado (na época não existia o cargo de governador), Carlos de Campos, abandonou o Palácio dos Campos Elíseos e procurou refúgio junto às tropas federais. No local foi instalado um governo provisório chefiado pelo general Isidoro.

Como resposta, as tropas legalistas promoveram um forte bombardeio, às cegas, semeando o pânico em bairros próximos ao centro, principalmente no Brás, Mooca e Cambuci, onde muitas residências foram atingidas. Segundo as estatísticas da época, morreram cerca de seiscentas pessoas. Em meio à confusão, ocorreram saques no Mercado Municipal, de onde todas as mercadorias desapareceram, causando uma grande crise de abastecimento, além de furtos em armazéns e nas casas abandonadas às pressas, quando milhares de pessoas deixaram a capital. Com a derrota, no final de julho, o comando revolucionário evacuou a cidade e as tropas rebeldes seguiram para o Sul do país.

Para suceder Artur Bernardes foi eleito o paulista Washington Luís, cujo lema era: "Governar é abrir estradas". Empossado em 1926, encontrou uma situação política tensa e profunda insatisfação popular nas grandes cidades, e sua política financeira para controlar a inflação atingiu gravemente os cafeicultores. Mas, apesar de tudo, sua administração seguia tranquila.

Ao contrário de Artur Bernardes, Washington Luís contava com a simpatia popular, pois, mesmo sendo autoritário, gostava de farras, era mulherengo e promovia grandes festas no Palácio Guanabara. Mas, em 1929, quando seu mandato já se aproximava do final, ele resolveu impor, como seu candidato à presidência, o paulista Júlio Prestes e não um mineiro, conforme o acordo vigente. Como represália, Minas firmou aliança com o Rio Grande do Sul, lançando o presidente gaúcho Getúlio Vargas como candidato da oposição, tendo como vice João Pessoa, presidente do estado da Paraíba. Estava formada a Aliança Liberal.

Para complicar ainda mais a estabilidade da política do "café com leite", em 1929 a economia brasileira sofreu um duro golpe. Naquele ano, uma safra recorde de café juntava-se aos estoques formados por anos de superprodução acumulada, colocando em xeque a política de "defesa permanente" das cotações, o que provocou uma grande queda nos preços e a queima de toneladas do produto.

Com o *crash* da Bolsa de Nova York, na célebre "terça-feira negra" do dia 24 de outubro de 1929, e também pela estagnação econômica do capitalismo mundial, o preço do café, principal produto brasileiro de exportação, caiu no mercado internacional. A crise na economia era geral, e o fantasma do desemprego ameaçava o mundo.

Foi uma ducha fria naquele "sonho americano", ou, talvez, um alerta para a tempestade que se aproximava: a "grande depressão" dos anos 1930. Os Anos Loucos chegavam ao fim.

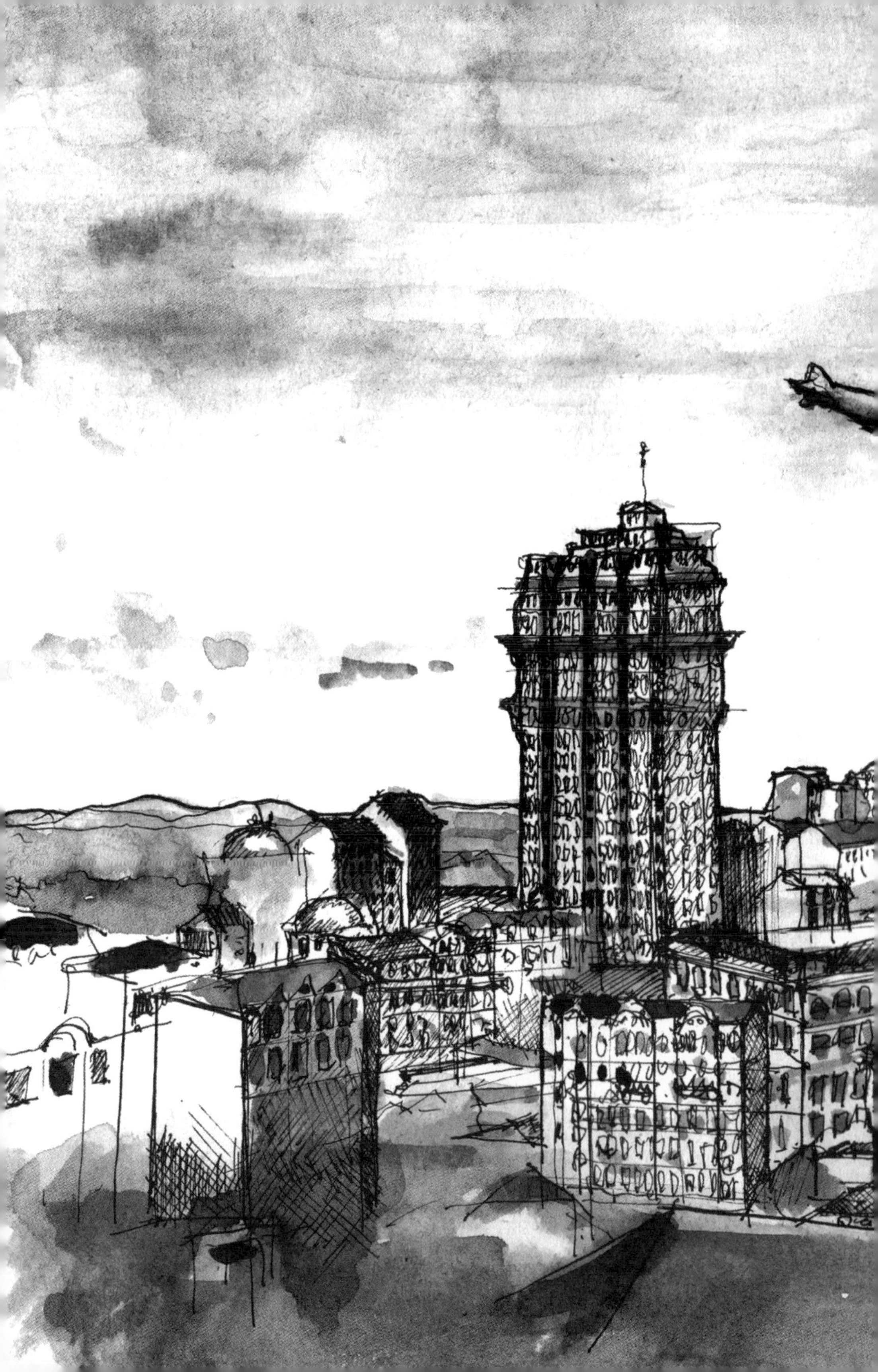

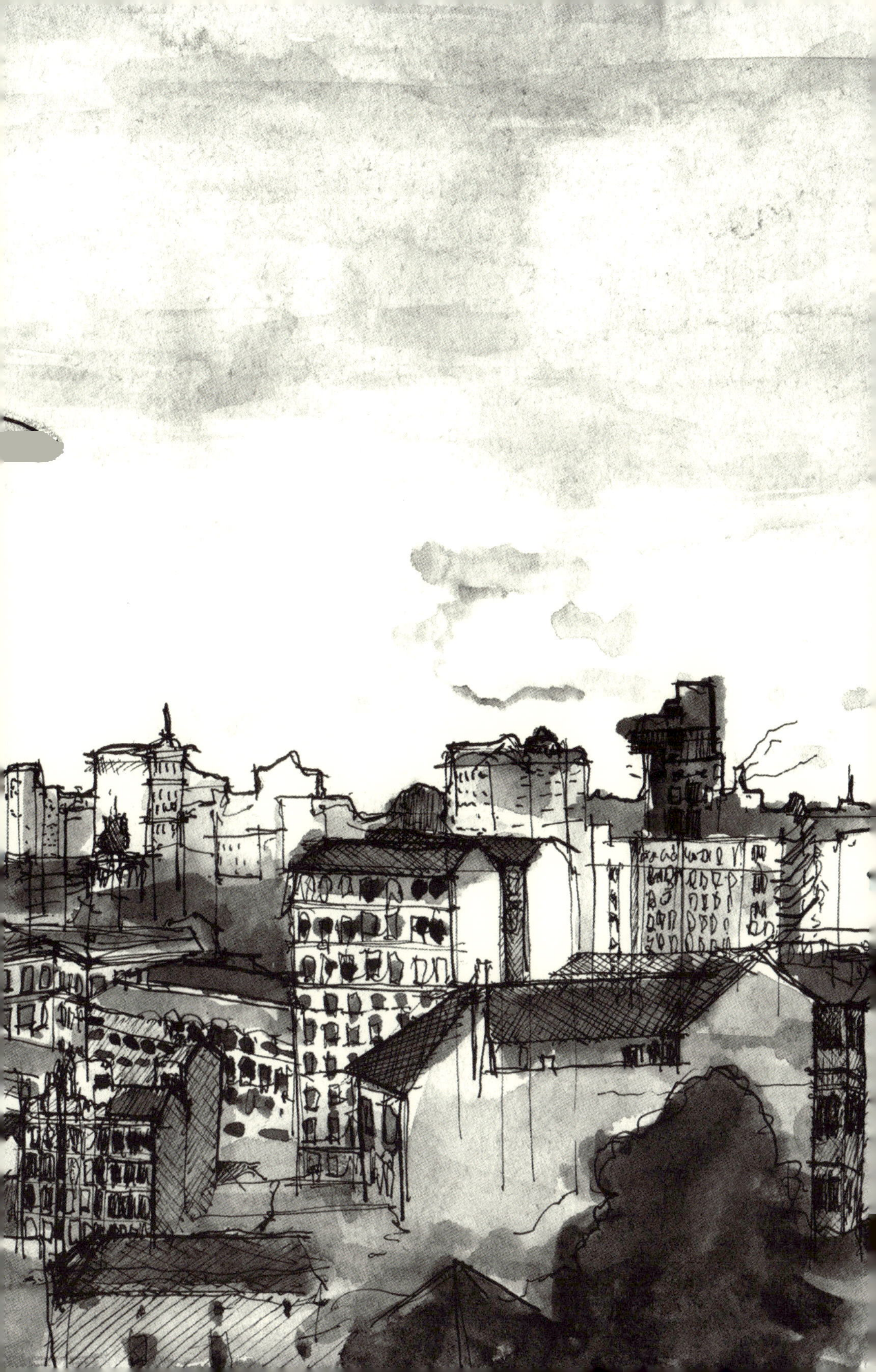

Anos 1930

*Tempos de revolução e ditadura:
no Ponto Chic, nasce o famoso bauru*

A queda dos paulistas O Brasil entrou nos anos 1930 em clima de alta tensão. Com quase 2 milhões de desempregados e centenas de fábricas fechadas, pois não havia compradores para seus produtos, o espectro da fome assombrava o povo. O preço do café despencava: uma saca do produto, que valia 200 mil-réis, passou a valer 21 mil-réis, representando uma queda de quase 90%, e os estoques acumulados chegavam a 27 milhões de sacas. Resultado: quase toda a produção de café daquele ano seria queimada, o que levaria muitos produtores à falência, criando o pânico entre os fazendeiros. Era a maior crise da história da República Velha.

As eleições presidenciais estavam marcadas para o dia 1º de março de 1930 e a campanha eleitoral agitava o país. Apoiada pelo Partido Republicano de São Paulo e de outros estados, a chapa oficial, formada por Júlio Prestes e Vital Soares, passou a ser denominada Concentração Conservadora. Era a derradeira tentativa dos cafeicultores em crise, ainda controlando a máquina eleitoral: eles queriam manter os paulistas no poder, o que representaria uma garantia de sobrevivência. Na oposição estavam Getúlio Vargas e João Pessoa, candidatos da Aliança Liberal, alinhando mineiros, gaúchos e paraibanos, contando com o apoio dos oligarcas descontentes e da classe média urbana.

Graças ao esquema eleitoral montado pelo governo e à fraude nas apurações, que era praxe na época, venceu o candidato Júlio Prestes por uma diferença de quase 400 mil votos.

A derrota da Aliança Liberal provocou uma grande revolta entre os perdedores, que continuaram conspirando, entre eles o próprio Getúlio Vargas, o presidente mineiro Antônio Carlos e a maioria dos tenentes revolucionários liderados por Juarez Távora. Mas seria necessário um fato novo para reativar o movimento.

O pretexto viria em 26 de julho de 1930, quando João Pessoa, o candidato derrotado à vice-presidência, foi morto a tiros por motivos pessoais, em uma confeitaria. A Aliança Liberal se mobilizou, realizando um cortejo fúnebre que percorreu várias cidades, causando grande comoção popular, além de promover manifestações em todo o país, culpando o governo federal e o presidente eleito pelo assassinato. A revolução seria apenas uma questão de tempo.

No dia 3 de outubro de 1930, o movimento revolucionário foi deflagrado simultaneamente no Rio Grande do Sul, em Minas Gerais e na Paraíba. Porto Alegre foi dominada em 48 horas pelas tropas comandadas por Oswaldo Aranha, Góis Monteiro e João Alberto. Em poucos dias, liderados por Flores da Cunha, Batista Luzardo e Miguel Costa, os gaúchos conquistaram Santa Catarina e Paraná, e se aproximaram da fronteira com o estado de São Paulo. Na cidade paulista de Itararé, cerca de 8 mil revolucionários encontraram certa resistência das tropas legalistas, com um contingente de 6.200 homens, entre militares e voluntários, comandados pelo coronel Pais de Andrade. Os dois exércitos permaneceram aquartelados até o dia 25, evitando o confronto, na chamada "batalha que não houve".

No dia 24 de outubro, depois de recusar a renúncia, Washington Luís foi deposto da Presidência da República e levado para o Forte de Copacabana (em 21 de novembro ele seguiria para o exílio na Europa, retornando ao Brasil somente em 1945). Uma junta governativa assumiu o poder.

A reação em São Paulo foi imediata e violenta. Já a partir do dia 24, o estado passou a ser administrado por um governo de emergência denominado Secretariado dos Quarenta Dias, presidido por José Maria Whitaker e contando com outros paulistas eminentes, entre os quais José Carlos de Macedo Soares, Plínio Barreto e Vicente Rao. Nos dias que se seguiram, o povo saiu às ruas para comemorar a vitória aliancista de maneira conturbada. Acreditando estar fazendo algum tipo de justiça, os paulistanos destruíram e incendiaram todas as casas lotéricas, onde também se apostava no jogo do bicho, que eram exploradas pelos oligarcas paulistas, portanto ligadas ao governo de Washington Luís. Também depredaram as instalações dos jornais *A Gazeta* e *Correio Paulistano*, partidários de Júlio Prestes.

Os revolucionários entraram pacificamente em São Paulo no dia 28, comandados por Miguel Costa. Com a cidade sob controle, no dia seguinte chegava o "comboio da vitória", trazendo Getúlio Vargas e seus companheiros de armas. O líder da revolução foi recebido com entusiasmo pelo povo que lotava as plataformas da Estação Sorocabana e, mesmo sendo de madrugada, uma verdadeira massa humana seguiu com a comitiva rumo ao Palácio dos Campos Elíseos, onde outra multidão aguardava os revolucionários. Getúlio permaneceu na capital paulista durante 24 horas e, entre outras providências, nomeou um dos comandantes da revolução, o coronel João Alberto Lins de Barros, pernambucano, para as funções de delegado executivo da Revolução no Estado.

Em 3 de novembro de 1930, Getúlio Dornelles Vargas assumia o poder como chefe do Governo Provisório da República. Júlio Prestes, o presidente eleito que jamais tomaria posse, e que também havia perdido o governo paulista, procurou abrigo no Consulado da Inglaterra. Ele passaria para a história como o presidente que "ganhou, mas não levou".

A "política dos governadores", ou do "café com leite", chegava ao fim, como também a República Velha.

A cidade em armas Em São Paulo, o povo aclamava Miguel Costa, um dos líderes da "Revolução Tenentista" de 1924, mas foi mesmo o pernambucano João Alberto quem assumiu o poder, em 26 de novembro de 1930, afastando José Maria Whitaker e seu grupo, que formavam o governo de emergência.

Ocorre que, mesmo possuindo méritos pessoais, o interventor não tinha grandes ligações com São Paulo e pouco entendia dos problemas políticos, econômicos e sociais, o que iria gerar uma forte oposição das elites paulistas, que logo manifestariam seu descontentamento com o novo governo.

Os fatores que agravaram a situação foram a intervenção estatal na agricultura, com a criação do Conselho Nacional do Café, e a transformação dos sindicatos operários em órgãos ligados ao Estado. No mesmo ano, o Partido Democrático de São Paulo se articulava contra os princípios da revolução, exigindo de Getúlio a Constituição que prometera. Fundado em 1926 por representantes da elite paulista, em sua maioria dissidentes do Partido Republicano Paulista, o Partido Democrático era uma reação contra a República Velha e sua política viciada. Alinhando nomes como Antônio Prado, Prudente de Morais Neto, Francisco Morato e o jornalista Júlio de Mesquita Filho, que manifestava sua opinião através do jornal da família, *O Estado de S. Paulo*, a oposição ao governo Vargas seria o caminho natural do novo partido. As reuniões eram realizadas no Palacete Santa Helena, na praça da Sé, onde funcionava o escritório do conselheiro Antônio Prado. Um local que se tornaria o foco principal da revolução civil.

Em 1932, o Partido Republicano e o Partido Democrático se uniram formando a Frente Única, em oposição à "Ditadura Vargas". Surgiram conflitos populares nas ruas da cidade e, no dia 23 de maio, quatro jovens perderam a vida em confrontos com as forças governamentais na praça da República: Euclydes Miragaia, Mário Martins de Almeida, Dráusio Marcondes de Souza e Antônio de Camargo Andrade. Com as iniciais de seus nomes, Miragaia, Martins, Dráusio e Camargo, foi formada a sigla MMDC, que passaria a identificar a Revolução Constitucionalista.

Preocupado com os acontecimentos, Vargas marcou para o ano seguinte as eleições para a Constituinte, mas a medida não surtiu efeito.

No dia 9 de julho de 1932, São Paulo entrou em guerra, com a mobilização das tropas da Força Pública e de um enorme exército de voluntários comandado por Bertoldo Klinger. O alistamento de civis ficava a cargo dos postos do MMDC – cuja sigla os revoltosos traduziam como "Mata Mineiro Degola Carioca" –, que tinha sua sede principal na Faculdade de Direito, no largo de São Francisco. Seus integrantes também cuidavam da propaganda cívica, espalhando cartazes com o *slogan* "Você tem um dever a cumprir". Por toda a cidade, os revolucionários cantavam a "Marcha da Liga de Defesa Paulista", com letra de Guilherme de Almeida:

> Marcha soldado paulista
> Marcha teu passo na história!
> Deixa na terra uma pista;
> Deixa um rastilho de glória.

No dia 11 de julho de 1932, os jornais da cidade publicavam a mensagem do general Isidoro Dias Lopes, comandante geral da Revolução:

> AO POVO PAULISTA
> Neste momento assumimos as supremas responsabilidades do commando das forças revolucionarias empenhadas na lucta pela immediata constitucionalização do paiz. Para que nos seja dado desempenhar, com efficiencia, a delicada missão de que nos investiu o illustre governo paulista, lançamos um vehemente appello ao povo de S. Paulo, para que nos secunde na acção primacial de manter a mais perfeita ordem e disciplina em todo o estado, abstendo-se e impedindo a pratica de qualquer acto attentatorio dos direitos dos cidadãos, seja qual fôr o credo politico que professem.
> No decurso dos acontecimentos que se seguirão, não encontrará a população melhor maneira de collaborar para a grande causa que nos congrega, do que dando, na delicada hora que o paiz atravessa, mais um exemplo de ordem, serenidade e disciplina, caracteristicos funda-

mentaes da nobre gente de S. Paulo. (Transcrito do jornal *Diário Popular* do dia 11 de julho de 1932.)

A Revolução Constitucionalista de 32 durou quase três meses e, depois de muita luta, terminou no dia 29 de setembro, com a rendição de Bertoldo Klinger.

Uma década feminista As conquistas femininas da década anterior haviam sido de grande importância e influenciariam sensivelmente o comportamento da mulher paulistana dos anos 1930.

Nas camadas populares, a mulher operária já representava uma grande força de trabalho. No início da década, em São Paulo, considerando apenas a indústria têxtil, mais de 10 mil mulheres estavam em atividade. Com o crescente desenvolvimento da cidade, também aumentavam as ofertas de emprego no comércio e na indústria, favorecendo a multiplicação de vagas para as funções consideradas femininas, como de telefonista, datilógrafa e secretária. As novas profissões ampliavam o mercado de trabalho para a mulher da classe média, até então restrito às professoras, enfermeiras, funcionárias públicas e balconistas de lojas especializadas.

Por sua vez, as novidades da moderna tecnologia, em especial o fogão a gás e alguns equipamentos elétricos, como o ferro de passar roupa e a geladeira, mudariam a rotina nos lares paulistanos, facilitando sensivelmente as tarefas domésticas. Livre de determinadas obrigações caseiras, como acender o fogão a lenha, aquecer o ferro de passar com carvão ou fazer conservas para prolongar a durabilidade dos alimentos, a mulher já podia trabalhar sem comprometer o andamento da casa e, ao contrário, poderia até ajudar no orçamento familiar, além de obter relativa independência financeira.

A Revolução de 1932 também revelaria uma nova faceta da mulher da elite paulistana, que, com a formação de Batalhões Femininos e Cruzadas Feministas, passaria a ter relevante participação política, e graças à nova Lei Eleitoral, que estendia o voto às mulheres, uma antiga reivindicação feminina se tornaria realidade. Com a concessão do direito ao voto para cargos públicos, algo impensável na Velha República, na Constituinte de 1934 verificou-se uma grande participação feminina. Carlota Pereira de Queirós se tornaria a primeira deputada federal paulista, e a Assembleia Legislativa de São Paulo passou a contar com duas deputadas.

Além de trabalhar e fazer política, a mulher dos anos 1930 passou a viver novas emoções, imitando os hábitos norte-americanos e europeus que chegavam através do cinema: praticava esportes, dirigia carros, fumava, frequentava cassinos e outros ambientes fechados, antes exclusivos dos homens e, principalmente, passava a cultuar a pele bronzeada como novo padrão de beleza. Para delírio do sexo oposto, as praias e as piscinas dos clubes foram invadidas por belas mulheres exibindo *maillots* cada vez mais ousados, mostrando generosamente os ombros e as coxas. Os moralistas protestaram, alegando que a nudez estava tomando conta das praias, mas as roupas de banho ficariam cada vez menores e as mulheres mais audaciosas.

A mulher também alcançaria sua consagração nos meios culturais e na atividade intelectual. Além da afirmação nacional e internacional das pintoras modernistas Anita Malfatti e Tarsila do Amaral, que alguns anos antes haviam revolucionado as artes plásticas, surgiram nomes importantes na literatura, como Rachel de Queiroz e, em especial, Patrícia Galvão, a Pagu, que, ao romper com as estruturas vigentes, se tornaria um símbolo da luta pela modernidade, personificando a mulher revolucionária de sua época.

Carnaval e caipiras desafiam Hollywood Com o advento do filme falado, o mercado cinematográfico brasileiro entrou em pânico no início da década de 1930. A necessidade de novos e caros equipamentos determinaria o fechamento de muitas salas exibidoras e levaria diversas produtoras à falência, causando uma queda na produção de filmes nacionais.

Em 1932, atendendo às reivindicações de empresários do setor cinematográfico, Getúlio Vargas assinou um decreto-lei paternalista que tornava obrigatória a exibição de um curta-metragem noticioso brasileiro para cada filme estrangeiro apresentado. A partir de 1939, um novo decreto determinava que cada sala de cinema seria obrigada a exibir pelo menos um longa-metragem nacional por ano.

Verificou-se então um suposto protecionismo com objetivos estatizantes, a exemplo do que acontecia com o cinema na Alemanha nazista e na Itália fascista. Mas, na realidade, nada disso se concretizou. Por causa da sempre crônica falta de verbas e pela ausência de um real interesse oficial, o que parecia ser uma solução resultaria em uma pálida e inútil tentativa de incentivo. Portanto, o apoio ao cinema nacional ficaria apenas nas boas intenções.

Ao mesmo tempo, Hollywood continuava ditando moda e predominando nas salas de cinema de todo o mundo com grandes sucessos de bilheteria, e os exibidores brasileiros não tiveram escolha: ou acompanhavam a nova tecnologia ou fechavam as portas. Foi assim que surgiram na cidade novos e modernos cine-teatros, contando com avançados equipamentos de projeção e reprodução sonora, poltronas estofadas e ar-condicionado.

Em salas de cinema como o São Bento e o Rosário, na rua São Bento, o Metro e o Ufa, na avenida São João, o Pedro II, no parque do Anhangabaú, o República, na praça da República, o Royal, na rua Sebastião Pereira, o Odeon, na rua da Consolação, o Colyseo Paulista, no largo do Arouche e o Paramount, na avenida Brigadeiro Luis Antônio, além de assistir ao filme, o espectador podia ouvir, confortavelmente instalado, a música das orquestras que tocavam nos intervalos.

O paulistano formava filas nos cinemas para assistir aos grandes sucessos de Hollywood dos anos 1930, entre eles *Horizonte perdido*, com Ronald Colman, *Do mundo nada se leva*, com James Stewart, *Aconteceu naquela noite*, com Clark Gable e Claudette Colbert, e *O morro dos ventos uivantes*, obra-prima de William Wyler – filmes que competiam com a grande campeã de bilheteria da época, a estrela infantil Shirley Temple.

Também faziam sucesso os novos filmes de Charlie Chaplin, *Luzes da cidade* e *Tempos modernos*, ambos mudos (ele se recusava a fazer filmes sonoros), e o primeiro longa de Walt Disney, o clássico *Branca de Neve e os sete anões*. Ao mesmo tempo proliferavam os musicais – uma grande paixão dos norte-americanos –, imortalizando a dupla Fred Astaire e Ginger Rogers nos filmes *Voando para o Rio*, *A alegre divorciada*, *O Picolino*, *Ritmo louco*, *Vamos dançar* e outros. E, como se não bastasse, o diretor inglês Alfred Hitchcock já começava a testar os nervos das plateias com *O homem que sabia demais*, *A dama oculta* e *A estalagem maldita*, seus primeiros filmes de suspense, um gênero que ele aperfeiçoaria nas décadas seguintes ao se mudar para os Estados Unidos. O cinema da década também seria marcado pela consagração de Marlene Dietrich e Greta Garbo, ambas nascidas na Europa e depois levadas para Hollywood. Marlene surgiu na Alemanha nazista, no filme *O anjo azul*, onde fazia o papel da sedutora Lola, uma cantora de cabaré que em uma das canções do filme afirmava: "Da cabeça aos pés, eu sou feita para o amor", inflamando de desejo homens e mulheres. Tão bela quanto misteriosa, a sueca Greta Garbo seria a mais famosa estrela da década. Descoberta pela MGM, seguiu para os Estados Unidos iniciando uma fulminante carreira e transformando-se na personificação da beleza feminina. O mundo todo se emocionaria com os filmes *Mata Hari*, *Anna Karenina*, *Ninotchka* e, principalmente, *A dama das camélias*. Além de despertar paixões, as duas atrizes alimentariam fantasias eróticas dos espectadores em todo o mundo.

Nesse panorama, até que o cinema nacional era bastante prestigiado pelo público. Enfrentando uma série de dificuldades por causa dos equipamentos obsoletos, a produção cinematográfica brasileira dos anos 1930 limitou-se ao improviso, contando com o esforço de poucos sonhadores. Além disso, com o advento do som, nossos cineastas sofreriam bastante até dominar a nova técnica. Mesmo assim, apesar da péssima fotografia, do som inaudível e do amadorismo dos atores, técnicos e diretores, muitos filmes tiveram sucesso; entre eles, *O babão*, *Coisas nossas*, *Samba da vida*, *Favela dos meus amores*, *Ganga bruta*, *Cabocla bonita*, *Bone-*

quinha de seda. Tratava-se basicamente de comédias de jeca-tatu, chanchadas e melodramas folhetinescos rurais e urbanos.

Mas os grandes campeões de bilheteria seriam os musicais, conhecidos popularmente como "alôs carnavalescos". O primeiro a alcançar sucesso foi *A voz do carnaval*, de 1933, no qual Carmen Miranda fazia sua estreia no cinema cantando "Moleque indigesto", de Lamartine Babo, e o próprio compositor interpretava "Linda morena", competindo com "Fita amarela", de Noel Rosa, outro destaque musical do filme.

Devido ao êxito do gênero, os musicais carnavalescos se tornariam um filão inesgotável, lançando e popularizando marchinhas de carnaval, consagrando nomes já conhecidos e revelando outros que logo ficariam famosos em todo o Brasil. Os filmes de maior sucesso foram *Alô, alô, Brasil!*, de 1935, ao som de "Cidade maravilhosa", de André Filho, um dos maiores sucessos carnavalescos de todos os tempos. Seguindo a mesma receita, no ano seguinte chegaria às salas de cinema *Alô! Alô! Carnaval!*, contando com um elenco de intérpretes liderado por Carmen Miranda (na época já considerada a artista mais popular do rádio, do disco e do cinema brasileiro) e Oscarito. O filme faturou milhões e imortalizou marchinhas como "Cantoras do rádio", de João de Barro e Alberto Ribeiro, e "Pierrô apaixonado", de Noel Rosa e Heitor dos Prazeres. Em 1939, seria a vez de *Banana da terra*, que tinha como destaques Linda Batista e a turma de sempre: Oscarito, Carmen e Aurora Miranda, Bando da Lua, Almirante, Dyrcinha Batista, e também apresentava os novos ídolos populares: Orlando Silva, Emilinha Borba e Carlos Galhardo. Faziam parte da trilha sonora a marcha "Jardineira" e o samba "O que é que a baiana tem?".

São Paulo nas ondas do rádio

Na metade dos anos 1930, a cidade de São Paulo já contava com dez emissoras de rádio e, a exemplo do que ocorria na maioria dos grandes centros urbanos, os paulistanos foram atacados por uma verdadeira "radiomania". Possuir um rádio significava estar em contato com tudo o que acontecia de importante no país e no mundo, portanto, os "aparelhos falantes" eram encontrados em quase todas as casas da classe média, que, sobre os telhados, ostentavam mastros altíssimos para sustentar as antenas, importantes para captar melhor as ondas hertzianas.

Naquela fase inicial do rádio, tudo dependia do *speaker*, como na época eram chamados os locutores. Eram eles que anunciavam a emissora, apresentavam programas, faziam comerciais e liam crônicas literárias. Considerados "as grandes vozes do rádio", os locutores eram a marca registrada de cada emissora, e o primeiro grande destaque nessa profissão foi César Ladeira, paulista de Campinas, que iniciou sua carreira na Rádio Record e ganhou fama nacional como locutor oficial da Revolução Constitucionalista de 1932, quando conclamava os paulistas para a luta democrática. Sua frase de abertura – "Amigo ouvinte..." – era familiar em todas as casas. Devido ao grande sucesso, logo depois da revolução ele foi contratado pela Rádio Mayrink Veiga, do Rio de Janeiro, na época a maior do país, onde passou a ler diariamente as *Crônicas da Cidade Maravilhosa*.

Além de criar um estilo, César Ladeira também lançou um modismo: a maioria dos locutores em atividade nas rádios brasileiras seria formada por paulistas. O motivo foi a dicção de Ladeira, que de imediato passou a ser imitada, mas nunca com perfeição. Logo seria descoberta a razão daquela técnica inimitável: o curso de oratória da Faculdade de Direito do largo de São Francisco. Foi assim que muitos bacharéis trocaram o tribunal pelo microfone.

Em São Paulo, depois da pioneira Educadora Paulista, surgiram a Cruzeiro do Sul e, causando grande sensação, a Rádio Record, fundada por Paulo Machado de Carvalho, que de imediato se tornaria líder de audiência, popularizando o prefixo PRB 9 e justificando seu *slogan* "A maior de São Paulo". Aos poucos entrariam no ar outras emissoras, todas ostentando seus sugestivos *slogans*: Difusora, "O som de cristal"; Cultura, "A voz do espaço"; Bandeirantes, "A mais popular"; São Paulo, "A voz amiga"; Gazeta, "A rádio de elite", e muitas outras, mas nenhuma ameaçava a liderança da Record. Isso pelo menos até setembro de 1937, quando Assis Chateaubriand inaugurou a Rádio Tupi de São Paulo,

"A mais poderosa", com o prefixo PRG 2, contando com três estúdios, uma orquestra sinfônica e um grande auditório que era também salão de chá. A solenidade de inauguração, com a presença das principais personalidades da cidade, foi aberta com a execução do Hino Nacional, seguida de discursos do próprio Chateaubriand, do governador Cardoso de Melo Neto e do prefeito Fábio Prado.

As novidades da época foram os programas de humor, lançando nomes como Zé Fidelis, Jararaca e Ratinho (Record) e Manoel da Nóbrega e Aluísio Silva Araújo, com o programa *Cadeira de barbeiro* (Tupi). Surgiram também os primeiros programas de calouros nos auditórios das rádios, um gênero criado por Celso Guimarães na Rádio Cruzeiro do Sul, sendo um dos mais famosos a *Hora da peneira* (Cultura). Foi justamente num desses programas, sempre realizados aos sábados, que seria revelado o então candidato a cantor João Rubinato, que, duas décadas mais tarde, como compositor, usando o pseudônimo Adoniran Barbosa, se tornaria um dos maiores símbolos da cidade.

Outra característica marcante das emissoras de rádio era manter entre seus contratados uma grande orquestra para a execução, ao vivo, de música erudita e popular. Foi quando surgiram maestros de renome como Francisco Mignone, Hervê Cordovil e Radamés Gnatalli. Era comum as orquestras acompanharem os cantores em suas apresentações, também ao vivo.

Naquele tempo, quase todos os cantores iniciavam suas carreiras no rádio, onde alcançavam a popularidade necessária para depois gravar seus discos. A portuguesa Carmen Miranda seria uma das primeiras, quando, em 1929, aos 20 anos, debutou na Rádio Sociedade do Rio de Janeiro cantando "Taí (Pra você gostar de mim)". Ao serem apresentados pelos locutores, que haviam se tornado os astros do *broadcasting* das rádios, os *reis* e *rainhas* do rádio tinham o nome sempre acompanhado por apelidos e adjetivos: Carmen Miranda era *A Pequena Notável*; Francisco Alves, *O Rei da Voz*; Orlando Silva, *O Cantor das Multidões*, e assim por diante.

Aliás, o termo "cantor das multidões" foi cunhado pelo locutor Oduvaldo Cozzi, da Rádio Nacional do Rio de Janeiro, em 1937, depois de uma apresentação de Orlando Silva na sacada do Teatro Colombo, no largo da Concórdia, no bairro paulistano do Brás. Em março daquele ano, o cantor havia gravado no ano anterior a valsa "Lábios que beijei", seu primeiro sucesso de repercussão nacional, e se apresentaria pela primeira vez na cidade. A notícia se espalhou e, horas antes do espetáculo, uma multidão lotava a praça e tentava entrar no teatro. Temerosos de um tumulto, os proprietários pediram ao cantor que se apresentasse na sacada do prédio. Orlando Silva cantou para um público estimado em 100 mil pessoas, número considerado recorde na época.

Aproveitando-se da popularização do rádio, a indústria fonográfica crescia junto, e no início da década de 1930 seria impossível imaginar um segmento independente do outro. Algumas gravadoras tinham sua própria emissora, e uma das primeiras foi a RCA Victor, que era proprietária da Rádio Transmissora do Rio de Janeiro, ou vice-versa, como no caso da Organização Byington, proprietária das rádios Cruzeiro do Sul de São Paulo e do Rio de Janeiro, que representava no Brasil a gravadora norte-americana Columbia. Já a Rádio Philips do Brasil fabricava seus próprios receptores de rádio, que eram anunciados com o *slogan* "A chave que lhe abre o mundo".

O futebol se torna popular Os anos 1930 também marcariam a consolidação do futebol como o esporte das massas, e um dos fatores para o aumento de sua popularidade foi a própria situação política do país. Em plena ditadura Vargas, marcada por um longo período de censura e proibições, os estádios de futebol se tornariam o local ideal onde o povo podia, livremente, aclamar seus heróis e descarregar sua agressividade contra os "inimigos". No gramado, os heróis eram os jogadores do time preferido e os inimigos, além dos jogadores do time adversário, eram representados inapelavelmente pelo trio de arbitragem, que personificava a autoridade em campo. Aliás, o árbitro era a única unanimidade: para todos os torcedores, ele era sempre um "juiz ladrão".

Os jogos do Palestra Itália e do Corinthians, que durante muitos anos seria considerado o time oficial da colônia espanhola, arrastavam verdadeiras multidões para os estádios, e quando os dois times se enfrentavam o bairro do Brás era palco de inúmeras brigas de rua envolvendo torcedores italianos e espanhóis. O fato de esses dois times atraírem milhares de pessoas levaria outros clubes a se interessar pelo futebol. Por outro lado, a popularização de um esporte até então considerado elitista, aliada à implantação do profissionalismo no Brasil, acabaria provocando inúmeras dissidências, com a retirada de diversos clubes, inclusive do Athlético Paulistano, cujo time de futebol, muitas vezes campeão paulista, fora desativado em 1929. No ano seguinte, um grupo de sócios descontentes fundaria o São Paulo da Floresta, que, em 1935, serviria de base para o surgimento do atual São Paulo Futebol Clube.

Além de Friedenreich, o maior artilheiro do futebol mundial, com 1.329 gols marcados, e que, por causa de sua atuação em competições sul-americanas, também era chamado de El Tigre, o aparecimento de novos ídolos contribuiria para transformar o futebol em uma verdadeira revolução social. As duas grandes revelações da década foram Domingos da Guia e Leônidas da Silva. No final da década de 1930, dizia-se que no Brasil só três pessoas conseguiam movimentar as massas e contar com grande apoio popular: o presidente Getúlio Vargas, o cantor Orlando Silva e Leônidas da Silva.

Criado para ser um veículo popular, o rádio não deixaria por menos. Getúlio, mesmo que por imposição, e Orlando Silva, com sua voz macia e aveludada, já eram assíduos frequentadores das programações radiofônicas quando em algumas emissoras surgiram as primeiras transmissões esportivas, principalmente de futebol, que, ao contrário dos programas políticos, faziam o ouvinte aproximar o ouvido do receptor para melhor acompanhar os lances da partida. Nasciam assim os locutores esportivos. Entre os pioneiros figurava o popular Oduvaldo Cozzi, da Rádio Nacional do Rio de Janeiro, que, em suas narrações, descrevia o jogo com tal fidelidade que se tinha a impressão de estar assistindo ao mesmo no estádio. As rádios de São Paulo também aderiram às transmissões esportivas, e logo começaram a se destacar Geraldo José de Almeida e Nicolau Tuma, ambos na Rádio Record. Com o apoio do rádio, aquele esporte inglês, elitista por excelência, tornava-se ainda mais popular e cada vez mais brasileiro.

Zeppelin, ônibus, barulho, poluição e muita agitação

Logo no início da década de 1930, o céu de São Paulo recebia a visita do *Graf Zeppelin*, um dirigível alemão que praticamente parou o trânsito e o comércio da região central ao sobrevoar o edifício da Light. O *Graf Zeppelin* retornaria à cidade em outras ocasiões e, em sua última viagem ao Brasil, em 1936, deu voltas em torno do Prédio Martinelli. Por causa do incêndio do *Hindenburg*, no ano seguinte, matando cerca de trinta pessoas, aquele meio de transporte seria desativado.

Em seu livro de memórias, *No espelho do tempo: meio século de política*, o ex-governador paulista Roberto Costa de Abreu Sodré, na época com 12 anos, assim relata a passagem do dirigível pela cidade:

> Guardo do *Graf Zeppelin* uma visão breve, mas extraordinariamente nítida do "monstro voador com mais de 200 metros de comprimento" que cruzou os céus de São Paulo em 26 de maio de 1930. Eu passava pelo velho Viaduto do Chá quando vi se aproximar lentamente a longa silhueta, vagando como um transatlântico do espaço. Voava muito baixo e, por alguns instantes, por incrível que pareça, consegui distinguir as vozes da tripulação e dos passageiros. Isso mostra não só o quanto ele passara perto do velho Viaduto do Chá, mas também o quanto a São Paulo daquele tempo era silenciosa.

No entanto, a cidade não permaneceria silenciosa por muito tempo. Sua população, que no início da década já ultrapassava um milhão de habitantes, iria crescer vertiginosamente a cada ano, e, com ela, também a frota de transporte coletivo.

Por causa da constante falta de água nas represas, que prejudicava o fornecimento de eletricidade e consequentemente o serviço de bondes, os administradores municipais passaram a dar prioridade aos ônibus movidos a combustível, com o objetivo de garantir a eficiência do transporte urbano. O serviço da Light já apresentava falhas por causa do excesso de usuários e por estar limitado aos velhos bondes abertos e ao chamado "cara dura", um bonde fechado, atrelado ao primeiro, que, por ser mais barato, era a opção de operários e estudantes.

Os primeiros ônibus começaram a circular na cidade em 1925, justamente depois de um longo período de estiagem, quando o nível da água das represas baixara assustadoramente, criando um verdadeiro pânico no serviço de bondes elétricos. Considerados uma opção do futuro, já na metade dos anos 1930 o número de ônibus em circulação se igualava ao dos bondes. A Light, por sua vez, renovou sua frota com um novo modelo, todo vermelho, fechado e bastante confortável, que os paulistanos apelidaram de "camarão".

São Paulo, então, passaria a conviver com o barulho dos motores e a fumaça expelida pelos novos veículos. Eram os primeiros sinais de poluição, uma companheira desagradável que, ao longo dos anos, se tornaria inseparável da cidade. Como se não bastasse, algumas ruas apresentavam morosidade no trânsito, dando origem aos chamados "engarrafamentos". A situação se agravaria com o aumento da quantidade de carros, ocasionando problemas de estacionamento. Pela falta de espaço, devido às ruas estreitas do centro, a praça da Sé e o largo de São Francisco se transformariam em imensas garagens, onde predominava o popular Ford Bigode.

Era o início da "loucura paulistana". Durante o dia, São Paulo havia se tornado uma cidade barulhenta, assolada por uma verdadeira "sinfonia urbana", quando o ruído dos bondes e dos motores dos carros misturava-se ao som dos rádios, das buzinas e dos alto-falantes. À noite, na região central, em especial na avenida São João, as luzes e cores dos anúncios luminosos em neon, das lanternas dos veículos, dos semáforos e da iluminação pública criavam um clima permanente de festa e agitação.

Na mesma época, imponentes e luxuosos edifícios residenciais no estilo europeu foram construídos ao longo da São João, no sentido bairro a partir da avenida Ipiranga, em sua maioria destinados à classe média, que até o final da década de 1950 ainda residiu nas ruas Vitória, Aurora, Conselheiro Nébias, alameda Barão de Limeira e outras. Mesmo deteriorados, muitos daqueles edifícios ainda existem, servindo como testemunho de um período nobre e, ao mesmo tempo, representando um triste retrato da decadência do centro da cidade, um quadro que se tornaria irreversível a partir da década de 1970.

Um reduto da boemia jovem e politizada No início dos anos 1930, mesmo timidamente, a vida noturna da cidade começava a deixar o tradicional Triângulo, e a grande mudança se daria ao longo da avenida São João, que já abrigava cinemas, teatros, bares e restaurantes, seguindo para além da avenida Ipiranga, passando pelo sempre agitado largo do Paissandu, onde o Ponto Chic reinava absoluto.

Além de atrair os boêmios da cidade, o largo do Paissandu também despertava a atenção dos poetas, como mostram alguns versos do livro *Lira paulistana*, de Mário de Andrade:

> No largo do Paissandu
> Sonhei, foi luta renhida,
> Fiquei pobre e me vi nu.

Até mesmo os estudantes de direito da São Francisco, sempre fiéis aos cafés e às confeitarias do Triângulo, estavam mudando de endereço e, além de frequentar os bares das vizinhanças da faculdade, procuravam os novos pontos de encontro da cidade. A parada obrigatória de todos os bacharéis era o Ponto Chic, que havia se tornado um gueto, principalmente durante a noite, quando as discussões sobre política animavam as madrugadas. O entretenimento ficava por conta das mesas de *snooker*, muito disputadas pelos estudantes, localizadas num anexo no fundo do bar.

No início da década, no Ponto Chic torcia-se pelo sucesso da Revolução Constitucionalista, e lá todos ouviam, pelo rádio, estrategicamente localizado no interior do bar, a voz firme e convocatória do locutor César Ladeira conclamando os paulistas a lutar pela democracia. A vibração por cada vitória era grande, mas seria depois da implantação do Estado Novo, em 1937, que o Ponto Chic, onde tudo acontecia, se tornaria um verdadeiro caldeirão da agitação política paulistana.

Bauru: uma figura popular na noite paulistana Muito folclore cerca a vida de Casimiro Pinto Neto, nascido na cidade de Bauru, no interior paulista, que, ao chegar a São Paulo para estudar na São Francisco, se tornaria popular como Bauru e imortal depois da criação, no Ponto Chic, do sanduíche que leva seu apelido.

Para a elaboração deste livro, foram entrevistados antigos frequentadores do Ponto Chic, e entre eles muitos tiveram alguma ligação de amizade com Casimiro Pinto Neto. Também foram ouvidas sua mulher, Miriam, e sua filha Patrícia. Graças a esses depoimentos, foi possível conhecer um pouco da juventude de Casimiro e de seu tempo de estudante. O primeiro relato é de Patrícia Pinto:

> Ele nasceu em 1914, e aos 15 anos já trabalhava como desenhista na Estrada de Ferro Noroeste, em Bauru. Dessa época, ele guardava um desejo frustrado de tornar-se arquiteto (ouvindo isso desde pequena, tornei-me arquiteta, talvez para agradá-lo). Mas não foi por falta de oportunidade, pois em 1932, aos 18 anos, quando terminou o curso secundário e já morando em São Paulo, prestou prova para arquitetura e direito. Passou nas duas, mas, como já tinha alguma tendência para a boemia, raciocinou que o curso de direito lhe tomaria menos horas de estudo e optou pela Faculdade do largo de São Francisco. Durante os estudos, participou da Revolução de 32, no Batalhão 14 de Julho, formado quase em sua totalidade por estudantes constitucionalistas.

Rosário Benedicto Pellegrini, colega de turma da Faculdade de Direito, lembra de sua convivência diária com Casimiro nos bancos acadêmicos, nas lutas políticas e nas noitadas da boemia paulistana.

Conheci-o em março de 1932, quando iniciávamos o curso acadêmico, na "Velha e Sempre Nova Academia" do largo de São Francisco. Vinha da cidade de Bauru, a sua cidade natal, e logo ficamos sabendo que Casimiro era o prenome que recebera na pia batismal, mas tornou-se na faculdade conhecido por Bauru, porque tinha o hábito de contar lorotas aos colegas. E assim passou os cinco anos do currículo acadêmico, e depois por toda a sua vida. E era assim mesmo que esse provinciano da Noroeste gostava de ser chamado.

A sua passagem pela Faculdade de Direito foi assinalada por uma vida acadêmica intensa. Os estudos, as preocupações dos exames constituíam coisas secundárias. O que efetivamente o movia e o fazia vibrar era a sua situação de aluno da tradicional escola, participando de tudo quanto se discutia, menos o estudo das disciplinas do curso. Os folguedos acadêmicos, notadamente as caravanas artísticas, tinham no Bauru um entusiasta decidido.

Convivi com ele durante os cinco anos de faculdade e pude verificar a sua verve ímpar. Repentista de primeira água, brilhante na exposição dos argumentos, versejava com rara felicidade e espontaneidade. Por isso, o Bauru pode ser considerado um dos mais belos e fulgurantes talentos que passaram pelas Arcadas, durante o quinquênio de 1932 a 1936. Era considerado um notável conversador, dos mais finos e argutos, que deixava a todos nós embevecidos durante as noitadas de boemia, no Hungária, que então se localizava na rua Xavier de Toledo; no Cidade de München, que ocupava a sobreloja do prédio dos Diários Associados, na esquina do antigo Viaduto do Chá com a rua Dr. Falcão; ou então no Ponto Chic, num prédio do largo do Paissandu. Posso mesmo dizer, usando uma expressão hoje muito em moda, que o Bauru era um homem da noite.

Nasce o bauru

*Em 1936, no Ponto Chic,
um estudante de direito
inventa o famoso bauru*

A criação do *bauru* ainda hoje é motivo de muita polêmica, tanto quanto à data de sua invenção como quanto à receita original. Entre as pessoas entrevistadas, cada uma tem uma versão diferente.

A versão oficial, mantida até hoje nos cardápios do Ponto Chic, diz literalmente o seguinte:

A HISTÓRIA DO BAURU
Puxando pela memória, o ativo "Bauru" recorda o dia em que nasceu o sanduíche que levaria seu apelido, espalhando a fama de sua terra natal para os quatro cantos do mundo. Não é difícil, para esse homem de boas lembranças, contar detalhes sobre o nascimento do sanduíche *bauru*.
"Era um dia que eu estava com muita fome. Cheguei para o sanduicheiro Carlos – hoje já falecido – e falei: 'Abre um pão francês, tira o miolo e bota um pouco de queijo derretido dentro'. Depois disso, o Carlos já ia fechando o pão quando eu falei: 'Calma, falta um pouco de albumina e proteína nisso (eu tinha lido em um opúsculo, aquele livreto de alimentação para crianças, da Secretaria da Educação e Saúde, escrito pelo ex-prefeito Wladimir de Toledo Piza – também frequentador do Ponto Chic – que a carne era rica desses dois elementos), bota umas fatias de *roast beef* junto com o queijo'. O Carlos colocou o *roast beef* e já ia fechando de novo o pão quando eu tornei a falar: 'Falta vitamina, bota aí umas fatias de tomate'. Este é o verdadeiro *bauru*! Quando eu estava comendo o segundo sanduíche chegou o 'Quico' – Antonio Bochini Jr. – que era muito guloso, pegou um pedaço do meu sanduíche e gostou. Aí ele gritou para o garçom, que era um russo chamado Alex: 'Me vê um desse do Bauru'."
Os amigos foram experimentando e o nome foi ficando. Todos, quando iam pedir, falavam: "Me vê um do Bauru", e assim ficou o nome

de *bauru* para o sanduíche inventado por Casimiro Pinto Neto – Sua Excelência, o Bauru.

Com o tempo, surgiram diversas versões sobre a invenção do sanduíche bauru. A primeira é de Rosário Benedicto Pellegrini, companheiro de faculdade de Casimiro:

> Nos dias de novembro de 1936, que antecederam à eleição da chapa que deveria dirigir os destinos da diretoria do Centro Acadêmico XI de Agosto para o ano seguinte, deflagrou-se acirrada luta eleitoral, motivada não só pelo resultado do pleito em si, mas também pelas influências políticas que o clima de então refletia sobre a vida acadêmica. É que São Paulo, às vésperas do golpe getulista que criaria o Estado Novo, lançava Armando de Salles Oliveira como candidato à Presidência da República, tendo como adversário José Américo de Almeida, imposto pela ditadura Vargas. Por essa razão, a luta eleitoral apresentou-se violenta. Foi então que, influenciado por esse clima de intensa emotividade, um grupo de estudantes montou um quartel eleitoral dentro do Ponto Chic. E durante uma vigília – de três noites e três dias – os estudantes não arredaram pé, cabalando eleitores. Sucediam-se as refeições durante os dias e as noites, sempre regadas por espumante *chopp*.
> Foi numa dessas horas da noite que o estudante Bauru encomendou a um dos fiéis garçons que lhe preparasse um sanduíche de pão francês cortado ao meio, recheado com rosbife, algumas rodelas de tomate e queijo quente derretido. Saboreando o sanduíche, Bauru pediu outro, no que foi acompanhado por vários colegas.
> Depois de algum tempo, os estudantes famintos a princípio pediam ao garçom que lhes preparasse um sanduíche igual ao do Bauru, até pedirem somente um bauru.
> Assim nasceu o sanduíche bauru, que entrou no gosto do paulistano, atravessou as fronteiras do nosso estado e passou a ser apreciado até no exterior. Esta é a sua história, narrada por uma das testemunhas daquele momento.

Quanto à receita do bauru, dois amigos de Casimiro lembram de como era feito o sanduíche. A primeira versão é de Abreu Sodré:

> No Ponto Chic sempre surgia a figura do boêmio, um boêmio que marcou a história de São Paulo, que era Casimiro Pinto Neto, o Bauru. Lá também nasceu isto que hoje está espalhado em todos os lugares, o sanduíche bauru, mesmo que feito de maneiras diferentes. Pois lembro-me do dia em que nasceu esse sanduíche: Casimiro Pinto Neto disse: "Vou fazer para vocês o melhor sanduíche que vocês podem comer". Foi ao balcão, onde estava um garçom, desbotado pela cor branca, que não me recordo agora o nome, parece que era Carlos, e deixou que ele manuseasse o rosbife, o queijo, o tomate, o pão... Ele, então, preparou um sanduíche com o qual todos nos deliciamos, que se batizou imediatamente de bauru, em homenagem ao Casimiro.
>
> Com o tempo eu fui crescendo e minha vida foi pontilhada por diversas campanhas políticas, marcada por muitas viagens pelo Brasil. Toda vez que eu passava por uma pequena cidade, no Nordeste, no Sul do país, ao olhar uma tabuleta de bar anunciando os tipos de sanduíches, ao deparar com a palavra "bauru, tal preço", meu pensamento voava imediatamente para o largo do Paissandu e recordava do Ponto Chic e do Casimiro Pinto Neto, o Bauru – um grande amigo.

Uma receita um tanto diferente foi dada por Brasil Vita, que lembra da presença marcante de Casimiro no Ponto Chic:

> Eu convivi muito com o Casimiro Pinto Neto na época do CPOR, no quartel que ficava na rua Abílio Soares. Lembro que os treinamentos eram feitos naquela área ampla onde surgiu depois o parque do Ibirapuera. Mas ele faltava muito às aulas e foi dispensado, passando a soldado comum. Depois continuamos amigos na faculdade, onde ele era uma figura popular e já tinha o apelido de Bauru, por ser natural daquela cidade. Quando chegava ao Ponto Chic, o que fazia diariamente para jogar *snooker*, logo atraía as atenções sobre ele, pois era

uma pessoa muito agradável, um homem inteligente e engraçado. Quanto ao sanduíche bauru, era feito com carne: um bife de carne, queijo derretido, tomate italiano grande e alface.

Miriam Ribeiro Leite Pinto, mulher de Casimiro, apresenta a versão que o próprio marido contava:

> O Casimiro estava jogando *snooker* o dia inteiro e ganhando muito dinheiro. A certa altura, já de noite, estava muito cansado e quis parar de jogar, mas os amigos não deixaram e fecharam a porta do Ponto Chic. Então ele disse que precisava recuperar as energias para depois continuar jogando. Ele foi ao balcão e mandou o Carlos preparar o famoso sanduíche, falando aquelas histórias das proteínas. Os amigos que estavam presentes gostaram da ideia e pediram sanduíches iguais ao dele, e assim o nome bauru foi ficando.
> O Casimiro sempre falava que o bauru inventado por ele não tinha pepino. Ele não podia comer pepino, pois tinha úlcera.

Realmente, os garçons mais antigos dizem que o pepino, que passou a complementar o sanduíche, veio muito depois, na década de 1950, uma exigência dos grandes bebedores de chope. Sua função seria a de tira-gosto.

Apesar das versões divergentes, o resultado foi esclarecedor e pode ser considerado conclusivo para definir como e quando foi inventado o sanduíche bauru.

Entre essas versões, a que mais se aproxima da realidade, principalmente quanto à época (1936), é a de Rosário Benedicto Pellegrini. A versão de Miriam, mulher de Casimiro, também é incontestável, pois é a do próprio Bauru. Fica apenas a interrogação: naquela noite de novembro de 1936, os estudantes estavam fazendo política estudantil ou estavam jogando *snooker*? É bem provável que estavam fazendo as duas coisas. Afinal, era uma vigília, e nada melhor que uma mesa de *snooker* e muito chope para manter os estudantes acordados.

Mas, o que importa, é que estudantes, bacharéis, jornalistas, radialistas, intelectuais, boêmios e outros frequentadores do Ponto Chic de imediato imortalizaram a criação de Casimiro Pinto Neto, e o bauru logo se tornaria um símbolo gastronômico de São Paulo: *O verdadeiro sabor paulistano.*

Burgomestres obreiros Desde o início do século, os administradores municipais vinham realizando algumas obras importantes. O conselheiro Antônio Prado, primeiro prefeito eleito da cidade, durante o seu longo mandato (1899 a 1911), cuidou essencialmente do saneamento, e teria seu nome ligado à construção do Teatro Municipal; o barão de Duprat (1911 a 1914) seria responsável pela construção do parque e da esplanada do Trianon, na avenida Paulista, além do parque do Anhangabaú. Em sua administração também foi demolida a velha Igreja da Sé, dando lugar à Catedral, que seria terminada somente no início dos anos 1960.

Nos anos 1930, mesmo convivendo com problemas políticos, crise econômica e revoluções, São Paulo prosseguia sua escalada rumo ao progresso. Com o êxodo rural, causado pela crise do café, a cidade passou a acolher grupos de trabalhadores vindos das fazendas que, ao lado dos imigrantes, em número sempre crescente, contribuíram para aumentar ainda mais a população urbana, o que obrigaria a administração municipal a tomar providências para solucionar o problema do abastecimento de alimentos. Assim, em 1933, o engenheiro Xavier de Toledo entregava à cidade o Mercado Central, localizado na rua da Cantareira, uma imponente construção com vitrais em estilo gótico importados da Alemanha. Porém, o grande impulso viria quando a cidade passou a ser governada por dois verdadeiros urbanistas, que se tornariam os primeiros administradores considerados obreiros.

Depois da construção do Martinelli – que não caiu –, verificou-se em São Paulo um acelerado processo de verticalização, mas o urbanismo andava um tanto prejudicado. Com a indicação de Fábio Prado, que governou a cidade de 1934 a 1938, iniciou-se um período de valorização urbana. Ele foi responsável pela concretização de projetos que, além de atender às necessidades da população, se tornariam marcos de beleza na paisagem da capital paulista, como o novo Viaduto do Chá, inaugurado em 18 de abril de 1938, todo construído em concreto armado, e o parque Dom Pedro II. Também iniciou as obras da Biblioteca Municipal, do Estádio do Pacaembu e das avenidas 9 de Julho e Ibirapuera, concluídas por Prestes Maia na administração seguinte.

O governo estadual também contribuiria para o embelezamento da cidade com a inauguração, em 1933, do Palácio da Justiça, na praça Clóvis Bevilácqua, inspirado no Palazzo Calderini, de Roma, e alguns anos depois, em 1938, com o término da luxuosa sede da Estrada de Ferro Sorocabana, localizada na praça Júlio Prestes, nas proximidades da Estação da Luz, atualmente sede da Secretaria Estadual de Cultura e da Sala São Paulo.

Durante o primeiro mandato de Francisco Prestes Maia (1938 a 1945), como prefeito indicado – ele ocuparia o cargo novamente em 1961, como prefeito eleito –, São Paulo passaria por um intenso e tumultuado processo de transformação, quando a cidade tornou-se um verdadeiro canteiro de obras.

No final da década de 1930, a metrópole se agitava. A população, talvez prevendo o ritmo alucinante que enfrentaria a partir da década seguinte, já esboçava a nova característica que iria identificar o paulistano: a "pressa".

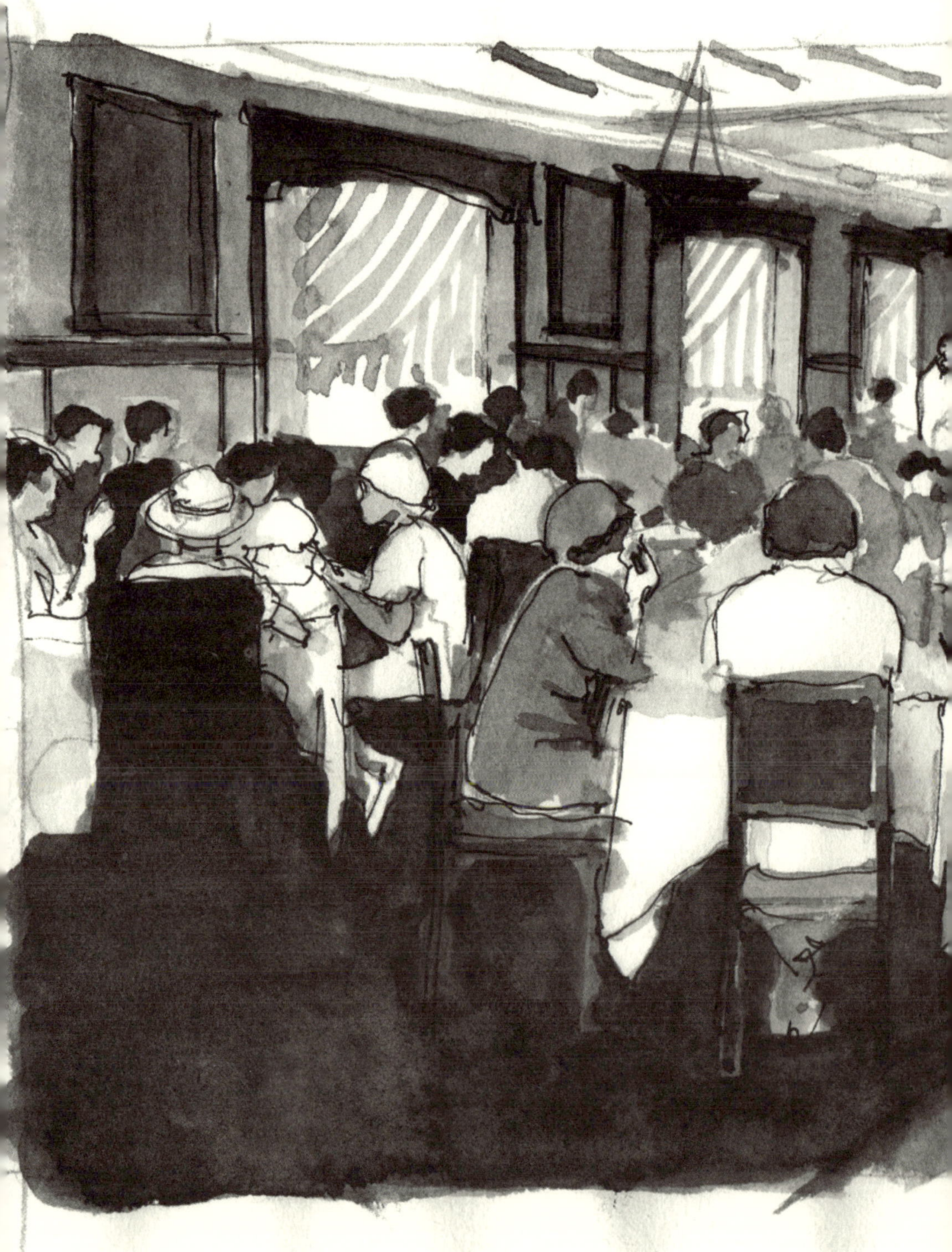

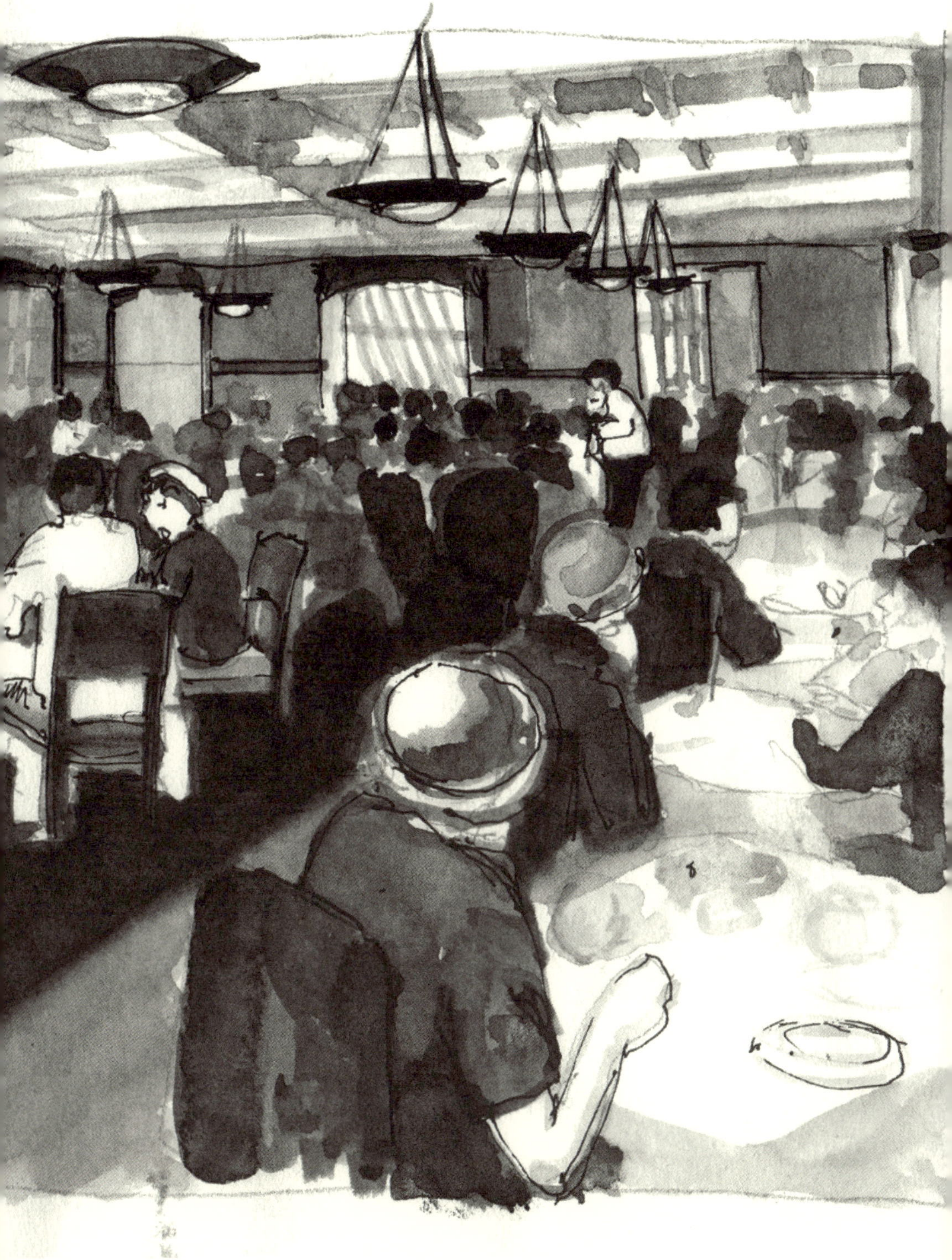

Anos 1940

O mundo está em guerra.
Longe do conflito mundial,
a noite fervilha no Ponto Chic

Uma cidade em obras Em 1940, o mundo vivia o drama da Segunda Guerra Mundial, um acontecimento ainda distante para a realidade brasileira. São Paulo logo sentiria os primeiros reflexos do conflito, principalmente pela chegada de grupos de imigrantes que fugiam do espectro da guerra e, no caso dos judeus, da perseguição nazista.

Indiferente ao confronto bélico, até então envolvendo apenas nações europeias e o Japão, a cidade passava por um período de crescimento acelerado. Em plena administração do prefeito Prestes Maia, na região central, a população presenciava a demolição de igrejas coloniais, casas e pequenos edifícios. Parques, praças, largos e ruas davam lugar a grandes avenidas. Tratores e entulho dominavam a paisagem urbana, por causa da execução de grandes obras. O paulistano reclamava, irritado com o barulho e a poeira, e muitos consideravam aquelas obras um exagero. Menos Prestes Maia, é claro.

Na verdade, as realizações do prefeito foram até modestas demais, se comparadas ao seu Plano de Avenidas, elaborado em 1930 junto com o engenheiro Ulhôa Cintra, que sugeria a reestruturação do sistema viário e a remodelação da cidade tendo como base um estilo de arquitetura monumental, inspirado no urbanismo de Paris. Seria, portanto, a segunda tentativa de tornar São Paulo parecida com a capital francesa.

Porém, muitas daquelas ideias de Prestes Maia ficariam apenas no papel, entre elas a construção do Paço Municipal na praça das Bandeiras, acoplado a um viaduto, por onde passaria uma linha de metrô, ligando o largo de São Francisco à rua Xavier de Toledo; a remodelação do largo do Palácio, atual Pátio do Colégio, que teria uma abóbada central decorada com imagens renascentistas; a instalação de um aeroporto, uma estação central e um porto fluvial na margem direita do rio Tietê, na altura da Ponte Grande, que seria usada como base para esculturas em homenagem às bandeiras, e mais uma série de projetos não menos ambiciosos.

Mesmo assim, depois de concluir as obras iniciadas pela administração anterior (as avenidas Brasil e Rebouças, a Biblioteca Municipal, o Estádio do Pacaembu), nosso prefeito urbanista realizou o importante complexo de vias que formaria a "Avenida de Irradiação" a partir da avenida Ipiranga (que passou a ter 32 metros de largura e 1,5 quilômetro de extensão), seguindo pela rua São Luís, também transformada em avenida, onde foram mantidas as árvores originais. Em seguida, abriu a praça D. José Gaspar e determinou o alargamento da Vieira de Carvalho, que passou de 13 para 29 metros de largura, e das avenidas Rio Branco e Duque de Caxias, além de realizar a remodelação do Vale do Anhangabaú, onde surgiu a avenida que, a exemplo da galeria construída sob a praça do Patriarca, hoje leva o nome do ex-prefeito. De olho no futuro, Prestes Maia alterou o modesto projeto inicial da avenida 9 de Julho, que passou a ter três pistas em cada sentido e um suntuoso pórtico no túnel do Trianon. Também retificou o rio Tietê, permitindo a ocupação dos terrenos da várzea, uma obra que, anos mais tarde, seria importante para a viabilização das marginais. A paisagem urbana se modificava rapidamente e São Paulo passaria a ser conhecida como "A cidade que mais cresce no mundo".

Com todas aquelas obras, acelerou-se a migração interna e milhares de nordestinos, fugindo da fome e da seca, chegaram a São Paulo à procura de trabalho. Com o aumento da população, a frota de transporte coletivo foi obrigada a crescer e, no início da década, a cidade contabilizava 1,4 milhão de habitantes e 3 mil ônibus circulando pelas ruas, contra apenas quinhentos bondes elétricos.

A elite atravessa o Viaduto do Chá Em 1941, com cerca de 4 mil fábricas, São Paulo já era o maior centro industrial da América Latina, e o mais rico. Na mesma época, ganhava popularidade o interventor estadual Adhemar Pereira de Barros, uma figura curiosa e polêmica, que ao longo de quase trinta anos seria eleito prefeito e governador por duas vezes, tendo seu nome incorporado ao folclore político paulistano.

Graças às obras de Fábio Prado e Prestes Maia, a cidade se embelezava, com a região central separada pelo deslumbrante Vale do Anhangabaú, onde o novo Viaduto do Chá dominava a paisagem, ladeado por palmeiras imperiais e imponentes construções, como o Prédio Alexandre Mackenzie, sede da Light, e o Teatro Municipal, na praça Ramos de Azevedo.

O Triângulo, onde a luxuosa 15 de Novembro reinava majestosa, continuava mantendo seu charme. As confeitarias ainda eram muito procuradas, como também os bares tradicionais, em especial o Viaducto, na rua Direita, com sua famosa orquestra, o Guanabara, na rua Boa Vista, reduto de homens de negócios, e o Franciscano, na rua Líbero Badaró, que reunia estudantes da São Francisco para encontros literários. Na mesma rua, o Café Paraventi era parada obrigatória para o tradicional "cafezinho", degustado em pé mesmo, no balcão, pois o tempo, acompanhando a nova realidade da cidade, agora transcorria rápido, e os compromissos não permitiam pausas mais demoradas.

Mas, seguindo o exemplo de Prestes Maia, alguns comerciantes também resolveram trocar o velho pelo novo. O primeiro passo foi dado pela loja de departamentos Mappin Stores, que, em 1939, saiu da praça do Patriarca para ocupar o novo e luxuoso prédio do outro lado do Viaduto do Chá, em frente ao Teatro Municipal. Durante as décadas anteriores, inicialmente na rua 15 de Novembro e depois na praça do Patriarca, o Mappin, como passou a ser popularmente chamado, havia se tornado o lugar mais elegante da cidade, onde a elite paulistana comparecia em peso para o chá das cinco. A mudança do Mappin para o outro lado do viaduto assinalava as novas tendências do comércio, e no início da nova década, ainda que timidamente, outras lojas fariam o mesmo, optando pela Barão de Itapetininga, uma rua que já começava a se tornar sofisticada, competindo com a 15 de Novembro.

A Barão, como era chamada, desde os anos 1930 vinha se tornando um gueto de intelectuais (Monteiro Lobato foi um dos moradores ilustres da rua), que costumavam se reunir na Confeitaria Vienense, onde intermináveis discussões literárias e filosóficas eram regadas a chás e refrescos de café ao som de piano e violinos. Na década de 1940, era comum encontrar na Vienense os novos talentos da intelectualidade paulistana, entre eles Paulo Emílio Salles Gomes, Décio de Almeida Prado, Antonio Candido, Lourival Gomes Machado, Alfredo Mesquita e Luiz Martins, em companhia dos modernistas Sérgio Milliet, Mário e Oswald de Andrade. Foi num desses encontros que, no início da década, surgiu a revista *Clima*, com a proposta de divulgar os textos e as ideias daquela emergente geração de intelectuais.

Portanto, o êxodo do velho centro já era inevitável, e, no final da década, modernos prédios comerciais foram construídos nas ruas 7 de Abril, 24 de Maio e Dom José de Barros, enquanto luxuosos edifícios residenciais surgiram na vizinha praça da República, um local agradável e ainda tranquilo, distante da agitação noturna.

Acompanhando a nova tendência, muitas lojas, em sua maioria famosas e elegantes, também atravessaram o Viaduto do Chá. Na mesma época, um concorrido bar foi aberto numa entrada lateral do Teatro Municipal e, em 1948, na rua Vieira de Carvalho começava a brilhar o novo Restaurante e Confeitaria Fasano, que no ano seguinte abriu uma filial também na Barão de Itapetininga. Em poucos anos, o Fasano estaria presente em vários endereços e marcaria época na cidade, tornando-se sinônimo de luxo e sofisticação.

O comércio decretava o início da decadência do centro velho, e no final dos anos 1940 a Barão de Itapetininga tornou-se a rua mais sofisticada da cidade, novo ponto obrigatório da elite paulistana.

Surge a Broadway paulistana Durante a ditadura Vargas, atos de censura atingiam livros, filmes, textos literários e peças de teatro. Mesmo assim, com todas aquelas proibições, São Paulo vivia um período de intensa agitação cultural, contando com várias bibliotecas, dezenas de livrarias e diversos teatros e cinemas.

Desde sua abertura, devido ao comprimento exagerado, a São João sempre foi alvo de críticas, considerada por muitos um escândalo urbano-financeiro. Mas seria justamente por causa de sua extensão que, nessa década, a avenida se tornaria o centro da agitação noturna da cidade, concentrando restaurantes, cassinos, cabarés, boates, teatros, livrarias e, principalmente, cinemas, passando a ser chamada de Broadway Paulistana.

Na época, a disputa por espectadores era acirrada. Os novos e modernos cinemas da cidade, também chamados de "lançadores", entre eles o Metro, o Broadway, o Art Palácio, o Ipiranga, o República e outros, além dos chamativos luminosos exibiam gigantescos painéis na calçada com desenhos e fotos reproduzindo cenas do filme e cartazes anunciando a orquestra que tocava nos intervalos. Como o ar condicionado foi a grande novidade da época, logo na entrada dos cinemas enormes placas informavam: "Ar condicionado perfeito". Para driblar a concorrência existia até um acordo de cavalheiros entre os exibidores; assim, cada cinema tinha o dia certo para a troca de filme: o Art Palácio trocava às segundas-feiras, o Ipiranga às quartas, o Metro às quintas, e assim por diante.

Naquele tempo, ir ao cinema obedecia a um ritual preestabelecido: um lanche antes (as filas de espera eram rotineiras, apesar da amplitude das salas) e, obrigatoriamente, um bom jantar depois. Portanto, a concentração de bares, casas de lanches e restaurantes, na São João e adjacências, foi uma decorrência natural.

Ao longo da avenida também surgiram diversos guetos: dos boêmios inveterados, dos desocupados, dos estudantes, dos intelectuais, da classe média e da elite. Tratava-se de uma divisão que, mesmo não sendo discriminatória, podia ser considerada pelo menos diferenciadora, e cada um escolhia o local de preferência de acordo com seu perfil ou condição econômica e social.

O Prédio Martinelli dominava absoluto o primeiro quarteirão da São João, mas sua importância continuava restrita à altura, apesar de contar ainda com o Cine Rosário, o famoso *taxi-dancing* Salão Verde, e, no subsolo, a boate A Gruta, onde predominavam tangos e boleros.

Considerando o grande edifício como ponto de partida, logo na esquina com a rua Líbero Badaró havia a casa de lanches Dois Porquinhos, que servia um saboroso pão com linguiça ou salsicha, com preço acessível a todos. Do outro lado da avenida, no mesmo quarteirão, funcionava o famoso restaurante Automático, popular e barato, muito procurado pelos estudantes e empregados do comércio. Um pouco adiante, na esquina com a atual Prestes Maia, defronte ao prédio dos Correios, ficava o restaurante Ao Pinguim, que pertencia à Companhia Antarctica Paulista, onde tocava uma orquestra típica vienense. Com apenas 1.500 réis era possível comer um prato de salada de batata acompanhada de uma salsicha e tomar um chope. Valia a pena comer a salsicha fria e tomar o chope quente, e assim poder ficar mais tempo naquele ambiente agradável, apreciando o som dos violinos. Bem ao lado do restaurante, no Vale do Anhangabaú, ficava o Coliseu, famoso teatro de revista que marcou época na cidade com uma longa temporada do espetáculo *Moinho do Jeca*, com o comediante caipira Genésio Arruda.

Atravessando para o outro lado do Vale do Anhangabaú chegava-se ao coração boêmio do centro novo, que estendia suas artérias para além da avenida Ipiranga. Para muitos, aquele trecho da São João era um prolongamento da Barão, por causa da sofisticação de alguns estabelecimentos, mas para a maioria era apenas "a prainha", onde todos se encontravam.

Logo no primeiro quarteirão ficava o finíssimo restaurante Palhaço, o mais caro e sofisticado da época, portanto, também o mais procurado pela elite paulistana. Nas noites de domingo, depois do cinema, o local fervilhava com a presença de homens de terno, gravata e chapéu, acompanhados de suas elegantes senhoras usando luvas. Muitos casais levavam os filhos, por isso era comum alguns namoros entre membros de famílias abastadas começarem depois de uma primeira troca de olhares entre as mesas do Palhaço.

Na sequência vinham os bares da moda, dia e noite apinhados de gente, o que justificava o apelido de "prainha" daquele trecho da São João. Os mais movimentados eram o Juca Pato, na esquina com a Dom José de Barros, e o Jeca, na esquina com a Ipiranga.

Nas proximidades da avenida São João era possível encontrar outros redutos, onde a noite acontecia. Teatros, cinemas, cabarés, bares e restaurantes se espalhavam também pelas ruas 24 de Maio (onde o Teatro Santana marcou época com a peça *Deus lhe pague*, escrita por Joracy Camargo, imortalizando o grande ator Procópio Ferreira), Dom José de Barros e avenida Ipiranga, transformando a região num permanente *footing* noturno, onde o piscar dos luminosos era um irrecusável convite ao lazer e aos prazeres da vida. Os nomes se multiplicavam: Amarelinho, Maravilhoso, Simpatia, Lírico, Carlino, Papai, Spadoni e muitos outros, com destaque para o Salada Paulista, inicialmente na Dom José de Barros com a 24 de Maio e depois na avenida Ipiranga, ao lado do cinema. Dizem que foram os garçons do Salada Paulista que inventaram a frase "Caixinha, obrigado!".

Largo do Paissandu: um complemento da São João

Totalmente integrado à São João, o largo do Paissandu era uma parada obrigatória para os amantes da vida noturna. As atrações eram muitas, a começar pelo Tabu, o famoso cabaré criado por José Tjurs, o primeiro grande empresário da noite. Dizem os antigos frequentadores que as coristas do Tabu, com suas roupas generosas mostrando parte dos seios e as lindas pernas, povoavam os sonhos de jovens e adultos. Numa época em que predominava uma grande repressão dos costumes, aquelas garotas representavam o fruto proibido que alimentava as fantasias eróticas de muitos homens.

Ainda no Paissandu havia o Cine Bandeirantes, o concorrido bordel das francesas, um circo que era montado periodicamente no largo e, acima de tudo, o incomparável Ponto Chic, o bar mais procurado pela boemia paulistana, onde, além de servir o já consagrado bauru, a grande moda nos anos 1940 era bebericar um drinque chamado americano, preparado com gim, vermute amargo, água gaseificada, gelo e limão.

Em uma crônica publicada no jornal *O Estado de S. Paulo* em dezembro de 1983, intitulada "Gente e coisas de São Paulo, no tempo do bauru", Luiz Izrael Febrot fala dos bares da moda naquela década, em especial do Ponto Chic:

> No trecho boêmio São João-Paissandu, quatro eram os bares donos do pedaço: Juca Pato (São João/Dom José de Barros); a Saladinha Paulista (Dom José/24 de Maio e finalmente na Ipiranga); o Café Jeca. E no Paissandu, o Ponto Chic. Todos esses bares tinham sua especialização humana. Não havia confusões nem invasões; podia haver transmigrações. O Ponto Chic era um dos bares do pessoal do XI de Agosto e preferido pela turma do futebol. (Era o primeiro a receber, ainda no domingo à noite, a edição segunda-feirina da *Gazeta Esportiva*.) A conversa, portanto, era sobre nada e coisa nenhuma – isto segundo nós, os intelectuais de vanguarda que fazíamos ponto na Monteiro Lobato, livraria. O Ponto Chic era então um dos pouquíssimos bares que ainda conservavam mesinhas, aquelas versejadas por Noel. Por isso e por tudo o mais, havia na verdade discussões tão quentes que, então, nunca mulher alguma entrou no Ponto Chic.
> Todos nós, paulistanos dos anos 40, conhecíamos o Ponto Chic, que Otávio Gabus Mendes e Adoniran Barbosa chamavam de *Ponto Chico*.

Ponto Chic e futebol: um casamento perfeito No início da década, o proprietário do Ponto Chic, Odilio Cecchini, passou a integrar a diretoria do Palestra Itália, o que fez aumentar ainda mais a presença de profissionais ligados ao futebol no Ponto Chic.

Com a consagração definitiva do futebol como o esporte mais popular, o jornalismo esportivo evoluía junto: o jornal *A Gazeta Esportiva*, que desde 1928 era um tabloide semanal, passou a circular duas vezes por semana, alcançando grandes tiragens, principalmente às segundas-feiras, quando noticiava os jogos do domingo. A partir de outubro de 1947, o jornal passaria a circular diariamente.

Por causa da proximidade da redação, que ficava na avenida Cásper Líbero, o Ponto Chic era o primeiro lugar a receber o jornal, logo nas primeiras horas de segunda-feira, muito antes de ser distribuído nas bancas, como lembra Abreu Sodré:

> No início dos anos 40, todos os domingos, logo depois dos jogos de futebol, nós aguardávamos o jornal *A Gazeta Esportiva*, que era entregue no Ponto Chic por volta das 2 horas da manhã de segunda. Lá pelas 4 horas, de volta para casa, todos levavam o jornal debaixo do braço.

Ao mesmo tempo, as emissoras de rádio disputavam os melhores locutores e comentaristas esportivos, que, cada um a seu modo, imprimiam um estilo próprio e inconfundível, geralmente carregado de emoção e suspense ao narrar ou comentar um jogo. Assim, graças ao futebol, o jornalismo esportivo, até então considerado uma atividade menor, para iniciantes, passou a ser valorizado pelos meios de comunicação.

Blota Júnior foi um dos pioneiros do rádio esportivo. Ele começou no jornalismo em 1938, como "foca", no jornal *O Esporte*, e no ano seguinte já iniciava sua longa carreira de radialista, primeiro na Rádio Cosmos, passando em seguida pelas rádios Cruzeiro do Sul, Bandeirantes e Record. Ao lado de outros companheiros, logo se tornou frequentador do Ponto Chic, vivendo intensamente a noite paulistana, como ele mesmo relata, lembrando algumas curiosidades daquele tempo:

> Era uma época muito festiva, principalmente para mim, um garoto de 17, 18 anos que acabara de chegar da provinciana Ribeirão Bonito. Eu passei a frequentar o Ponto Chic diariamente, levado inicialmente pelo Geraldo Bretas, meu colega do jornal *O Esporte*, um diário que competia com *A Gazeta Esportiva*, cuja redação ficava na rua Quintino Bocaiuva. Depois de fechada a edição, por volta de 11 horas da noite, era comum seguirmos em direção à "prainha", e nossa meta quase sempre era o Ponto Chic. Em seguida vieram se juntar outros companheiros, entre eles o Adoniran Barbosa, meu colega de trabalho na

Rádio Cosmos, instalada no largo da Misericórdia, e Vicente Leporace, que eu e o Adoniran conhecemos quando fomos para a Rádio Cruzeiro do Sul, que ficava no mesmo prédio, e que depois mudaria para a praça do Patriarca. Nossa amizade continuou mesmo quando cada um trabalhava em uma emissora diferente, pois nosso elo, nosso ponto de encontro natural, era o Ponto Chic. Era uma amizade que, tempos depois, seria fortalecida ainda mais, quando a Rádio Record reuniu novamente eu, o Adoniran e o Leporace.

Pacaembu: um templo para o futebol

O Estádio Municipal do Pacaembu foi inaugurado por Prestes Maia no dia 27 de abril de 1940, com a presença do presidente Getúlio Vargas, dos interventores federais Adhemar de Barros, de São Paulo, e Amaral Peixoto, do Rio de Janeiro, além de outras autoridades. Os festejos reuniram 10 mil atletas que desfilaram para um público de 80 mil convidados. Em seu discurso, Getúlio definiu o estádio como "uma obra de sadio patriotismo, pela sua finalidade de cultura física e educação cívica".

Com o Pacaembu, o futebol paulista ganhava seu grande palco, num bairro que já nascera nobre. Era um sinal de que o esporte bretão se tornara popular também entre as classes mais abastadas. Palestra Itália e Corinthians, que se revezavam na conquista dos títulos estaduais, já podiam exibir seus craques em grande estilo, para torcidas cada vez mais numerosas. Quando os dois times se enfrentavam, o público sempre girava em torno de 70 mil espectadores. Um número antes jamais imaginado.

Ao longo dos anos, o Pacaembu seria palco de jogos memoráveis, consagrando ídolos que atravessariam décadas, a começar por Leônidas e passando por Pelé, dois dos maiores craques de todos os tempos.

Na saída do estádio, o destino era o Ponto Chic

Outro fator importante para tornar o Ponto Chic um gueto dos profissionais do futebol foi a proximidade do Pacaembu, como recorda Blota Júnior:

Com o advento do Pacaembu, depois dos jogos, todos aqueles que saíam do estádio desciam pela avenida São João e caminhavam em direção ao centro, onde tomariam as conduções que os levariam para casa. Radialistas, jornalistas, diretores de clubes e dirigentes da Federação Paulista de Futebol faziam o mesmo, pois a São João era o conduto natural. Porém havia uma diferença: estes paravam no largo do Paissandu, aportando no Ponto Chic.

Para nós, jornalistas esportivos, o Ponto Chic era uma fonte inesgotável de informações, onde até o Roberto Gomes Pedrosa, ex-goleiro do São Paulo e depois presidente da Federação Paulista de Futebol, era uma presença constante e permanecia no bar até altas horas da noite.

Compartilhando as mesas com estudantes de direito e boêmios da cidade, os profissionais do futebol encontravam no Ponto Chic o ambiente ideal para comemorar as vitórias ou lamentar as derrotas, sempre alvos de intermináveis discussões que muitas vezes acabavam em brigas, como aconteceu com o cronista esportivo Pedro Luís, na época conhecido como "A voz da cidade":

> Comecei a frequentar o Ponto Chic ocasionalmente, em 1941, quando era chefe de esportes da Rádio Tupi, que funcionava na rua 7 de Abril. O bar era um ponto de encontro de muita gente importante e de figuras populares do esporte, principalmente do futebol, e dos profissionais do rádio esportivo. Entre os momentos que marcaram profundamente minha vida no Ponto Chic está uma briga entre São Paulo e Palestra Itália, em 1942, de recordações não muito agradáveis. Por causa da Segunda Guerra Mundial, o São Paulo liderou um movimento para mudar o nome do Palestra. A maioria dos frequentadores do Ponto Chic defendia o São Paulo, mas eu tomei partido do Palestra. Houve desavenças mais sérias, e, muitas vezes, um investigador amigo meu, palestrino fanático, tinha que me proteger de revólver em punho até na rua, por vários quarteirões.
>
> A partir de 1943 e ao longo de toda a década de 1950, eu passava quase que diariamente por lá, e ainda guardo na lembrança os bons momen-

tos daqueles encontros, nas tardes e noites do Ponto Chic. Lembro da presença de Roberto Gomes Pedrosa, presidente da Federação Paulista de Futebol, de muitos dirigentes, jogadores e de outros colegas de profissão, como Raul Duarte, Geraldo José de Almeida e o Blota Júnior, todos da Record. Além disso, havia o Odilio Cecchini, o proprietário, uma atração à parte, pois também era diretor do Palmeiras e, principalmente, um grande amigo, que fazia tudo com muito amor e muita paixão.

O Ponto Chic também foi apontado como o local onde eram subornados jogadores e juízes, como revela Brasil Vita:

> No final dos anos 40, havia muitas negociatas entre os dirigentes de futebol. Tinha um cara, que não posso falar o nome, pois era meu amigo, que comprava tudo quanto era jogador, subornava juízes e não saía do Ponto Chic. Os negócios eram fechados no andar de cima, onde funcionava um salão de barbeiro.

O Diamante se torna paulista

A consagração mundial de Leônidas da Silva aconteceu em 1938, na Copa do Mundo da França. Além de ser o artilheiro da competição, com oito gols, Leônidas maravilhou a todos, sendo apelidado de Diamante Negro pela imprensa francesa. De volta ao Brasil, onde já era conhecido como O Homem de Borracha, verdadeiras multidões lotavam os estádios nos jogos do Flamengo para aclamar o grande herói.

No início de 1942, para quebrar o domínio do Palestra e do Corinthians, o São Paulo F. C. anunciou que traria uma arma secreta do Rio de Janeiro. Tratava-se de Leônidas da Silva, o Diamante Negro, comprado do Flamengo por 200 contos de réis, na época uma fortuna. A estreia foi contra o Corinthians, no dia 24 de maio daquele ano, com o Pacaembu lotado: 71.218 pessoas pagaram ingresso para ver o futebol do mito. O jogo terminou empatado em 3 a 3 e Leônidas não conseguiu mostrar sua habilidade, sofrendo uma marcação implacável do zagueiro Brandão. No dia seguinte, o jornal *A Hora* estampou uma manchete em letras garrafais: "O São Paulo comprou um bonde de 200 contos". Seguiu-se uma semana de deboche por parte dos corintianos, com piadas de todo tipo. Quando dois torcedores do Corinthians se encontravam na rua, comentavam que "O Brandão havia sido preso, pois a polícia encontrara um *diamante* em seu bolso". No terceiro jogo, contra o Palestra, Leônidas justificaria sua fama, marcando seu primeiro gol de bicicleta pelo tricolor.

O campeonato de 1942 foi ganho pelo Palestra Itália, mas, a partir do ano seguinte, com o Diamante Negro jogando tudo o que sabia, o São Paulo se tornaria o grande campeão da década, com a conquista dos títulos de 1943, 1945, 1946, 1948 e 1949. O Pacaembu havia se tornado o palco de Leônidas.

O jornalista Luiz Ernesto Kawall, torcedor do São Paulo (durante o reinado de Pelé, quando o campeonato chegava à metade, ele virava santista), que se tornaria um grande amigo do Leônidas, fala do craque em São Paulo:

> A chegada de Leônidas foi triunfal. Na Estação do Brás, ele foi recebido por cerca de 10 mil torcedores e carregado nos ombros até a sede social do clube, na avenida Ipiranga. Ele vinha do Rio de Janeiro, trazido por Porfírio da Paz e Sílvio Caldas, depois de ter ficado preso durante seis meses, acusado de ter falsificado um certificado de alistamento militar. Foi um absurdo, o maior jogador da Copa de 38, preso. Ao mesmo tempo, sua situação no Flamengo não estava boa, pois ele fora multado pelo time exatamente na quantia que corresponderia à última parcela das luvas, exatos 6 contos e 250 mil-réis. Foi uma grande armação do time carioca.
>
> A estreia de Leônidas no São Paulo foi um fracasso. Ele estava gordo, fora de forma por causa da prisão. Sua péssima atuação mereceu destaque na imprensa, o que deixou a torcida apreensiva. Depois teve o jogo contra o Juventus e, finalmente, contra o Palestra Itália, quando marcou o famoso gol de bicicleta. O locutor Geraldo José de Almeida,

da Rádio Record, ficou tão eufórico que, como bom são-paulino, começou a gritar: "O bonde de 200 contos faz um gol de bicicleta...", repetindo isso várias vezes.

O Leônidas chegou a frequentar o Ponto Chic, pois lá se reunia muita gente do futebol. Anos depois, contou-me que, certa vez, depois de um jogo ganho pelo São Paulo em cima do Palmeiras, assim que entrou no Ponto Chic começaram as provocações: "e aí, Leônidas, você veio receber o bicho aqui?". Outros falavam que houve roubo no jogo. Ele sentiu que o clima era um pouco pesado para ele e passou a considerar o local um reduto de palmeirenses. Mesmo sem muita assiduidade, ele continuaria frequentando o Ponto Chic, pois gostava muito de tomar o chope de lá, que era muito bom.

Leônidas pendurou as chuteiras em 1951, tornando-se comentarista esportivo, passando pela TV Paulista (atual Globo), TV Record e Rádio Panamericana (atual Jovem Pan), recebendo diversos prêmios de melhor comentarista esportivo. Largou o microfone em 1975 e aposentou-se.

A política toma conta das mesas do Ponto Chic No início dos anos 1940, em pleno Estado Novo e com a Segunda Guerra Mundial dividindo o mundo, a juventude paulistana, em especial os estudantes, faria da política seu assunto predileto durante toda a primeira metade da década. No Ponto Chic conspirava-se contra a ditadura de Getúlio Vargas, com os olhos voltados para o conflito mundial.

Alguns daqueles jovens, que na época eram estudantes, jornalistas e radialistas em início de carreira, ou apenas amantes da noite, viveram intensamente aquele período conturbado da cidade. Nas décadas seguintes, muitos deles se tornariam conhecidos por suas atuações na política, no rádio, na televisão e em outras atividades.

Relembrando seu passado, em depoimentos exclusivos, eles falaram de sua juventude, principalmente dos momentos vividos no largo do Paissandu, em especial no Ponto Chic, que fazia parte da rotina diária de todos eles. Em seus relatos, revelaram uma versão testemunhal dos principais fatos, curiosidades e histórias da cidade, em que o Ponto Chic foi fundamental, servindo como pano de fundo para muitos acontecimentos. Esses depoimentos passam a desempenhar um papel de grande importância para a elaboração deste livro.

Abreu Sodré, que ingressou na São Francisco em 1938, aos 19 anos, onde foi um atuante agitador estudantil, lembra aquela importante fase de sua vida:

> No período da Academia, o triângulo de viver dos estudantes tinha três pontos: o largo de São Francisco, da Faculdade de Direito, o Franciscano, um bar onde nós fazíamos roda literária, e o largo do Paissandu, onde nós, os jovens, passávamos a maior parte do tempo no símbolo da história de São Paulo, que é o Ponto Chic.
> Mais do que um lugar para se beber um bom chope e comer um bom sanduíche, o Ponto Chic era uma grande sala de aula de civismo, de coragem. Era de lá que nós estudantes saíamos para nossas missões políticas. No Ponto Chic discutia-se política, reclamava-se, fazia-se poesia. Digladiavam-se ideias e doutrinas políticas, num momento em que a Europa se dividia entre as ditaduras de direita de Hitler e Mussolini e outra de esquerda, de Iosif Stálin.
> Muitos fatos importantes da minha vida se passaram no Ponto Chic. Talvez o mais sério tenha ocorrido em 1941, quando a Universidade de São Paulo, contrariando o desejo de professores e estudantes, outorgou o título de doutor *honoris causa* ao então ditador Getúlio Vargas. Foi uma iniciativa que partiu de um grupo de estudantes liderados por José Gomes Talarico, que frequentava uma escola qualquer em São Paulo. A São Francisco é que não era.
> Como era de costume todas as noites, estávamos no Ponto Chic, nas mesas de mármore encostadas à parede, quando José Gomes Talarico entrou e deu "vivas" a Getúlio Vargas. Eu levantei e disse: "O senhor não tem o direito, em nome dos estudantes paulistas, de outorgar um título *honoris causa* a um ditador". Ele, como todo bom capanga, reagiu puxando um revólver. Naquele tempo eu tinha momentos de valen-

tia..., abri o paletó e pedi: "Atire! Atire, canalha!". Estávamos separados apenas pela mesa do bar. Ele apertou duas vezes o gatilho, mas as balas falharam. Quando ele foi acionar pela terceira vez a arma, o estudante Victor Tiegue, forte feito um touro, deu-lhe uma gravata e no terceiro movimento dos dedos sobre o gatilho saiu um tiro que foi ao chão. Era o tiro que poderia tirar minha vida. Portanto, posso dizer que naquela noite eu nasci de novo, e, de certa forma, sinto-me um pouco "filho do Ponto Chic".

No Ponto Chic houve brigas memoráveis. Uma delas foi travada na calçada, em frente ao bar, entre o poeta Lima Neto, que era integralista, e um grupo de comunistas violentos. Ele sozinho venceu quatro ou cinco, como também havia vencido os motoristas de táxi que faziam ponto no largo do Paissandu, que eram muito briguentos.

O Ponto Chic representou um momento da história dos paulistanos, principalmente daqueles da minha geração, e alguns momentos mais alegres de minha vida foram passados lá, junto com outros companheiros de lutas acadêmicas, entre eles Germinal Feijó e Hélio Mota, que era presidente do XI de Agosto, onde ouvíamos as declamações de Lima Neto e Arrobas Martins. No Ponto Chic nós vivemos, versejamos, pregamos ideias e princípios. Lá nos divertíamos, jogando *snooker* nas mesas que havia no fundo do bar e tomando aquele saboroso chope, muitas vezes até a hora do último bonde que me levaria para casa, nas Perdizes, às quatro horas da manhã. Naquele tempo era assim. Como ninguém tinha automóvel, a condução de todos os boêmios era o bonde, ou as pernas, quando elas se sustentavam.

Brasil Vita, também frequentador do Ponto Chic em seu tempo de estudante, entre 1940 e 1946, fala daquele período:

> Em 1940, comecei a frequentar o Ponto Chic porque era o local aonde os estudantes da São Francisco se dirigiam normalmente. Além disso, a vida boêmia da época era caracterizada pela presença indispensável do estudante de direito: ele era o poeta, era o jornalista, era o trovador,

era o seresteiro, era o boêmio. Enfim, ele se confundia, sob certo aspecto, com a boemia de São Paulo.

O Ponto Chic integrava, na ocasião, aquela parte boêmia da cidade, formada pela avenida São João e o largo do Paissandu, que era um lugar único, pois, ao mesmo tempo, recebia estudantes de direito, policiais e prostitutas. Mas devemos lembrar que, naquela São Paulo provinciana, na atual rua do Boticário, que na época se chamava Amador Bueno, havia casas de prostituição. E aquelas mulheres todas perambulavam em frente ao Ponto Chic, que estava sempre cheio de homens e que também era frequentado por policiais, sendo que muitos deles viviam à custa das prostitutas.

Durante todo o meu curso acadêmico frequentei o Ponto Chic diariamente. Curiosamente, quando havia os "penduras" do dia 11 de agosto, o Ponto Chic era o único estabelecimento onde os estudantes não davam o "pendura". E nem precisava, pois estávamos lá todos os dias, era como se fosse a casa da gente, éramos uma família. Lá o "pendura" era permanente, mas depois todo mundo pagava. Tinha alguns garçons que até emprestavam algum dinheiro, pois todos vivíamos numa "tanga" de fazer gosto.

O Ponto Chic, portanto, recebia aquela estudantada toda, que lá se reunia para conversar, jogar bilhar, tomar chope e comer sanduíches. Muitos daqueles estudantes se tornariam figuras eminentes: desembargadores, políticos e até presidentes da República, pois Jânio Quadros e Ulysses Guimarães, que eram da turma de 38 na faculdade, frequentavam o Ponto Chic, como também outros políticos, entre eles Emílio Carlos e o senador Auro de Moura Andrade.

Eu considero que o Ponto Chic tornou-se um marco na história de São Paulo e serviu como pano de fundo para alguns movimentos políticos e patrióticos, justamente por ser um centro de atividades acadêmicas das Arcadas do largo de São Francisco. Por causa do perfeito casamento com os estudantes de direito, havia movimentos cívicos em que o Ponto Chic servia de base para as reuniões, portanto, foi testemunha de grandes acontecimentos na cidade de São Paulo. Quando, em 1943, nós estudantes éramos contra a ditadura de Getúlio Vargas, o Ponto Chic foi um centro de irradiação daquelas ideias libertárias.

O Ponto Chic tinha um aspecto *art déco*, com aquele bar antigo, tipo *pub* londrino, lambris, mesas de mármore, os espelhos decorados, longas poltronas laterais tipo sofás e, lá no fundo, uma mesa de *snooker*, onde sempre se reuniam José Silva Sobrinho e Roberto Gomes Pedrosa, que se tornaria presidente do São Paulo F. C. e também da Federação Paulista de Futebol. Quem mandava em tudo era o Orlando Piccirilli, o gerente, pois o dono, Odilio Cecchini, que era diretor do Palmeiras, pouco aparecia. Lembro dos garçons, o Alex, o Joaquim e o Carlos, todos nossos amigos.

Outra curiosidade é que as mulheres não entravam no Ponto Chic, nem durante o dia. Era um verdadeiro Clube do Bolinha. Quando alguma mulher insistia em querer comer um lanche, o marido parava o carro na porta, entrava, pedia o sanduíche e levava para ela comer no carro.

Na época havia outros bares na cidade, como o Amarelinho, a esquina do Jeca e outros, mas o preferido era o Ponto Chic, onde havia um público selecionado. Mesmo aqueles que frequentavam a prostituição, a uma distância de cem metros, não entravam no Ponto Chic, pois lá não tinha ambiente para eles. Devemos lembrar que São Paulo ainda era uma cidade provinciana, onde todos os frequentadores de determinados locais se conheciam.

Para nós, estudantes daquela época, o Ponto Chic não se define. Ele apenas era o Ponto Chic, nosso porto seguro nas lutas estudantis e nas horas de lazer. Era uma unanimidade: todo mundo amava o Ponto Chic.

O engenheiro Maurício Smelstein, na época estudante do Mackenzie, lembra os dias tumultuados de novembro de 1943, quando o Estado Novo começava a agonizar e a polícia política reprimia qualquer aglomeração de estudantes:

> Alguns dias antes do aniversário do Estado Novo, depois da prisão de alguns professores e da demissão da diretoria, a São Francisco foi

fechada e os estudantes de direito, com a participação de alunos de outras escolas, organizaram uma grande passeata usando lenços amarrados sobre a boca. O confronto foi inevitável e resultou na morte do estudante Jaime Carlos da Silva Telles. Outros foram feridos, entre eles João Brasil Vita, atingidos por uma metralhadora instalada em um tanque de guerra.

Naqueles dias muitos estudantes foram presos. Eu e um grupo de companheiros fomos ao Ponto Chic, no largo do Paissandu, que na época era considerado nosso refúgio, o local onde os estudantes tinham proteção. Ao chegar, escondemos nossas armas em uma caixa que ficava atrás do balcão, pedimos ao garçom alguns sanduíches, mas nem deu para comer. Logo chegaram policiais à paisana, perguntaram "quem era estudante" e já foram prendendo. Fomos levados para o Departamento de Ordem Política e Social (Dops), no largo General Osório, e depois transferidos para o presídio da avenida Tiradentes.

Blota Júnior também lembra com saudades suas noitadas no Ponto Chic:

Um fator importante, para o sucesso do Ponto Chic, é que lá era como a cozinha da casa de todos nós, onde você chegava a qualquer hora da madrugada e era bem atendido. Além do bauru e do mexidinho, que eram obrigatórios, você podia chegar para o Carlos, por exemplo, e pedir um sanduíche diferente. Era uma comunidade muito festiva, onde os garçons, lancheiros, clientes, todos se conheciam e eram tratados pelo nome.

Nos anos 40, qualquer noitada, inevitavelmente, começava ou terminava no Ponto Chic, que praticamente não fechava, pois ninguém ia dormir sem antes ter passado por lá. Uma das coisas que eu guardo na lembrança é o alvorecer no largo do Paissandu. Naquela hora em que a cidade começava a mudar de cor, um enorme bando de pardais sobrevoava as árvores e a igreja do largo. Tratava-se de um espetáculo inesquecível, e o barulho era tanto que, muitas vezes, a gente ficava na porta do Ponto Chic ouvindo aquela verdadeira "clarinada" de pardais.

> Eu considero o Ponto Chic um templo de várias gerações. Ele faz parte da memória da cidade, de quem foi estudante de direito, dos jornalistas e dos boêmios do passado. Até hoje, quando vou ao centro da cidade, eu faço questão de entrar no Ponto Chic, comer um bauru, tomar um chopinho e ficar algum tempo sentado e lembrar aquele tempo.

O bordel das francesas e as polacas

Na década de 1940, em cima do Ponto Chic funcionava o bordel das francesas, comandado com requinte pela charmosa e elegante Madame Fifi, onde os clientes sentavam-se em sofás e assistiam ao desfile das beldades, sempre perfumadas e bem vestidas. Era um bordel caro, frequentado por gente endinheirada. Os estudantes, sempre com pouco dinheiro, procuravam satisfazer suas necessidades sexuais nas chamadas "casas de tolerância" localizadas na rua Amador Bueno e na rua dos Timbiras, como lembra Abreu Sodré:

> Às vezes, eu e meus companheiros subíamos, sentávamos nas mesas, e as francesas desfilavam em seus vestidos longos para que fossem escolhidas. Como o dinheiro era curto, a gente apenas olhava, para depois procurar um bordel mais barato, como o da rua Amador Bueno, que estava mais à altura das nossas posses, pois aquele em cima do Ponto Chic era muito caro. Naquele tempo, a vida sexual dos jovens era iniciada com prostitutas. Era pouco romântico, mas na época as prostitutas eram mais higiênicas.

Edmundo de Benedetti, que nos anos 1940 era motorista de táxi no largo do Paissandu, fala do bordel das francesas e das brigas na porta do Ponto Chic:

> Naquele tempo, pegar uma mulher era muito difícil, por isso, a casa de dona Fifi, que funcionava em cima do Ponto Chic, era muito movimentada. Às vezes, quando alguém não queria pagar, ou estava sem dinheiro, as prostitutas criavam a maior confusão no Ponto Chic, pois os clientes caloteiros se escondiam dentro do bar. Para acabar com

a briga, quando a pessoa era conhecida, o Odilio Cecchini, dono do Ponto Chic, pagava a conta à dona Fifi e "pendurava" a despesa para receber depois.

No final da década, Adhemar de Barros, o primeiro governador eleito depois do Estado Novo, resolveu "moralizar" o centro da cidade transferindo as casas de prostituição para o bairro do Bom Retiro, criando a popular "zona do baixo meretrício" das ruas Itaboca, Aymoré e Carmo Cintra, onde, desde a década de 1920, faziam muito sucesso as famosas polacas.

Era uma época em que os adolescentes, quando conseguiam juntar algum dinheiro, acompanhavam os amigos mais velhos para as primeiras experiências sexuais. Assim, nas tardes de sábado, o bonde da linha número 55, que saía do largo de São Bento em direção à Casa Verde e passava pelo Bom Retiro, ficava lotado de rapazes bem vestidos, banhados, perfumados e com muita brilhantina Glostora no cabelo, que saltavam na rua José Paulino, no ponto próximo à rua Prates. Os preços variavam de 10 a 20 mil-réis, de acordo com a idade das profissionais e a diversificação dos serviços prestados.

O economista Israel Szprynger, cuja família era proprietária da loja de confecções Modas Til, no Bom Retiro, não guarda boas recordações daquele período:

> O Adhemar tirou a zona do centro e a levou para o Bom Retiro, prejudicando muito o bairro. Seus moradores, em sua maioria italianos e judeus, saíram de lá provocando uma grande desvalorização dos imóveis. Depois, aquelas casas de prostituição foram desativadas no início dos anos 50 pelo novo governador, Lucas Nogueira Garcez, mas não adiantou muito, pois o bairro já estava deteriorado.

Em relação às polacas, trata-se de uma história comovente e trágica. Tempos depois se descobriu que elas eram jovens de boa família, em sua maioria judias, e que haviam sido enganadas por vigaristas internacionais que pertenciam à organização criminosa polonesa Zwi Migdal, que atuava nos Estados Unidos, na Argentina e no Brasil, cujos integrantes também eram judeus. Durante a Primeira Guerra Mundial, eles visitavam as aldeias mais pobres dos países da Europa oriental, principalmente da Polônia, procuravam as famílias mais necessitadas e prometiam casamentos na Argentina e no Brasil para as filhas solteiras. Movidas pela pobreza e pela esperança de uma vida melhor, elas aceitavam; porém, quando chegavam ao Brasil eram encaminhadas para as zonas de prostituição do Rio de Janeiro, de Santos e, em maior número, da cidade de São Paulo, no bairro do Bom Retiro. Elas eram mantidas incomunicáveis, controladas pelos seus "protetores", que faziam o gênero mafioso, sempre usando terno listrado, sapatos brancos e óculos escuros.

Continuando, Israel fala de sua juventude no Ponto Chic:

> Eu comecei a frequentar o Ponto Chic em 1945, junto com meus amigos, geralmente depois de assistir à sessão das oito no Cine Paratodos, que ficava na esquina da Santa Ifigênia com a Antônio de Godoy, ou nos cinemas Art Palácio e Metro, na São João, o que acontecia duas ou três vezes por semana, pois naquele tempo não havia televisão.
>
> Os sanduíches do Ponto Chic eram uma grande novidade. Mesmo tendo as mesas, eu preferia comer de pé, no balcão, e ficar observando o derreter dos queijos para o preparo do bauru. Era um tesão ver o chapeiro preparar todos aqueles sanduíches, com rosbife, queijos, aliche, pepinos, tomates. Depois de tomar um chopinho e bem alimentados, eu e meus amigos tomávamos nosso bonde, ou ônibus, que nos levava para casa. Naquela época ninguém tinha carro. Automóvel era só para enterros e casamentos.

Orlando Silva: um furacão na cidade

Por onde passava, o cantor Orlando Silva estraçalhava corações. Suas temporadas em São Paulo eram constantes, e a cada nova apresentação o público aumentava.

Blota Júnior lembra as apresentações do cantor na cidade, em 1942, a convite da Rádio Cruzeiro do Sul, emissora onde ele trabalhava:

A Rádio Cruzeiro do Sul ficava na praça do Patriarca, ocupando o último andar do prédio onde até o final da década de 1930 esteve instalado o Mappin. Eu estava iniciando a carreira de animador de auditório, nos programas de calouros e nas apresentações de artistas, nacionais e internacionais, notadamente dos cantores mexicanos, entre eles Pedro Vargas, Tito de Sá e Trio Calaveras, que faziam muito sucesso por aqui. Quando foi confirmada a vinda de Orlando Silva, o pessoal da rádio ficou preocupado, e chegou-se à conclusão de que seria impossível a apresentação na sede da emissora por causa da falta de segurança para o público, pois para chegar ao auditório era necessário subir por uma velha escada de madeira até o terceiro andar, e a confusão seria inevitável. A solução foi colocar o Orlando cada noite em um cinema, em diversos bairros da cidade. A estreia foi no Cine Rex, na Bela Vista.

Eu fui o apresentador de todos os espetáculos, e o que presenciei era simplesmente indescritível, se considerarmos que, na São Paulo provinciana da época, as moças eram contidas e tinham até certo pudor quando se tratava de uma aproximação maior com alguém do sexo oposto. Entretanto, ao final de cada apresentação, na saída do cinema, uma verdadeira multidão avançava em cima de Orlando Silva e sua roupa era literalmente dilacerada. Todas as moças queriam tocar nele ou levar um pedaço de sua roupa como recordação. Somente depois de muita luta, ele conseguia entrar no carro que o levaria até o Hotel Plaza, onde se hospedava, que ficava em cima do Cine Ufa (depois Art Palácio), na avenida São João.

Mas a grande consagração do cantor foi o espetáculo de despedida. Alguém teve a brilhante ideia de montar um tablado na sacada do terceiro andar do prédio onde ficava a Rádio Cruzeiro do Sul, em plena praça do Patriarca. Acredito que, guardadas as proporções, por causa da população da época, em São Paulo jamais foi vista uma concentração maior de pessoas. Além de lotar a praça, o público ocupava toda a extensão do Viaduto do Chá e, aos gritos, pedia para o Orlando continuar cantando.

O Brasil na guerra Getúlio Vargas, cujo poder vinha se desgastando, continuava em cima do muro. Olhava com simpatia as forças do Eixo, mas, quando pressionado pela vontade popular ou forçado pelas nações democráticas, manifestava seu apoio aos países aliados. A opção do ditador seria definida em dezembro de 1941, após o ataque japonês à base norte-americana de Pearl Harbor, no Havaí, que determinou a entrada dos Estados Unidos no conflito.

Em fevereiro do ano seguinte, Oswaldo Aranha, ministro das Relações Exteriores, anunciava o rompimento diplomático do Brasil com os países do Eixo, e Getúlio permitiu aos Estados Unidos a instalação de algumas bases militares no Brasil. Em seguida, submarinos alemães afundaram vários navios brasileiros, provocando a morte de 652 pessoas. Em agosto do mesmo ano, o Brasil declarou-se em guerra contra os países agressores: Alemanha e Itália.

Seguiram-se muitos tumultos nas ruas da cidade, envolvendo brasileiros, italianos e alemães, culminando com a troca do nome de alguns estabelecimentos comerciais, entre eles o Cine Ufa, na avenida São João, que pertencia a uma empresa alemã, e que passou a se chamar Art Palácio, mas principalmente dos clubes, como foi o caso do Palestra Itália, que tornou-se a Sociedade Esportiva Palmeiras, e do Germânia, clube da colônia alemã, que foi transformado no Esporte Clube Pinheiros.

Ao mesmo tempo, havia muita pressão política que exigia a entrada do Brasil no conflito, e Vargas convocou a juventude para lutar contra o nazismo. Os estudantes paulistas se opunham à participação do Brasil na guerra na Europa, pois consideravam que a luta pela democracia deveria ser travada aqui mesmo, uma vez que eram contrários à ditadura e à falta de liberdade existentes no país. Durante o Baile das Américas, realizado em setembro de 1943 nos salões do Hotel Esplanada, em São Paulo, algumas pessoas manifestaram seu apoio à entrada do Brasil na guerra, o que provocou um grande tumulto, com a prisão de vários estudantes. Em novembro de 1943 foi criada a Força Expedicionária Brasileira (FEB), que a partir de julho de 1944 enviaria os pracinhas para a Itália.

O retorno dos pracinhas da campanha da Itália, em 1945, é lembrado por Blota Júnior:

Os pracinhas da FEB desembarcaram na Estação Roosevelt, também chamada "Estação do Norte", no Brás, vindos de trem, e foram levados em cortejo pelas ruas de São Paulo, passando obrigatoriamente pela avenida São João, onde houve uma grande concentração popular, pois no largo do Paissandu, em frente ao Ponto Chic, havia sido montado um enorme palanque. Na ocasião, foi formada uma rede nacional com a participação de todas as rádios, e eu fui encarregado de transmitir a chegada dos pracinhas. Como não existia a tecnologia de hoje, para acompanhar o cortejo sem interrupções, foi improvisado um alto-falante em cima de uma rádio-patrulha que percorria toda a extensão do desfile, que durou quatro horas e vinte minutos e terminou no Estádio do Pacaembu, onde os soldados receberam alimentação e ficaram descansando.

Com a participação na guerra, Vargas desviava as atenções dos problemas políticos brasileiros, conseguindo manter-se no comando da nação. Temendo perder o poder, no início de 1945 tomou medidas democratizantes: deu anistia aos presos políticos, permitiu a organização partidária e marcou eleições gerais para o mês de dezembro daquele ano. Lançou sua candidatura apoiando-se na classe operária e nas massas populares, iniciando um movimento continuísta que passou a ser chamado "queremismo" por causa do *slogan* "Queremos Getúlio". Porém, nada disso adiantou, e Vargas seria deposto pelos militares em 29 de outubro de 1945. Finalmente, o país conquistava sua liberdade democrática.

Depois da queda de Getúlio, o Ponto Chic passou a ser o território livre da política brasileira, como lembra Abreu Sodré: "Fazia-se mais política no Ponto Chic do que na Assembleia Legislativa, pois lá se reunia a inteligência paulistana".

E realmente, em parte devido ao término da guerra, mas principalmente por causa do fim da ditadura, o Brasil inteiro passou a viver um clima de liberdade. Graças à Nova Constituição, promulgada pelo novo presidente, Eurico Gaspar Dutra, houve o fortalecimento do PCB e foi fundado o Partido Socialista Brasileiro. Intelectuais, entre eles Monteiro Lobato, Oswald de Andrade, Jorge Amado, Rachel de Queiroz, Graciliano Ramos, Patrícia Galvão (Pagu), Mário Schemberg e muitos outros, deixaram clara sua tendência pelos partidos de esquerda, sendo que alguns até disputaram cargos eletivos.

Aos poucos, o fim da ditadura também determinaria uma mudança radical no perfil dos frequentadores do Ponto Chic, e no final da década, às vésperas da Copa do Mundo de 1950, as conspirações políticas davam lugar às discussões sobre futebol, um esporte cuja paixão já se tornara incontrolável.

Com o Repórter Esso, a notícia ganha importância no rádio
Em 1940, Getúlio Vargas encampou a empresa A Noite, do Rio de Janeiro, proprietária da Rádio Nacional, emissora criada em 1936 e líder de audiência. Dessa maneira, o rádio se tornava "um instrumento de afirmação do regime", como era o desejo do ditador.

Os grandes investimentos em tecnologia e os altos salários criaram uma verdadeira debandada dos profissionais do rádio: todos queriam pertencer ao *cast* da Nacional. Assim, em poucos meses, a emissora oficial do governo reuniu os melhores locutores, programadores e cantores do Brasil. Vicente Celestino, Francisco Alves, Orlando Silva, Dalva de Oliveira, Sílvio Caldas, Emilinha Borba, Carlos Galhardo e outros cantores prediletos do público eram contratados exclusivos da Rádio Nacional, que assumiu a liderança em todo o país. A partir de 1942, com o dramalhão *Em busca da felicidade*, do cubano Leandro Blanco, a emissora começou a produzir radionovelas, iniciando um gênero que duraria até a metade da década de 1960, quando perderia espaço para as telenovelas.

As emissoras paulistas continuavam transmitindo futebol e programas de calouros, quando a Rádio Record resolveu investir na informação jornalística, reunindo os melhores profissionais da cidade e produzindo programas de grande audiência. Um deles foi o *Repórter Esso*, que surgiu em 1941 e permaneceria no ar até 1968. Era a valorização da notícia no rádio, e a Record iniciava um período de liderança absoluta em São Paulo.

Ao longo de seus 27 anos de duração, o *Repórter Esso* foi apresentado por dezenas de locutores e um dos primeiros foi Casimiro Pinto Neto, o Bauru, que já passara a fazer parte da história da cidade e do Ponto Chic, ao criar o famoso sanduíche.

Brasil Vita lembra-se de Casimiro quando repórter:

> Além de estudante de direito, o Bauru também era radialista, e logo se tornaria o principal apresentador do *Repórter Esso* em São Paulo, na Rádio Record, que podia ser considerado o *Jornal Nacional* da época. Foi o Casimiro quem anunciou no rádio a declaração de guerra do Brasil contra Alemanha e Itália, em 22 de agosto de 1942.

O jornalista Raul Duarte, companheiro de Casimiro na Rádio Record nos anos 1940, traça um perfil bem-humorado do amigo Bauru:

> Bem antes de se tornar sanduíche, Bauru já era uma figura popular. Pelo menos entre a estudantada do largo de São Francisco, onde Casimiro Pinto Neto só figurava em documentos protocolares. Aquele morenão boa pinta, extrovertido, bem-humorado, comunicativo, ia conquistando espaços e sendo consumido como o artigo da moda. Por exemplo: não tocava qualquer instrumento musical, nem cantava. Mas era figura indispensável da Caravana Artística da Faculdade, como a nota de humor da lendária caravana. Não era político. Mas cativou também a gente dos Campos Elíseos, quando o mandachuva era Adhemar de Barros. Não pediu nada. Mesmo assim, foi convocado para ser o oficial de gabinete do chefão.
>
> Também, naquele tempo, pelo fato das agências de publicidade não exercerem domínio total sobre o mercado, as estações de rádio mantinham um quadro de corretores. Bauru estava talhado para ser um deles. E, pela mão de seu amigo – Teófilo de Almeida Sá –, acertou com Paulo Machado de Carvalho sua nova atividade, que o tornaria vitorioso em mais um campo.
>
> Era comensal sempre presente à mesa do restaurante Palhaço, na avenida São João quase junto ao largo do Paissandu. A mesa era chamada

"vala comum" e reunia um grupo divertido e gozador formado (além deste seu criado) por caras como José Ferreira Nascimento (o Juca), o português, José Ferreira Keffer, L. E. Bianchi, Sebastião Paes de Almeida, Virgilio Lemos, Hélio Sampaio, Geraldo Pinto (irmão do Bauru), Roberto Whately (Vatéli), general Vieira de Melo, Paulo Fonseca, Quico Bochini, Lauro d'Avila, Edmundo Gregorian, Carlitinho Guimarães, Isaura Garcia, Beatriz Costa, e ainda outros menos assíduos. Entre os últimos, estava um integrante da família Brickman, judeus simpáticos e enquadrados na mesma linha da nossa gangue.

Os Brickman resolveram oferecer um jantar para a macacada. Foi uma rica refeição regada a bebidas requintadas. A certa altura, ouviu-se a voz de um Brickman:

– É para vocês verem, seus filhos da p..., que nós judeus também sabemos receber...

No voleio, o irreverente Bauru atalhou:

– Sim, receber vocês sabem. Pagar é que são elas...

Bauru também ficou conhecido pela sua longa passagem pelos bancos da Academia, já que não sabia como dividir suas atenções entre seu posto no Palácio dos Campos Elíseos, sua carteira de publicidade, a boemia e a faculdade, onde, diziam, tinha cadeira cativa (nota do autor: Casimiro levou cerca de dez anos para terminar o curso de direito). Pois bem. Aquela mesma boca de onde saíam farpas, e que numa noite ditou a receita do sanduíche consagrado no velho Ponto Chic, estava também a serviço da informação, e um dia vibrou com emoção compreensível, quando anunciou:

– Aqui fala a testemunha da História, o Repórter Esso – o primeiro a dar as últimas – em edição especial: a Alemanha acaba de se render incondicionalmente...

É que pouca gente se lembra e muita gente não sabe:

Bauru era o próprio Repórter Esso!

O cinema nacional toma um porre e continua lutando

Em quase toda a década de 1940, por causa da Segunda Guerra na Europa, o mundo só assistiria a filmes norte-americanos. Hollywood produzia a todo vapor, lançando anualmente centenas de filmes, alguns bons, mas em sua maioria medíocres. Mesmo assim, na falta de opções, muitos filmes de qualidade duvidosa se tornariam sucessos de bilheteria. São Paulo não fugiu à regra, recebendo todos aqueles lançamentos. Entre os recordistas de público na época figura o imbatível ... *E o vento levou*, dirigido por Victor Fleming, com Clark Gable e Vivien Leigh nos papéis principais. Outros sucessos foram *Casablanca*, com Humphrey Bogart e Ingrid Bergman; *No tempo das diligências*, de John Ford, filme que consagrou John Wayne; *Gilda*, com a deslumbrante Rita Hayworth (por causa do sucesso do filme, *Gilda* se tornaria o apelido do novo bonde da Light, que começou a circular nos anos 1940); *A felicidade não se compra*, com James Stewart, um ator que já se tornara o símbolo da América puritana, e que na mesma década estaria presente também em *Festim diabólico*, de Alfred Hitchcock. Sem sombra de dúvida, o melhor filme da década foi *Cidadão Kane*, de Orson Welles, até hoje cultuado entre os dez mais da história do cinema. No entanto, o filme que ficou mais tempo em cartaz na cidade (dois anos) foi *Os melhores anos de nossas vidas*, um dramalhão sobre a Segunda Guerra Mundial, dirigido por William Wyler, ganhador de sete Oscars em 1946.

Diante de toda aquela produção de Hollywood, o cinema brasileiro navegava contra a maré. Carmen Miranda, nossa maior estrela, já tinha voado para os Estados Unidos, onde atuaria em diversos filmes: *Serenata tropical* (1940), *Uma noite no Rio* (1941), *Minha secretária brasileira* (1942), *Copacabana* (1947), e outros. Com a retração de algumas produtoras, a década de 1940 seria dominada pela Atlântida, que conseguiu emplacar alguns sucessos, em sua maioria chanchadas, graças à consagração de Oscarito e Grande Otelo, uma dupla que renderia milhões, a partir do filme *Não adianta chorar*, de 1944. Seguiram-se *Tristezas não pagam dívidas* (1944), *Este mundo é um pandeiro* (1947), ... *E o mundo se diverte* (1949), entre muitos outros. Mesmo assim, para desespero dos elitistas, em 1946 surgiu a maior surpresa do cinema brasileiro: a Cinédia lançou *O ébrio*, inspirado na famosa canção de Vicente Celestino. Com o próprio cantor no papel principal e dirigido por sua mulher, Gilda de Abreu, o filme, um dramalhão capaz de matar de inveja qualquer novela mexicana, tornou-se campeão de lágrimas, de bilheteria e de público, com cerca de 8 milhões de espectadores. Além de render um bom dinheiro, *O ébrio* continuaria sendo exibido durante vinte anos por todo o Brasil. Aproveitando a oportunidade, o disco de Vicente Celestino, com a canção-título, também vendeu por muitos anos.

Porém, apesar do sucesso de bilheteria de alguns filmes, havia um problema: os intelectuais e a elite torciam o nariz para o cinema nacional. As chanchadas tinham seu público garantido, pois, além das camadas mais populares, atraíam a criançada, inclusive os filhos da elite, que compareciam aos cinemas levados pela criadagem. Quem pagava por essa discriminação eram os poucos filmes de bom nível, considerados inteligentes, geralmente aplaudidos pela crítica, mas sempre amargando enormes prejuízos. Foi o caso de *Luz dos meus olhos*, que lançou a atriz Cacilda Becker; *Caminhos do Sul*, com Tônia Carrero em início de carreira; e *O cortiço*, dirigido por Luís de Barros, que fazia uma contundente crítica social.

O final da Segunda Guerra também marcaria o surgimento do neorrealismo italiano, a partir dos filmes *Roma, cidade aberta*, de Roberto Rossellini, revelando a atriz Anna Magnani, e *Ladrões de bicicleta*, de Vittorio De Sica. Ambos os diretores utilizavam um estilo documental e empregavam atores não profissionais, uma tendência que, anos mais tarde, influenciaria nosso Cinema Novo. Ainda hoje, os dois filmes são cultuados pela crítica e figuram nas listas dos melhores do cinema, mas nunca foram grandes sucessos de bilheteria. Em 1947, o diretor marxista Giuseppe De Santis realizou *Arroz amargo*, outro marco do neorrealismo. O filme abordava, na ótica de um comunista, a exploração das mulheres que trabalhavam na colheita dos arrozais do norte da Itália. A intenção era fazer um filme político, mas, sem querer, acabou se tornando um clássico do erotismo. O motivo? O corpo escultural da novata Silvana Mangano, na época com 18 anos. Em 1949, durante a exibição do filme, sua nudez faria estremecer as plateias do Festival de Cannes, quando foi comparada a Marlene Dietrich e Rita Hayworth, porém com uma diferença: Silvana tinha o mais belo par de coxas da história do cinema.

Um furo jornalístico, graças ao gravador O jornalista e ex-vereador Murilo Antunes Alves, cinquenta anos de Record, entre rádio e televisão, foi assíduo frequentador do Ponto Chic na década de 1940, quando estudante da Faculdade de Direito do largo de São Francisco, e depois quando radialista. Ele fala daquele período e da chegada dos primeiros gravadores ao Brasil. A nova invenção seria fundamental para sua profissão, por ocasião da morte do escritor Monteiro Lobato:

> Cheguei em São Paulo no final da década de 1930, vindo de Itapetininga, para estudar na São Francisco, numa época em que a passagem do bonde custava 200 réis e a dos primeiros ônibus, da Viação Urbana Paulista, que faziam a linha Paulista-Angélica, custava 500 réis. Eu logo comecei a frequentar o Ponto Chic, pois lá era o ponto de encontro dos estudantes e, mesmo depois, durante muito tempo, minha rotina incluía o inevitável encontro com os amigos no Ponto Chic, comendo um sanduíche bauru ou um mexidinho, com muito chope e longas conversas.
>
> Já na época da Faculdade de Direito, iniciei minha atividade de radialista na Rádio São Paulo, em pleno Estado Novo. Era um tempo em que não havia improviso no rádio, a única exceção era para programas esportivos. Durante alguns anos, fui locutor esportivo em várias rádios, até que, em 1946, encontrei o doutor Paulo Machado de Carvalho Filho, justamente no Ponto Chic. Entre um chopinho e um sanduíche, começamos a conversar e no dia seguinte fui contratado pela Rádio Bandeirantes, que na época pertencia ao mesmo grupo da Record. Foi lá que eu vi o primeiro gravador, que eles haviam importado pela General Electric. A gravação era feita através de um fio de arame tão fino que parecia um fio de cabelo. Quando quebrava, dava-se um nozinho que era soldado com fósforo e o problema estava resolvido. Um ano depois, a Bandeirantes foi vendida e eu partia para uma longa carreira na Record.
>
> O gravador possibilitou uma das mais importantes entrevistas de minha carreira, com o escritor Monteiro Lobato, em 1948. Na época eu

fazia reportagens e precisava de matéria para o programa dominical. Liguei para a Editora Brasiliense, e a duras penas consegui que ele me atendesse. Fui com o gravador até a rua Barão de Itapetininga, onde morava o escritor, mas ele havia mudado de ideia e não queria dar entrevista de jeito nenhum. De repente apareceu a esposa dele, dona Purezinha, dizendo que o fogão elétrico não funcionava. Eu falei que o técnico da rádio entendia de eletricidade e que poderia dar uma olhada. Então eu fiz a proposta: "Se ele consertar o fogão o senhor dá a entrevista?". Monteiro Lobato sorriu: "Isso é chantagem!", mas concordou. Claro que o fogão foi consertado e lá estava eu ligando o gravador, quando ele comentou: "Estou eu, pela primeira vez falando no rádio, e o Murilo me enfia na mão um canudo e diz ele que estão gravando as minhas bobagens. Quero ver para crer". Lá pela terceira pergunta, ele disse que não iria falar mais nada, pois tinha uma tal de língua seca que não o deixava mais falar. Argumentei que, com o gravador, a técnica do rádio tinha evoluído: "O senhor toma água, depois a gente continua". A entrevista continuou por mais 25 minutos, falando de literatura, principalmente infantil, o assunto preferido do escritor, e ao final perguntei: "Doutor Monteiro, neste momento, nesta hora, qual é o seu maior desejo?". A resposta foi rápida: "Meu desejo, nesta hora, é ver este locutor pelas costas e fora daqui."

A entrevista foi feita no dia 2 de julho de 1948, por volta das 17 horas, para ser transmitida no domingo, dia 4. Fui para a sede da rádio, na Quintino Bocaiuva, e lá encontrei o doutor Paulo e o Raul Duarte. Eles ouviram a entrevista, gostaram muito e mandaram fazer um texto de chamada para anunciar a matéria tão pitoresca.

Na manhã de domingo, toca o telefone lá em casa me avisando para ligar o rádio. Era o José Augusto Siqueira anunciando que Monteiro Lobato havia falecido. Ele morreu antes de a entrevista ir para o ar.

São Paulo torna-se polo cultural

Após o término da Segunda Guerra Mundial, alguns intelectuais pertencentes à alta burguesia paulista constataram que a Europa, mesmo em pleno processo de reconstrução, estava vivendo um período cultural bastante criativo, nas artes plásticas, no teatro e no cinema. Surgiu então um movimento para transformar São Paulo em polo cultural que contaria com o apoio de diversos empresários.

O primeiro resultado concreto foi a criação do Museu de Arte de São Paulo (Masp), em outubro de 1947, uma iniciativa de Assis Chateaubriand e do crítico de arte italiano Pietro Maria Bardi. Para abrigar o museu, Chateaubriand cedeu uma área de mil metros quadrados no prédio dos Diários Associados, de sua propriedade, na rua 7 de Abril, e, para formar o acervo do museu, alguns empresários doaram dinheiro, outros cederam obras de arte. Aproveitando a situação crítica em que se encontrava a Europa, Bardi foi comprando centenas de obras colocadas à venda pelos países devastados pela guerra. Entre a grande diversidade de obras, foram adquiridos alguns quadros importantes, em especial dos artistas Monet, Renoir, Van Gogh e Modigliani, além de esculturas de Degas e peças históricas de antigas civilizações.

Na mesma época, também foram criados a Escola de Arte Dramática da Universidade de São Paulo e o Teatro Brasileiro de Comédia, dirigido por Franco Zampari, que atraiu para o Brasil alguns diretores da Escola de Arte Dramática de Roma, entre eles Adolfo Celi, que faria carreira no teatro e no cinema.

Foi nesse cenário de grande incentivo à cultura que surgiu o industrial Francisco Matarazzo Sobrinho, o Ciccillo, filho de Andréa Matarazzo, irmão do conde Francesco, que se tornaria o grande mecenas das artes em São Paulo. Caberia a Ciccillo a criação do Museu de Arte Moderna de São Paulo (MAM), inaugurado em março de 1949, com sede provisória no mesmo prédio dos Diários Associados, em espaço cedido por Assis Chateaubriand. Em novembro do mesmo ano, ao lado de Franco Zampari, Ciccillo lançava as bases para tornar realidade o sonho de uma produtora paulista de cinema. Surgiu assim a Companhia Cinematográfica Vera Cruz, que iniciaria suas atividades no ano seguinte e deixaria marcas profundas na história do cinema brasileiro.

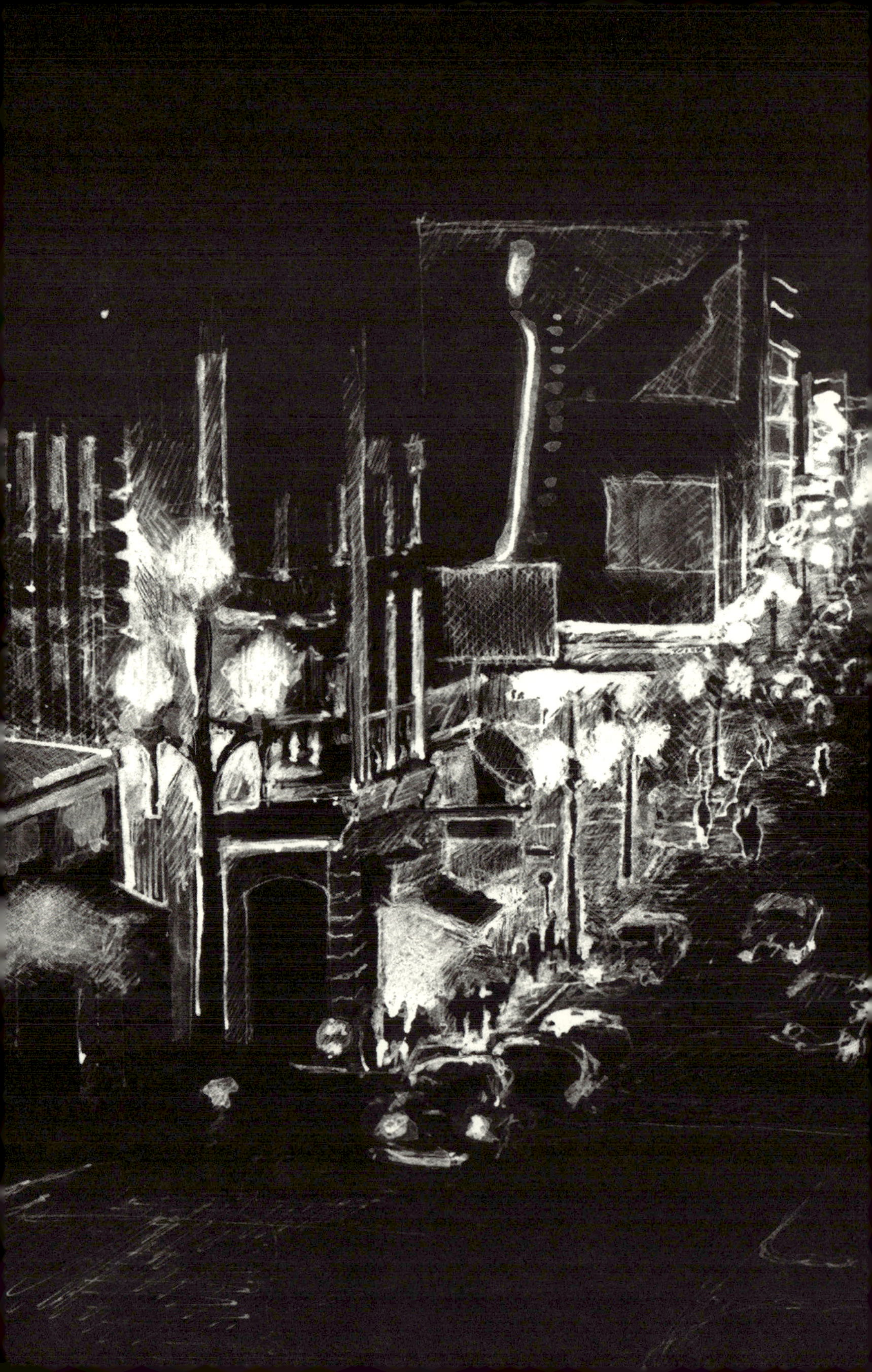

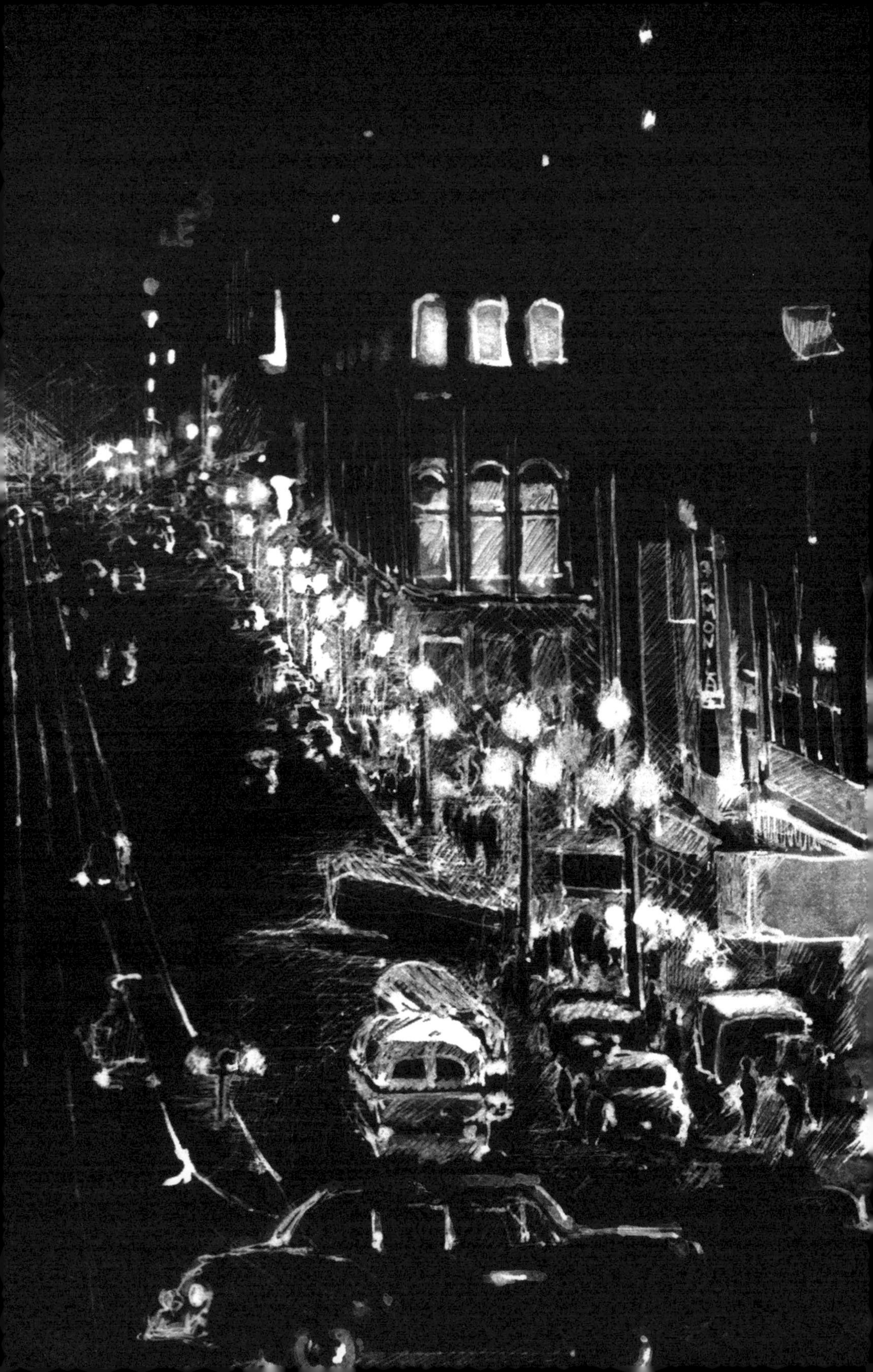

Anos 1950

*Aos 400 anos,
uma cidade vertical
e capital das artes*

Uma obsessão vertical Em 1950, São Paulo passou a ser classificada "a cidade que mais cresce no mundo." De fato, com uma população de 2.227.512 habitantes, era a segunda cidade brasileira (ainda perdia para o Rio de Janeiro) e a terceira metrópole da América Latina, ocupando, porém, o primeiro lugar como centro industrial latino-americano. Uma posição invejável para uma cidade que, além de não ser a capital do país, apenas recentemente passara pelo processo de modernização e desenvolvimento.

Querendo justificar aquela definição, os prefeitos e governadores da época não deixavam por menos, viabilizando inúmeros projetos, para alegria das empreiteiras, cujos proprietários se tornavam a cada dia mais poderosos, econômica e socialmente. As construtoras, algumas ligadas às empreiteiras, por sua vez, impulsionaram a construção de grandes edifícios residenciais. Muitos empresários, principalmente os banqueiros, também optaram pela verticalização.

Como resultado, o centro velho foi praticamente colocado abaixo. O Edifício Martinelli, já enfrentando os primeiros sinais de decadência, e o prédio do Banco do Estado de São Paulo, erguido na rua João Brícola no final da década anterior, logo ganharam um vizinho à altura: em frente ao Martinelli, também ocupando todo o quarteirão da São João entre as ruas São Bento e Líbero Badaró, foi erguido o edifício do Banco do Brasil. Em poucos anos, com a construção de altos e compactos edifícios nas ruas São Bento, 15 de Novembro, Boa Vista, Álvares Penteado, José Bonifácio, Líbero Badaró e outras, o centro da cidade tornou-se um verdadeiro paliteiro. O mesmo ocorreu na praça Antônio Prado, onde até a filial da Confeitaria Fasano, inaugurada em 1952 em seu antigo endereço, poucos anos depois deixaria suas requintadas instalações para dar lugar ao prédio de um banco. Na pequena rua Santa Tereza, entre a praça Clóvis Bevilácqua e a praça da Sé, onde a nova catedral continuava subindo vagarosamente, foi erguido o Edifício Mendes Caldeira, tão alto que podia ser avistado de bairros distantes.

O centro novo não ficaria atrás e, rapidamente, altos edifícios começaram a surgir nas ruas 7 de Abril e Xavier de Toledo, na praça D. José Gaspar e até na arborizada avenida São Luís, onde foram construídos luxuosos prédios de apartamentos. Em 1953, o tradicional jornal *O Estado de S. Paulo* também deixou o centro velho, trocando as antigas instalações da rua Boa Vista por um imponente edifício na rua Major Quedinho. Ao mesmo tempo, novos prédios começaram a subir nos bairros próximos ao centro, modificando totalmente a paisagem.

Aos poucos, São Paulo se tornava uma cidade vertical.

Com a Bienal, o mundo descobre São Paulo

No início da nova década, o Masp e o MAM se encontravam em pleno processo de crescimento. Pietro Maria Bardi e Ciccillo Matarazzo realizavam verdadeiras maratonas pela Europa, à procura de novas obras para enriquecer o acervo dos dois museus. O objetivo era alcançar o reconhecimento internacional, mas para isso não bastava apenas possuir um bom acervo. Era necessário realizar algo que colocasse São Paulo no circuito mundial das artes, e assim tentar diminuir o grau de ignorância que predominava a respeito do Brasil na Europa, onde a maioria da população associava o país apenas ao café (Pelé ainda era uma criança e nosso futebol não era tão representativo no exterior) e considerava Buenos Aires a nossa capital.

A iniciativa partiria de Ciccillo Matarazzo, que estava sempre em contato com o mundo artístico europeu. Em Veneza, sede da famosa Bienal de Artes, ele oferecia concorridas recepções, onde marcavam presença diplomatas, artistas plásticos e críticos de arte internacionais. Dessa maneira, Ciccillo lançava as bases para a realização de uma Bienal brasileira, na cidade de São Paulo.

Em 1951, a I Bienal Internacional de São Paulo era uma realidade, contando com a participação de 21 países. Como não existia na cidade um espaço apropriado para um evento de tamanha proporção, a Prefeitura Municipal mandou construir um barracão no local onde havia sido demolido o Belvedere do Trianon, na avenida Paulista, no mesmo espaço em que, anos depois, seria erguido o Masp. Com o salão apinhado de convidados e a presença de celebridades, a Bienal foi inaugurada apresentando um total de 1.800 obras de arte. Entre os artistas internacionais, os destaques foram Roger Chastel (França), ganhador do prêmio principal, Max Bill (Suíça) e Renzo Vespignani (Itália). Para dar prestígio ao evento, muitas obras foram enviadas pelo Museu de Arte Moderna de Nova York, e pela Kokusai Bunka Shinkokai de Tóquio. O Brasil foi representado por oito convidados especiais: os pintores Cândido Portinari, Lasar Segall e Emiliano Di Cavalcanti; os escultores Victor Brecheret, Bruno Giorgi e Maria Martins, e os gravadores Oswaldo Goeldi e Lívio Abramo, além de outros artistas, selecionados entre cerca de 1.500 inscritos, no meio dos quais estavam Aldemir Martins e Danilo Di Prete, que também foram premiados. Para a organização da I Bienal, Ciccillo Matarazzo contou com a valiosa colaboração de Yolanda Penteado, uma grande incentivadora das artes. Sua participação também seria importante nas bienais seguintes, cabendo-lhe a direção social do grande evento.

Depois da Bienal, o acanhado mundo artístico brasileiro entrou em polvorosa. Em São Paulo foram abertas as primeiras galerias de arte, e com elas surgiu a figura do *marchand*, uma mistura de caçador de talentos e mercador de arte. Muitos artistas que viviam quase no anonimato foram descobertos por esses profissionais e passaram a ser valorizados e comercializados, como foi o caso dos integrantes do grupo Santa Helena, formado por uma dezena de pintores, entre eles Alfredo Volpi, Francisco Rebolo, Clóvis Graciano, Fúlvio Pennacchi, Aldo Bonadei e

Mário Zanini, que desde a década anterior se reuniam no Palacete Santa Helena, na praça da Sé, e costumavam pintar nos arredores da cidade.

São Paulo entrava com força total para o mundo das artes e logo despertava as atenções para a edição seguinte do evento. A II Bienal, inaugurada em novembro de 1953, contando com a participação de quarenta países e apresentando seis salas retrospectivas, foi instalada no Pavilhão das Nações do parque do Ibirapuera, o moderno edifício construído por Ciccillo Matarazzo como parte das comemorações do IV Centenário de Fundação da Cidade de São Paulo, que se dariam no ano seguinte. Por estar integrada ao importante evento, a II Bienal prolongou-se até fevereiro de 1954, atraindo um público formado por milhares de paulistanos, grupos de outros estados e centenas de delegações internacionais que aqui estiveram para festejar os quatrocentos anos da cidade.

A grande atração foi a exposição de oitenta obras de Pablo Picasso, entre elas a famosa *Guernica*, emprestada do Museu de Arte Moderna de Nova York graças ao empenho de Yolanda Penteado. A participação europeia foi muito expressiva, com a França trazendo uma seleção de famosas obras cubistas e a Itália, uma síntese do futurismo. O Grande Prêmio foi para o escultor francês Henri Laurens, e as outras premiações foram para Henry Moore (Grã-Bretanha), Giorgio Morandi (Itália) e Ben Shahn (Estados Unidos). Entre os países da América Latina, o grande destaque foi o México, com a obra de Rufino Tamayo, outro artista premiado, ao lado dos brasileiros Alfredo Volpi, Emiliano Di Cavalcanti, Bruno Giorgi, Lívio Abramo e Arnaldo Pedroso D'Horta.

Com a Bienal, a cidade passava a integrar definitivamente o calendário internacional das artes, e, a cada nova edição, além de divulgar a arte brasileira, contaria com uma presença sempre maior de artistas internacionais.

Francisco Matarazzo Sobrinho continuaria à frente do evento até 1975, quando, após a organização da XIII Bienal, pediu demissão da presidência da Fundação Bienal, alegando que estava com 77 anos de idade e que era necessário dar lugar aos mais jovens.

Todos ao comício A década de 1950 passaria para a história brasileira como o mais longo período de liberdades democráticas, quando todas as doutrinas políticas tiveram o direito de exercer suas atividades partidárias. Era uma realidade que contrastava com os princípios da nebulosa Guerra Fria, travada entre Estados Unidos e União Soviética, que tinha o objetivo de dividir o mundo em duas ideologias extremistas, uma de direita e outra de esquerda, dando margem a perseguições em todos os setores. Até quando foi possível, o Brasil ficaria à margem dessa luta, e o povo aproveitaria ao máximo para viver seus tempos de liberdade, participando ativamente das manifestações políticas. Assim, com os ventos da democracia soprando livres, as campanhas eleitorais mobilizavam a população, quando verdadeiras multidões compareciam aos comícios que agitavam as praças públicas de todo o país.

Anunciados exaustivamente por alto-falantes fixados em carros que rodavam pela cidade com pelo menos uma semana de antecedência, os comícios em São Paulo eram realizados geralmente à noite, em grandes espaços públicos como a praça da Sé e o Vale do Anhangabaú.

Se comparados às chanchadas do cinema, às piadas dos teatros de revista, às palhaçadas circenses, aos mais engraçados programas do rádio e aos esquetes da nascente televisão, os comícios dos anos 1950 ganhariam disparado. Os palanques políticos certamente eram mais divertidos. Além disso, o povo podia participar, aplaudindo, xingando, gritando e até brigando. Era uma concorrida festa popular, imperdível para quem quisesse passar algumas horas de pura farra.

Em palcos iluminados, o toque humorístico ficava por conta dos candidatos, com seus discursos carregados de chavões e gestos caricatos, prometendo de tudo, principalmente o impossível. Alguns candidatos eram figuras hilárias, e seus nomes seriam incorporados ao folclore político brasileiro.

A força da marmita O primeiro grande astro do palanque foi o ex-ditador Getúlio Vargas, que, "dando a volta por cima", retornava à política disputando a Presidência da República nas eleições de 1950 pelo

Partido Trabalhista Brasileiro (PTB). Seus comícios em São Paulo eram organizados por Hugo Borghi, líder dos famosos "marmiteiros".

Numa época em que a maioria dos empregados na indústria e no comércio levava marmita para o local de trabalho, é fácil deduzir que o rótulo servia para todos os trabalhadores. Resultado: depois do expediente, os "marmiteiros" compareciam em bandos aos comícios, batendo as latas vazias e gritando: "Nós queremos Getúlio! Nós queremos Getúlio!".

E Getúlio foi vitorioso, para desespero daqueles que o haviam derrubado cinco anos antes.

"Para a frente e para o alto!" Entre os políticos paulistas, Adhemar de Barros explorava ao máximo seu lado picaresco nos comícios. Depois de ter sido interventor durante o Estado Novo (1938-1941), foi eleito governador para o período de 1947 a 1950, e passaria a década de 1950 como o eterno candidato, disputando a prefeitura ou o governo estadual. O Doutor Adhemar, como era chamado, era imbatível em sua comicidade, a começar pela aparência: a enorme barriga parecia sempre querer arrancar os botões de seu apertado paletó. Ao subir no palanque, acompanhado pela inseparável dona Leonor – uma santa mulher que jamais o deixaria mentir –, inevitavelmente tirava o paletó e arregaçava as mangas para mostrar que era "gente do povo". Para animar a multidão, seus discursos eram intercalados com a famosa frase de efeito: "Para a frente e para o alto!", repetida em coro por seus correligionários. A certa altura do comício sempre ocorria algum desmaio, simulado, é claro. O desfalecido era levado imediatamente para o palanque, onde o Doutor Adhemar mostrava suas "habilidades" de médico reanimando o sujeito. O povo vibrava e aplaudia, com a certeza de que, pelo menos em relação à saúde, poderia dormir tranquilo.

Adhemar era constantemente acusado de ladrão (a famosa "Caixinha do Adhemar" deu o que falar, e seus sucessores, no governo estadual ou municipal, sempre encontraram o caixa literalmente no vermelho) e de mulherengo (são famosas as histórias envolvendo o dr. Ruy, que era uma mulher), além de ser taxado de incompetente pelos adversários.

Verdadeiros ou não, os boatos e o folclore em torno de Adhemar acabavam resultando em votos (ele seria eleito prefeito e novamente governador) e aumentando sua popularidade. Quando ele chegava a algum lugar onde houvesse um evento qualquer, distribuindo abraços e tapinhas nas costas (ele adorava comparecer a almoços, jantares ou solenidades de inauguração, não importando do que fosse), logo era cercado pelos partidários de plantão e pela maioria dos outros convidados que se encontravam no local.

Mortadela e vassouradas: as novas armas da política
No decorrer da década de 1950, Adhemar de Barros teria um adversário à altura que, de certa forma, era também o seu oposto: Jânio da Silva Quadros, outro craque dos comícios.

Jânio era magro, com o cabelo sempre em desalinho (apesar da brilhantina); usava roupas surradas e seu paletó estava sempre coberto de caspa. Para tornar sua figura ainda mais popular, durante os comícios devorava dezenas de sanduíches de mortadela e, em suas andanças pelas ruas da Vila Maria, seu tradicional reduto eleitoral, não dispensava o obrigatório pastel de feira. Como ele mesmo afirmava, sua campanha era "a luta do tostão contra o milhão".

Eleito vereador em 1947, Jânio iniciou uma carreira relâmpago a partir de 1950, quando se elegeu deputado estadual. Empunhando uma vassoura como símbolo de sua luta política, ele foi eleito prefeito de São Paulo em 1953, governador do estado em 1954, deputado federal em 1958 e presidente da República em 1960. Em seus discursos, Jânio pregava a moralização administrativa e a luta contra a corrupção, tendo como fundo musical a explícita marchinha que dizia: "Varre, varre vassourinha/ Varre, varre a bandalheira...".

Por ter sido estudante de direito da São Francisco no final da década de 1930, Jânio, que além de advogado também era professor, sempre foi uma presença marcante no Ponto Chic, como recorda Abreu Sodré:

Lembro muito de Jânio Quadros no Ponto Chic, em nosso tempo de estudantes. Ele usava sempre um casaco marrom, menor que o próprio corpo, dentro do qual ficava espremido, compondo um visual que combinava com o cabelo desarrumado. Seria essa aparência, propositadamente desleixada, que ele usaria para conquistar votos.

Jânio nunca pertenceu aos dois partidos da Academia, o Partido Libertador e o Partido Conservador. Ele era o que hoje chamariam de *free-lance*. Jogava sozinho, e nunca tentava disputar a presidência, preferindo cargos menores, como de primeiro ou segundo secretário, ou de bibliotecário. Exatamente por ser sozinho, em todas as eleições ele ganhava os votos dos dois partidos que se digladiavam. Era o mesmo Jânio que depois nós veríamos surgir na política como prefeito, governador e presidente da República.

No IV Centenário, uma cidade em festa

A nova década também anunciava uma data histórica para a cidade: em 1954, São Paulo iria completar quatrocentos anos de sua fundação. É provável que, nos centenários anteriores, no então pequeno burgo de casas de taipa e ruas tortas, onde as únicas manifestações populares eram as procissões das igrejas em dias festivos, ninguém tenha sequer lembrado da data. Mas eram outros tempos. Dessa vez, tudo era diferente. São Paulo começara a despertar na segunda metade do século XIX e chegava aos quatrocentos anos como uma das maiores metrópoles do mundo. Pela primeira vez em sua história, a cidade poderia festejar na passagem de um centenário de sua fundação.

Para comemorar uma data tão importante, o então governador Lucas Nogueira Garcez e o prefeito Armando de Arruda Pereira se uniram e criaram, em 25 de janeiro de 1952, a Comissão do IV Centenário da Cidade de São Paulo, convidando o industrial e mecenas das artes Francisco Matarazzo Sobrinho para ocupar o cargo de presidente.

Como havia necessidade de um espaço para centralizar as comemorações, foram colocadas à disposição de Ciccillo duas grandes áreas: o Anhembi, nas margens do rio Tietê, e a gleba de terra que formava o

Ibirapuera. Por causa da localização, que ele considerava mais nobre, optou pela segunda área, mesmo sabendo tratar-se de um pântano. Depois de convidar o arquiteto Oscar Niemeyer para concretizar sua arrojada concepção urbanística, arregaçou as mangas e deu início aos trabalhos, que deveriam ser concluídos em apenas dois anos.

No dia 25 de janeiro de 1954, uma segunda-feira, na abertura dos festejos que se prolongariam por todo o ano, verdadeira massa humana lotou as ruas centrais da cidade, em meio ao ensurdecedor barulho das buzinas, acionadas ininterruptamente. As atrações eram muitas, de espetáculos circenses a bandas de música, com farta distribuição de doces, sorvetes, refrigerantes e balões coloridos para as crianças. Aviões soltavam pequenos triângulos prateados com o símbolo do IV Centenário, formando uma verdadeira chuva de prata. O ponto alto foi o desfile militar no Vale do Anhangabaú, assistido por cerca de 350 mil pessoas. No palanque oficial marcavam presença o presidente Getúlio Vargas, o governador Lucas Nogueira Garcez, o novo prefeito paulistano, Jânio Quadros, que acabara de tomar posse, e Ciccillo Matarazzo, além de convidados ilustres e governadores de outros estados, entre eles o mineiro Juscelino Kubitschek. Por toda a cidade, os sinos repicavam e as fábricas acionavam seus apitos.

Ainda como parte das comemorações, foi realizado um Festival Internacional de Cinema, trazendo para São Paulo dezenas de atores e diretores do cinema mundial. Como havia necessidade de um hotel à altura de tão ilustres visitantes, José Tjurs (o mesmo do Tabu), que havia se tornado o principal empresário de hotelaria da cidade, aproveitou para inaugurar, no início de janeiro de 1954, o Hotel Jaraguá, na rua Major Quedinho, nos andares superiores do prédio onde havia se instalado o jornal O *Estado de S. Paulo*. O Jaraguá foi o primeiro hotel realmente de luxo da cidade, e como tal reinaria absoluto durante quase duas décadas.

À noite, em vários pontos, fogos de artifícios iluminaram os céus, no mais grandioso espetáculo pirotécnico jamais visto. O paulistano voltou para casa feliz, orgulhoso de sua cidade.

Nasce o Ibirapuera Em março de 1954, Ciccillo Matarazzo teve alguns atritos com o novo prefeito, Jânio Quadros, por causa da organização do carnaval daquele ano. O evento, que deveria contar com carros alegóricos homenageando a cidade, foi organizado pelo Centro Paulista dos Cronistas Carnavalescos e resultou em um grande fracasso que irritou os paulistanos. Os organizadores culparam o prefeito que, no último momento, determinara a mudança do local do desfile, que seria realizado no Vale do Anhangabaú, para a avenida Brasil, criando uma série de problemas e um atraso de várias horas. Por sua vez, Jânio culpou a Comissão Organizadora do IV Centenário, que nada tinha a ver com o evento. Percebendo que tudo não passava de manobra política, Ciccillo Matarazzo pediu demissão da presidência da Comissão. Ele não estava disposto a ser usado como pretexto para fins eleitoreiros.

Mas o parque do Ibirapuera já era um fato concreto, e no local onde havia um pântano surgiu uma obra monumental. O conjunto arquitetônico estava pronto, com os prédios ligados entre si por uma grande marquise, abrigando os diversos pavilhões onde foram montadas as exposições das Nações, dos Estados, das Indústrias, da Agricultura, das Artes e Artesanato e outras. A área interna do parque foi ajardinada e entrecortada por ruas pavimentadas, obedecendo a criterioso projeto urbanístico visando à preservação das árvores nativas. Vários lagos, um deles com fonte luminosa, complementavam o cenário. Nas proximidades, foram construídos o Ginásio de Esportes e o Velódromo, para a realização das competições esportivas, e até o famoso *Monumento às bandeiras*, criado por Victor Brecheret na década de 1920, foi viabilizado e passou a ocupar lugar de destaque na entrada do Ibirapuera. Ao ser inaugurado oficialmente, em 21 de agosto de 1954, todo o trabalho de Ciccillo seria reconhecido, com o agradecimento público do governador e de toda a população, que finalmente podia contar com um parque à altura da grandeza da cidade.

No decorrer do ano, diversos eventos foram realizados no Ibirapuera: a Feira Internacional, da qual participaram 27 países, as exposições de Numismática, Arte Italiana, História de São Paulo, Artes e Técnicas

Populares, e um Festival Brasileiro de Folclore, além da criação do Balé IV Centenário.

Numa data tão importante para a população, não poderia faltar a festa do futebol, o esporte mais popular. Foi organizado um campeonato estadual comemorativo, ganho pelo Corinthians ao derrotar o grande rival, o Palmeiras. Assim, a festa estava completa.

O paulistano aprende a voar, nas asas da Panair Após o término da Segunda Guerra Mundial, a aviação comercial deu um grande salto. Em poucos anos, com o surgimento dos modelos Douglas e Constellation, aviões que permitiam a travessia oceânica com segurança, o transporte aéreo começou a ser difundido em todo o mundo. No Brasil, as antigas "engenhocas" utilizadas nas linhas domésticas de curta distância, geralmente para o patrulhamento costeiro e transporte de cargas, deram lugar a modernos aviões.

Com o crescimento dos negócios entre São Paulo e Rio de Janeiro, as duas principais cidades brasileiras, o paulistano foi obrigado a ganhar tempo, e a única maneira de conseguir isso seria utilizando o novo meio de transporte. Assim, já no início da década de 1950, a linha aérea São Paulo-Rio de Janeiro era classificada como a segunda linha mundial em movimento de passageiros, ficando abaixo apenas da linha Nova York--Washington.

Como resultado, em São Paulo, o recém-inaugurado aeroporto de Congonhas ficava pontilhado de aviões, nacionais e internacionais, e, aos domingos, centenas de famílias passavam horas (que falta faz uma praia) assistindo a pousos e decolagens. Outra mania dos paulistanos, geralmente à noite, era tomar café no bar do aeroporto.

É verdade que, mesmo sabendo que a tecnologia da aviação era avançada, com todas as garantias de segurança, os passageiros entravam nas enormes aeronaves com aquele frio na barriga (são inúmeros os casos de pessoas famosas que, em toda sua vida, se recusaram a entrar num avião). Mas, uma vez a bordo, os temores logo eram afastados pelo sorriso angelical das sempre formosas aeromoças, as verdadeiras responsáveis pela segurança dos passageiros.

Entre as companhias aéreas brasileiras, a Panair do Brasil dominava absoluta os céus pátrios, contando com excelente serviço de bordo e a inigualável simpatia de suas lindas aeromoças, que desfilavam charmosas, com suas boinas, frasqueiras e penteado bolo de noiva. Na época, todos os passageiros sonhavam namorar uma aeromoça da Panair.

Nos anos 1950, a Panair era o orgulho nacional. Por ela, voavam anualmente milhares de brasileiros e a totalidade dos nossos políticos, quando em campanha e durante seus mandatos, entre eles os presidentes Getúlio Vargas, Juscelino Kubitschek, Jânio Quadros e João Goulart. Por estar presente em diversos países da Europa, Oriente Médio e Estados Unidos, a Panair trazia para o Brasil astros do cinema e da música, além de personalidades internacionais.

Na década seguinte, em função de uma medida arbitrária do regime militar, a Panair seria impedida de voar. Era o fim da primeira grande empresa da aviação comercial brasileira. O mundo ficou perplexo, mas, como era normal acontecer naqueles tempos sombrios, os verdadeiros motivos da liquidação da Panair nunca foram devidamente esclarecidos.

Uma década de ouro para o cinema mundial

Na década de 1950, o cinema norte-americano continuou predominando nas salas exibidoras da cidade, porém seguido de perto pelas produções italianas e francesas.

Na Itália de Rossellini e De Sica, começava a brilhar na direção o novato Federico Fellini, com *Os boas-vidas* (1953) e *A estrada da vida* (1954), que ganhou o Oscar de melhor filme estrangeiro. Ao mesmo tempo, lindas mulheres, entre elas Gina Lollobrígida e Sophia Loren, iniciavam suas carreiras no cinema. Na França, com o filme *E Deus criou a mulher* (1956), Roger Vadim revelava ao mundo a nudez indiferente e maliciosa de Brigitte Bardot. A musa francesa, com sua aparência infantil e desinibida, criou um novo conceito de sensualidade feminina que se tornaria o novo padrão de beleza em todo o mundo. Em 1954, o cineasta japonês

Akira Kurosawa surpreendeu o mundo com o clássico *Os sete samurais*, um filme que, em 1960, seria adaptado para o *western* americano com o título *Sete homens e um destino*, e, com o filme *O sétimo selo* (1957), de Ingmar Bergman, premiado em Cannes, o cinema sueco também alcançava notoriedade mundial.

Os Estados Unidos dominaram a década com muitos filmes grandiosos e caros, e algumas obras marcantes na história do cinema. Foi o período dos grandes épicos, um gênero iniciado com *Quo Vadis?* (1951), que teve seu ponto alto com *Os Dez Mandamentos* (1956), uma superprodução de Cecil B. DeMille com Charlton Heston, Yul Brinner, Anne Baxter, um grande elenco e milhares de figurantes, que arrastou milhões de espectadores para os cinemas em todo o mundo.

O ator americano William Holden era sinônimo de sucesso de público e bilheteria, além de contracenar com as grandes atrizes da época: Audrey Hepburn, Grace Kelly, Jennifer Jones e Kim Novak. Seus principais filmes foram *Crepúsculo dos deuses* (1950); *Sabrina* e *Amar e sofrer* (ambos de 1954); *Suplício de uma saudade* (1955), cuja música, "Love Is a Many Splendored Thing", o título original do filme, ainda está na memória de quem tem mais de 50 anos; *Picnic* (1956) e *A ponte do rio Kwai* (1957).

Também foi a época em que surgiram Marlon Brando e James Dean, astros que passaram para a história devido ao comportamento rebelde que influenciaria a juventude em todo o mundo. Marlon Brando começou a mostrar seu talento em *Espíritos indômitos*, em 1950, e a seguir vieram *Uma rua chamada pecado* (1951), *Viva Zapata!* (1952), *O selvagem* (1953) e *Sindicato de ladrões* (1954), entre outros. James Dean participou de apenas três filmes, todos marcados pela irreverência: *Juventude transviada* e *Vidas amargas*, de 1955, e *Assim caminha a humanidade*, de 1956, que ele nem chegou a ver, pois a montagem ficou pronta depois de sua morte, ocorrida de maneira trágica, aos 24 anos.

Entre as atrizes, Marilyn Monroe era a loira fatal e burra com quem todos sonhavam, mas acessível a poucos, em especial aos políticos norte-americanos, entre eles um futuro presidente. Aos pobres mortais restavam seus filmes, em sua maioria banais. As exceções foram *Os homens preferem as loiras* (1953), e, sob a direção do genial Billy Wilder, *O pecado mora ao lado* (1955) e *Quanto mais quente melhor* (1959).

Alfred Hitchcock, o mestre maior do suspense, atingia a perfeição com alguns clássicos do gênero: *Pacto sinistro* (1950), *Janela indiscreta* e *Disque M para matar* (1954), *Ladrão de casaca* e *O terceiro tiro* (1955), *O homem que sabia demais* (1956), e, em 1958, o mais genial de todos: *Um corpo que cai*, com James Stewart, um dos atores preferidos de Hitchcock, e a bela e fatal Kim Novak. Aliás, o velho Alfred adorava lindas mulheres, de preferência loiras e frias. Além de Novak, em seus filmes desfilaram beldades como Ingrid Bergman, Grace Kelly, Janet Leigh, Vera Miles, Tippi Hedren, entre outras.

Muitos filmes marcaram os anos 1950, entre eles o polêmico e contundente *Crepúsculo dos deuses* (1950), de Billy Wilder, com William Holden e Glória Swanson, e *A um passo da eternidade* (1953), ganhador de oito Oscars, reunindo os atores Burt Lancaster, Deborah Kerr, Montgomery Clift, Donna Reed e Frank Sinatra. Mas a grande sensação da década foi *Cantando na chuva* (1952), dirigido e interpretado por Gene Kelly, com Cyd Charisse, Debbie Reynolds e Donald O'Connor no elenco. A cena em que Kelly chapinha na água da chuva é considerada uma das melhores da história do cinema.

Vera Cruz: apenas um sonho da burguesia

No Brasil, os anos 1950 seriam testemunha da ascensão e queda da Companhia Cinematográfica Vera Cruz, o maior empreendimento paulista da indústria do cinema.

Tudo começou em 1949, quando Ciccillo Matarazzo desativou uma granja em São Bernardo do Campo para criar um loteamento popular. Motivado por seu amigo de infância e colaborador em suas empresas, o engenheiro Franco Zampari, Ciccillo destinou parte do terreno para a construção dos estúdios da Vera Cruz, contando com o incentivo dos intelectuais e, no início, com o apoio financeiro de 350 acionistas, em sua maioria fazendeiros e industriais paulistanos. Eles queriam concretizar o sonho de transformar o ABC paulista na "Hollywood dos trópicos". O projeto era ambicioso: fazer cinema brasileiro de nível internacional.

Para alcançar esse objetivo, foi feito um grande investimento em equipamentos sofisticados visando garantir um alto aprimoramento tecnológico, principalmente em segmentos até então deficientes, como fotografia, som, figurinos e cenografia. Para justificar o lema "Produção brasileira de padrão internacional", diretores, atores e técnicos foram trazidos da Itália, e a produtora acabou sendo apelidada de "Cinecittà da América do Sul". Assim, desprezando a chanchada e similares, nos estúdios da Vera Cruz foram produzidos filmes que lembravam aquele tipo de cinema europeu que, mesmo consagrado pela crítica e pelos intelectuais, raramente conseguia cobrir os custos. Resultado: em apenas cinco anos, a produtora conheceu alguns momentos de glória, mas acabou se transformando no maior fracasso da história do cinema nacional.

O primeiro filme da Vera Cruz foi *Caiçara* (1950), produzido por Alberto Cavalcanti, cineasta brasileiro de fama internacional, e dirigido pelo italiano Adolfo Celi, que também assinava o roteiro e interpretava um personagem. No elenco, Eliane Lage, Carlos Vergueiro e outros. O filme teve relativo sucesso, mas passaria para a história do cinema brasileiro apenas como o primeiro filme da produtora. Em seguida vieram *Terra é sempre terra*, com Marisa Prado e Abílio Pereira de Almeida no elenco, e *Angela*, com Eliane Lage, Alberto Ruschel e Mário Sérgio, ambos de 1951, também produzidos por Cavalcanti. A burguesia aplaudiu e os intelectuais ficaram deslumbrados, mas nenhum desses filmes deu lucro, e o estúdio já dava os primeiros sinais de crise.

Em 1952, um falso sintoma de recuperação surgiu com o sucesso de *Tico-tico no fubá*, que contou com um grande elenco encabeçado por Anselmo Duarte e Tônia Carrero, e *Sai da frente*, que marcou a estreia de Amácio Mazzaropi, criando um novo estilo de jeca-tatu. No mesmo ano também foram lançados *Veneno*, com Anselmo Duarte e a fogosa Leonor Amar; *Nadando em dinheiro*, com o mesmo Mazzaropi no elenco, e *Appassionata*, dirigido por Ziembinski, reunindo novamente Anselmo Duarte e Tônia Carrero, que formariam o par romântico da década.

No ano seguinte, com *O cangaceiro*, finalmente o grande sucesso, nacional e internacional. O filme, primeiro longa-metragem dirigido por Lima Barreto, com Milton Ribeiro, Alberto Ruschel e Marisa Prado nos papéis principais, conquistou o Prêmio Especial do Júri no Festival de Cannes, teve boa bilheteria, no Brasil e no exterior, e foi o primeiro filme brasileiro a ganhar repercussão internacional. No mesmo ano também foram lançados *Sinhá moça*, com Anselmo Duarte e Eliane Lage, uma das produções mais caras da Vera Cruz e também um grande prejuízo financeiro, apesar de premiado no Festival de Veneza, e *Uma pulga na balança*, dirigido pelo italiano Luciano Salce e interpretado por Waldemar Wey e Gilda Nery.

Em 1954, uma série de fracassos decretaria o fim da Vera Cruz: *Candinho*, com Mazzaropi e Marisa Prado; *Na senda do crime*, com Miro Cerni, Sílvia Fernanda e Cleyde Yáconis; e *Floradas na serra*, com Miro Cerni e Cacilda Becker.

Diversos motivos contribuíram para levar a produtora à falência, mas o fator determinante foi a distribuição: a Vera Cruz apenas produzia os filmes, cabendo às empresas estrangeiras radicadas no Brasil sua colocação nas salas de cinema. Portanto, quem ganhou dinheiro com filmes como *O cangaceiro* foi a Columbia e não a Vera Cruz, o mesmo acontecendo com outras produções de sucesso.

Terminava, assim, um ciclo que poderia ser definido apenas como "uma aventura da burguesia", mas, na realidade, suas marcas seriam bem mais profundas, pois o fracasso da produtora paulista, transformando o clima de euforia em frustração, acabou prejudicando o cinema nacional, ocasionando uma retração de capitais para o setor. Afinal, muitos daqueles acionistas da Vera Cruz eram os mesmos que investiam nas outras produtoras.

Mesmo assim, a década de 1950 pode ser considerada produtiva para o cinema brasileiro. Com uma média de trinta filmes por ano, foi um período importante para o surgimento de novos atores e diretores. Além das produções da Vera Cruz, diversos filmes da Atlântida obtiveram sucesso, entre eles *A sombra da outra* (1950), com Anselmo Duarte e Eliana;

Areias ardentes (1951), dirigido por J. B. Tanko, com a bela Fada Santoro e Cyll Farney; *Amei um bicheiro* (1953), com José Lewgoy, Josette Bertal e Grande Otelo; *Colégio de brotos* (1956), com Oscarito, sua filha Míriam Teresa, Cyll Farney e a sedutora Inalda de Carvalho; além das chanchadas de sempre: *Carnaval Atlântida*, com Oscarito; *Carnaval em Caxias*, com José Lewgoy; *Nem Sansão nem Dalila*, com Oscarito e Fada Santoro; e *Matar ou correr*, com Oscarito e Grande Otelo. De outras produtoras se destacaram *O comprador de fazendas* (1951), reunindo Procópio Ferreira, Henriette Morineau, Hélio Souto e Margot Bittencourt; *Simão, o caolho* (1952), interpretado pelo excelente Mesquitinha e produzido por Alberto Cavalcanti; e o musical (um dos últimos) *Sinfonia carioca* (1955), com Eliana e Anselmo Duarte. Ao mesmo tempo, começava a se firmar o nome de Dercy Gonçalves, uma autêntica comediante oriunda do teatro, que faria dupla com Grande Otelo em *Depois eu conto* (1956), seria a estrela de *Uma certa Lucrécia* (1957) e atingiria seu ponto alto em *Cala a boca, Etelvina* (1958), e *Minervina vem aí* (1959). Quanto a Mazzaropi, depois dos sucessivos fracassos na Vera Cruz, acabou criando sua própria produtora, e, ao longo de duas décadas, se tornaria a personificação do nosso jeca-tatu, ganhando muito dinheiro. No entanto, a grande surpresa da década foi *Rio, 40 graus* (1955), dirigido por Nelson Pereira dos Santos. Inspirado no neorrealismo italiano, o filme lançava as bases para a chegada do Cinema Novo, alguns anos mais tarde.

De repente, o cinema em casa As experiências iniciais com a televisão remontam à década de 1930, e os primeiros países a realizar uma transmissão televisiva foram a Alemanha e a França, em 1935. Seguiram-se as transmissões feitas na Inglaterra pela BBC (1936), União Soviética (1938) e Estados Unidos (1939). Por causa da Segunda Guerra, as experiências foram interrompidas, para serem retomadas a todo vapor na segunda metade dos anos 1940.

A primeira emissora brasileira de televisão foi a TV Tupi de São Paulo, do grupo dos Diários Associados, inaugurada no dia 5 de julho de 1950 por Assis Chateaubriand, com uma transmissão experimental diretamente do Museu de Arte de São Paulo, na rua 7 de Abril. As grandes atrações do dia foram um discurso do presidente Eurico Gaspar Dutra seguido de uma apresentação da orquestra de Georges Henri. A surpresa foi muito grande, e os poucos paulistanos que tiveram o privilégio de assistir à transmissão ficaram incrédulos.

A primeira transmissão oficial foi realizada no dia 18 de setembro daquele ano, às 22 horas, quando a atriz Iara Lins anunciou aquele que seria o primeiro programa de televisão da América Latina, apresentado por Homero Silva. Participaram da transmissão Lolita Rodrigues, que cantou o "Hino da televisão", e Mazzaropi, com um número cômico, além de jornalistas e alguns atores do rádio e do teatro, entre eles Walter Forster e Lima Duarte. Era o milagre que se concretizava.

Mas, milagres à parte, o começo da televisão brasileira foi um tanto difícil. Além das falhas na recepção das imagens, sempre cheias de chuviscos e interferências (as grandes antenas ainda não pontilhavam o pico do Jaraguá e muito menos a avenida Paulista), a programação era pobre, improvisada e, além disso, poucas residências contavam com o aparelho de TV, um equipamento ainda muito caro e de pouca utilidade. Porém, com o surgimento da TV Record, em 1953, e depois da TV Paulista, a situação iria melhorar. As novas emissoras trouxeram ao Brasil tecnologia mais avançada, e a pioneira Tupi, sentindo-se ameaçada, foi à luta para melhorar sua programação. Estava criada a concorrência, que iria determinar o crescimento do novo meio de comunicação.

Foi o início da importação das produções norte-americanas feitas especialmente para a televisão. Os seriados, também chamados de "enlatados", agradaram principalmente ao público infantojuvenil e foram importantes para diversificar a programação e intensificar o aumento de aparelhos receptores, inicialmente nas casas da classe média e aos poucos também nas casas dos bairros operários, onde os pais eram pressionados pela família a comprar o aparelho: afinal, se o vizinho tinha, por que eles não podiam ter? Portanto, as crianças e a competição entre vizinhos foram os verdadeiros responsáveis pelo aumento de aparelhos de TV na cidade.

Os seriados foram o grande sucesso da TV nos anos 1950, cativando a garotada com muitas opções: *Jim das Selvas*, *Tarzan*, *A Marca do Zorro*, *Rin-Tin-Tin*, *Lassie*, *Gorki, o Menino do Circo*, *Ivanhoé*, *Daniel Boone*, *Roy Rogers*, *Bat Masterson*, *Patrulheiros do Oeste* e muitos outros, além dos desenhos animados de Hanna & Barbera. Surgiram também produções nacionais voltadas para esse segmento, como *O Vigilante Rodoviário*, na Tupi, interpretado pelo policial Carlos Miranda e seu fiel cachorro Lobo, e o capenga *Capitão 7*, na Record (o 7 era alusivo ao número do canal da emissora), uma espécie de *Superman* caboclo que, querendo imitar o herói voador, saltava de mesas, árvores e escadarias – muitas vezes visivelmente preso a uma corda – caindo sobre o inimigo.

Para os adultos, sobravam os seriados noturnos: as peripécias de Elliot Ness, na luta contra o crime organizado de Chicago comandado por Al Capone em *Os Intocáveis*, com muitas perseguições de carros e rajadas de metralhadoras; as aventuras da família Cartwright, enfrentando os bandidos e as injustiças do Velho Oeste americano em *Bonanza*; os heroicos soldados americanos, sempre vencedores, lutando na Segunda Guerra Mundial em *Combate*, além de momentos de suspense a cargo do advogado-detetive Perry Mason, no seriado que levava seu nome.

Em seguida, verificou-se uma grande migração de profissionais do rádio para a televisão. Os locutores, transformados em apresentadores, animavam programas de auditório ao vivo, pois o VT ainda não havia sido inventado. Um dos programas mais famosos, grande líder de audiência da época, foi *O Céu é o Limite*, na TV Tupi, uma maratona de sabedoria sobre conhecimentos gerais inicialmente apresentado por Aurélio Campos e depois por Jota Silvestre. Os comediantes tiveram sua vez em programas humorísticos como *Praça da Alegria*, comandado por Manoel da Nóbrega, e também seriam revelados futuros astros e estrelas da TV, entre eles o galã Walter Forster e a dupla Eva Wilma e John Herbert, à frente do programa *Alô, Doçura*.

No final da década, o aparelho de TV já ocupava lugar de destaque na sala de estar de muitas residências da cidade. Ao mesmo tempo, a televisão começava a mostrar sua força como veículo de propaganda: os comerciais da época eram feitos ao vivo, por elegantes e belas "garotas-

-propaganda", que, com um sorriso permanente nos lábios, descreviam as qualidades dos produtos dos patrocinadores e anunciantes.

No entanto, apesar da grande aceitação popular, a televisão estava longe de competir com o cinema. Afinal, assistir a um filme e depois jantar em um restaurante ainda era o programa preferido do paulistano. Além disso, a magia da tela gigante parecia insubstituível.

Com música, notícia e futebol, o rádio continua na liderança Mesmo com o surgimento da televisão, o rádio continuaria mantendo a liderança popular nos anos 1950. Os programas de calouros, essenciais para revelar os futuros ídolos da canção brasileira, ainda lotavam os auditórios das principais emissoras de São Paulo e do Rio de Janeiro, e as programações musicais consagravam sempre mais os cantores já famosos. Ao mesmo tempo, por causa da crescente popularidade do *Repórter Esso* na Rádio Record, a informação jornalística conquistava mais espaço na maioria das outras emissoras, despertando cada vez mais o interesse dos patrocinadores por aquele veículo de comunicação.

As transmissões esportivas, apesar de limitadas ao futebol, predominavam na maioria das rádios, permitindo o surgimento de novos locutores. Geraldo José de Almeida permanecia na Record, mas Pedro Luís havia trocado a Tupi pela Rádio Panamericana (depois Jovem Pan) – emissora que pertencia à Record, porém mais voltada ao esporte e ao jornalismo informativo –, onde formou uma dupla famosa com o comentarista Mário Moraes. Outro destaque, primeiro na Bandeirantes e depois na Panamericana, foi Fiori Gigliote, que, devido ao seu estilo pitoresco e emocionante de narrar um jogo, revelava uma grande capacidade de comunicação, a começar pela famosa frase "Abrem-se as cortinas e começa o espetáculo...", ou, então, a informação fatídica anunciando que a partida se aproximava dos minutos derradeiros: "O tempo passa, torcida brasileira...". Era o momento em que, se um jogo estivesse empatado, ou com o placar mínimo, o coração do torcedor disparava.

Fiori retornaria à Bandeirantes em 1963, onde permaneceu durante 32 anos.

Na noite, a São João ainda reinava absoluta... Cidades como Londres, Roma, Paris, Buenos Aires, Nova York, até hoje têm o seu centro, uma região que concentra o melhor comércio, as atividades sociais e culturais e a vida noturna da comunidade. Geralmente, o centro é onde tudo acontece.

Até o final da década de 1950, São Paulo não fugiu à regra, quando a região central ainda reunia o que havia de melhor na cidade, a começar pelo centro velho, que ainda conservava seus encantos e contava com a fidelidade de casas comerciais tradicionais, entre elas a Botica Ao Veado d'Ouro e a Casa Fretin, na rua São Bento. Nas ruas do antigo Triângulo também se concentravam os principais estabelecimentos bancários, o que obrigava alguns bares e restaurantes famosos a continuarem nas imediações. Além do Fasano, na praça Antônio Prado, eram muito procurados o Guanabara, na rua Boa Vista, a Leiteria Itamaraty, na José Bonifácio, e o Franciscano, na Líbero Badaró, eterno reduto de estudantes da São Francisco e de muitos intelectuais.

Do outro lado do Viaduto do Chá, na praça Ramos de Azevedo, já no centro novo, a confeitaria do Mappin Stores era ponto de encontro de homens de negócios na hora do almoço e de elegantes senhoras no chá da tarde. Do outro lado da praça, o bar do Teatro Municipal era o local ideal para um drinque no final de tarde. Por sua vez, o teatro era palco de importantes temporadas líricas. As apresentações dos grandes tenores da época, Beniamino Gigli e Mario Del Monaco, ainda estão vivas na memória de muitos paulistanos. Atrás do Municipal, o Hotel Esplanada era outro endereço elegante da cidade, onde havia uma boate frequentada pela alta burguesia.

Mais adiante, a rua Barão de Itapetininga resplandecia em todo seu *glamour*. Era o mundo maravilhoso das compras, principalmente para os ricos, assíduos frequentadores das luxuosas *boutiques*, entre elas a famosa Casa Vogue, e dos sofisticados ateliês de alta-costura, entre os quais se destacavam o de Madame Rosita para as damas e o de Raffaele Minelli para os cavalheiros. O Fasano, recém-inaugurado na Barão, marcava presença com uma requintada confeitaria, enquanto a Vienense continuava o ponto alto da rua, acolhendo desde a elite e os intelectuais até os profissionais liberais e expoentes da emergente classe média. Com vários salões, a confeitaria permitia uma divisão natural de seus frequentadores. Acompanhando os novos tempos, também se tornara o refúgio ideal para encontros fortuitos de amados e amadas, que geralmente procuravam o salão dos fundos, onde, mesmo distantes do som dos violinos, podiam alimentar seus romances proibidos.

Na rua 7 de Abril, o prédio construído por Assis Chateaubriand para abrigar os Diários Associados estava se tornando um verdadeiro centro de emanação cultural. Além de ser a sede dos jornais *Diário de S. Paulo* e *Diário da Noite*, das rádios Tupi e Difusora, e da TV Tupi, a primeira emissora de televisão da cidade, o local também acolhia o Museu de Arte de São Paulo e o Museu de Arte Moderna. No início da década, passaram a funcionar no edifício o Centro de Estudos Cinematográficos e o Bar do Museu, anexo ao MAM, que logo ficaria famoso por reunir intelectuais, artistas plásticos, críticos de arte e amantes do cinema.

Entretanto, os mais novos e badalados redutos de intelectuais eram o concorrido salão de chá da Livraria Jaraguá, na rua Marconi, cujo proprietário era Alfredo Mesquita, e o Paribar, aberto em 1942, na praça Dom José Gaspar, atrás da Biblioteca Municipal, que acabara de ser batizada com o nome de Mário de Andrade, uma justa homenagem ao poeta que sempre dedicou seus versos à cidade. Pano de fundo para leituras de textos e poemas, todas as noites o Paribar fervilhava, com a presença de poetas e escritores da geração dos anos 1950.

Na mesma época, outros bares começavam a se destacar: o Brahma, inaugurado em 1948, na avenida São João, onde era possível ouvir os melhores tangos e boleros da cidade, e o Nick Bar, um prolongamento do Teatro Brasileiro de Comédia, na rua Major Diogo, onde se reuniam atores de teatro e de cinema. Cacilda Becker, Tônia Carrero, Maria Della Costa e todos os artistas da Vera Cruz podiam ser vistos quase todas as noites nas mesas do bar. Outro animado centro de agitação noturna era a avenida Ipiranga, onde proliferavam cinemas, restaurantes e bares para fim de noite, entre eles o Simpatia, um dos preferidos da boemia paulistana, onde Dick Farney, que iniciava sua carreira na noite, era uma presença constante.

A década de 1950 também marcaria a consolidação de um novo modismo na vida noturna da cidade: com a proibição dos jogos, em 1946, os antigos cassinos dariam lugar aos famosos *taxi-dancings*, ou *taxi-girls*, como preferem alguns, no qual se pagava para dançar. O cavalheiro escolhia a dama e podia deslizar à vontade pelo salão, ao som de boleros, tangos e foxtrotes. Detalhe importante: era proibido colar o corpo e o rosto nas dançarinas, que eram moças de respeito. Ao final de cada música, o picotador marcava o tempo no cartão, que era somado e cobrado na saída.

Herdeiras diretas dos cabarés, também proibidos, começaram a proliferar as boates, ideais para boêmios em busca de aventuras e emoções fortes. A mais famosa da época era a boate Oásis, na rua 7 de Abril, um reduto de belas mulheres. Decorada com motivos árabes, a casa noturna apresentava ótimos *shows* e servia uma excelente comida. Era comum, na hora do café da manhã, encontrar algum cliente solitário comendo um delicioso picadinho ou um saboroso estrogonofe, os pratos principais da boate. Ao amanhecer, muitos boêmios acalmavam o efeito das doses de etílicos ingeridas em excesso durante a madrugada com um passeio pela bucólica praça da República, ornamentada por belas árvores, um lago com águas ainda limpas e pela beleza arquitetônica da Escola Normal Caetano de Campos. Atravessando a praça, já na Vila Buarque – que muitos chamavam de Vila Boate –, a rua Major Sertório era o paraíso das casas noturnas, onde se destacava a Michel, uma das mais badaladas da época. Um pouco mais distante, na rua da Consolação, a Cave era outra parada obrigatória dos boêmios inveterados.

Além de encontrar mulheres lindas e sensuais, em sua maioria fazendo o tipo *femme fatale*, nas boates o frequentador também podia ouvir a boa música dos chamados "cantores da noite", uma categoria que ganharia muita força naqueles anos.

Quanto aos restaurantes, os melhores ainda permaneciam no centro da cidade, mas também eram muito procuradas as cantinas italianas localizadas no Brás, principalmente a Balilla e a Castelões, que a elite paulistana fazia questão de frequentar por considerá-las locais exóticos. Na região central surgiu a rede Papai, presente em vários endereços, voltada a uma clientela mais popular.

Na mesma época, os tradicionais restaurantes Carlino, Palhaço, Spadoni e Fasano passaram a contar com outro concorrente sofisticado: o Gigetto, na rua Nestor Pestana, que logo se tornaria famoso, eleito pela maioria dos "eleitos". Com um público bastante eclético, durante a semana o Gigetto recebia políticos e empresários para o almoço. À noite, para lá convergiam artistas de teatro, do cinema e da nascente televisão, além de jornalistas e radialistas. Aos sábados e domingos, era a burguesia paulistana que invadia os luxuosos salões do restaurante. Foi justamente no Gigetto que, a partir de 1950, um garoto de apenas 15 anos, recém-chegado da Itália, dava os primeiros passos de sua carreira. Tratava-se de Giovanni Bruno, que, ao ser promovido a garçom, depois de passar alguns anos lavando pratos e empilhando garrafas, praticamente seria adotado pelos boêmios que frequentavam o restaurante. Anos depois, ao abrir seu próprio restaurante, ele se tornaria um símbolo gastronômico de São Paulo.

No entanto, ao se pensar em lazer e diversão nos anos 1950, tanto diurna como noturna, nada superava o cinema. Imaginando um raio de dois quilômetros, incluindo apenas o centro novo, o número de poltronas das salas de cinema, no início da década, certamente era maior que a soma dos assentos de todos os cinemas em atividade na cidade nos dias atuais. Quase todas as salas exibidoras eram amplas: Pedro II, Paratodos, Ópera, Ritz, Art Palácio, Olido, República, Ipiranga, Marabá, Normandie, Broadway e Metro, apenas para citar algumas, tinham capacidade de lotação que girava em torno de mil lugares. A maioria desses cinemas ficava na avenida São João, considerada o núcleo central das ruas que formavam a então chamada Cinelândia. Para coroar essa preferência do paulistano pela "Sétima Arte", em 1951 foi inaugurado o Cine Marrocos, na rua Conselheiro Crispiniano, com uma festa que praticamente parou a região central da cidade. Com 1.300 lugares, entre plateia e *pullman*, era o maior e mais luxuoso cinema do centro novo. Outros cinemas seriam abertos no final na década: o Coral, na rua 7 de Abril, inaugurado em 1957 por Dante Ancona Lopez, voltado para filmes de arte e logo adotado por cinéfilos e intelectuais, e o Paissandu, em 1958, no largo homônimo, outro suntuoso palácio para gente elegante.

Com tantas opções, era natural que todos procurassem os cinemas, os teatros, os cabarés, os restaurantes e os bares do centro, principalmente da avenida São João, considerada a artéria principal da agitação noturna da cidade. Numa época em que a televisão (uma novidade acessível a poucos) ainda não concorria com o cinema, todas as noites eram uma grande festa.

Adoniran Barbosa, o cronista da cidade

Venha ver
Venha ver Eugênia
Como ficou bonito
O viaduto Santa Ifigênia
Venha ver...
(*Adoniran Barbosa*)

Nascido em Valinhos, João Rubinato era o sétimo filho de uma numerosa família de imigrantes italianos. Em sua juventude, já morando em São Paulo, chegou a estudar no Liceu de Artes e Ofícios, onde aprendeu a profissão de metalúrgico. Mas, por problemas no pulmão, teve que abandonar o ofício. Foi quando passou a fazer um pouco de tudo, e entre as diversas atividades foi tecelão, encanador, pintor, serralheiro, garçom e até mascate. Foi nessa última ocupação, quando passava o dia inteiro andando pelas ruas, que adquiriu o hábito de cantarolar e compor letras de música... caminhando.

Sua carreira artística começou por acaso. Ele era entregador de mercadorias de uma loja da rua 25 de Março e passava sempre em frente à Rádio Cruzeiro do Sul, no largo da Misericórdia, que aos sábados apresentava um programa de calouros. Resolveu arriscar e, após muitas tentativas, sempre interrompidas pelo gongo, João Rubinato conseguiu terminar de cantar "Filosofia", de Noel Rosa. Como prêmio lhe prometeram um emprego na rádio, mas, como demoraram muito para resolver, ele acabou trabalhando na Rádio Cosmos, que funcionava no mesmo prédio.

Em 1935, em uma parceria ocasional com o pianista carioca Jota Aimberê, usando pela primeira vez o nome artístico de Adoniran Barbosa, ganhou o concurso de música de carnaval promovido pela Prefeitura de São Paulo com a marcha "Dona Boa", interpretada por Januário Araújo e depois gravada por Raul Torres. Em seguida foi contratado pela Rádio Cruzeiro do Sul, onde era uma espécie de *disc jockey*, e nos intervalos aproveitava para cantar um dos seus sambinhas. Em 1941 foi para a Rádio Record, convidado por Otávio Gabus Mendes, para fazer rádio-teatro. Na nova emissora, Adoniran conheceu Osvaldo Moles, produtor do programa humorístico *Casa da Sogra*, que criou um personagem para ele: o malandro Zé Cunversa. Agradou, e logo surgiram outros tipos: o chofer italiano Perna Fina, o cantor de tango Dom Segundo Sombra, o Comendador Magnagatti, o judeu Moisés Rabinovic e muitos outros. Depois foi a vez do moleque Barbosinha Mal-Educado da Silva, no programa de auditório *Escola Risonha e Franca*, produzido por Gilberto Martins, onde alcançou grande sucesso, e finalmente o personagem Charutinho, um corintiano fanático que fumava charuto, que ficaria dez anos no ar.

Blota Júnior lembra aquele período em que ele e Adoniran iniciavam suas carreiras no rádio:

> Eu acho que as pessoas que tornaram Adoniran um mito ignoram realmente a qualidade de criatura humana que ele foi. Ou seja, lembram dele apenas como o grande compositor, fecundo e inspirado que sem dúvida foi. É necessário registrar, porém, que Adoniran era uma companhia insuperável. Quando trabalhamos juntos, no início da década de 1940, sair à noite com o Adoniran, pelos bares da cidade, significava estar de bem com a vida, apesar do dinheiro curto. Além disso,

ele foi um grande rádio-ator, um intérprete que, mesmo não sendo cômico, fazia papéis característicos muito engraçados, principalmente no programa *Escola Risonha e Franca*, na Rádio Record, quando ganhou muita popularidade com o personagem Barbosinha.

No largo do Paissandu existia um ponto de táxi, bem em frente ao Ponto Chic, onde os motoristas eram uma atração especial. Além de barulhentos, viviam brigando entre eles por causa dos passageiros, quando um acusava o outro de ter roubado seu cliente, e assim por diante. Alguns frequentadores do Ponto Chic trocavam propositadamente de motorista apenas para assistir às brigas, que eram muito divertidas.

No início da década de 1940, Osvaldo Moles criou na Rádio Record um quadro onde os personagens, Noel e Perna Fina, foram inspirados em dois motoristas do Paissandu. O Moles conversava diariamente com eles, cujos apelidos eram justamente Noel e Perna Fina, e aproveitava ao máximo suas histórias sobre os acontecimentos do dia, contadas com sotaque italiano, que depois eram levadas para o rádio, onde o personagem Perna Fina era feito pelo Adoniran Barbosa.

Adoniran também fez cinema, participando dos filmes *Pif-paf*, *Caídos do céu* e *O cangaceiro*. Anos depois, estaria presente na televisão, na Record e na Tupi.

Porém, seria como compositor que Adoniran deixaria sua marca mais profunda. Suas músicas "Malvina" e "Joga a chave", interpretadas pelos Demônios da Garoa, foram premiadas no carnaval de São Paulo, respectivamente em 1951 e 1952, abrindo caminho para o sucesso.

Igual a um cronista muito observador, sempre atento aos acontecimentos que o rodeavam, Adoniran compunha usando uma linguagem simples, mas que apresentava características particulares: suas letras retratavam o cotidiano de uma cidade em crescimento e refletiam seu próprio estado de espírito, como ele mesmo afirmava: "Faço as letras do que sinto, do que vejo. As músicas vêm diretas lá de dentro e acerto tudo na caixinha de fósforo".

Demônios da Garoa: o sotaque paulistano dá samba

Em 1955, as paradas de sucesso das rádios da cidade começaram a tocar um tipo de música que, mesmo sendo samba no ritmo, tinha algo de diferente nos arranjos, na letra e na maneira de cantar. Tudo lembrava o batuque dos engraxates da praça da Sé e o jeito debochado da fala do malandro, mas com sotaque italiano. Tratava-se das interpretações do grupo Demônios da Garoa, o mais autêntico conjunto musical paulistano, formado por descendentes de italianos. Ou seja, as músicas realçavam o modo carregado de falar do Bixiga, um bairro que, ao lado do Brás e da Mooca, também se tornara reduto dos italianos em São Paulo, porém, com uma diferença: no Bixiga, eles passaram a conviver em total harmonia com os negros, antigos moradores do bairro. Do entrosamento das duas comunidades resultou uma gíria característica, que poderia ser definida como "bixiguês".

Criado em 1943, o grupo já foi incluído no *Guinness Book* como o mais antigo do Brasil e do mundo (67 anos de trabalho contínuo). As primeiras gravações dos Demônios da Garoa foram "Malvina" e "Joga a chave", premiadas no carnaval paulista, e "Mulher rendeira", para o filme *O cangaceiro*, em 1953, obtendo relativo sucesso. A grande popularidade viria em 1955, com a gravação de "Saudosa maloca" e "Samba do Arnesto", ambas de autoria de Adoniran Barbosa.

Nessas músicas, Adoniran focalizava fatos, curiosidades e problemas de uma São Paulo que atravessava um período de constante mutação. Um exemplo disso é a letra de "Saudosa maloca", com todos os erros de português a que Adoniran tinha direito:

> Peguemos todas as nossas coisa
> e fumos pro meio da rua
> apreciá a demolição
> que tristeza que nóis sentia
> cada tauba que caía
> doía no coração.

Ao interpretar composições de Adoniran Barbosa, os Demônios da Garoa se tornariam a melhor tradução do sotaque italianado da cidade. Antônio Romidelli, o Toninho, um dos Demônios desde a primeira formação, em depoimento para este livro, lembra a época em que o grupo frequentava o Ponto Chic e fala um pouco de Adoniran e da boemia paulistana dos anos 1950:

> Íamos ao Ponto Chic mais à noite, depois dos *shows*, para comer uns sanduíches, entre eles o famoso bauru, que surgiu lá mesmo no bar, e levava o nome de um jornalista que tinha na Rádio Record, e que inclusive era amigo nosso. Portanto, faz uns cinquenta anos que eu conheço o Ponto Chic. Para nós, era uma casa espetacular, por onde passaram grandes figuras, inclusive governadores, prefeitos e muitas outras autoridades, que baixavam por lá para comer um sanduichinho. Entre os cantores, lembro da presença de Orlando Silva, Sílvio Caldas, Gilberto Alves e Gregório Barros. Quase todos os cantores do Rio de Janeiro, quando vinham fazer temporada em São Paulo, acabavam dando uma esticada ao Ponto Chic, onde todos se encontravam.
> O Adoniran também era assíduo frequentador do Ponto Chic. Às vezes íamos juntos, outras vezes nós já estávamos lá, ele chegava e puxava uma cadeira. Muitas letras de suas músicas ele começou a compor, ou terminou, nas mesas do bar, e uma delas foi "Viaduto Santa Ifigênia". Ele carregava um monte de papéis com letras de músicas nos bolsos do paletó, colocava tudo em cima da mesa e lá ficava, durante horas, às vezes até de madrugada, com a cerração comendo solta lá fora. Na época, a cerração era uma característica de São Paulo. Para o Adoniran, não havia ambiente melhor que o Ponto Chic para compor.
> Na época, só os Demônios da Garoa tinham coragem de cantar as músicas do Adoniran por causa das letras em português italianado. "Saudosa maloca" foi sucesso por acaso. Em 1954, Manoel da Nóbrega ouviu a gente brincando com a música nos corredores da Rádio Record, em São Paulo, e falou: "Preparem um arranjo para essa música, que vai ser o sucesso do ano". Tivemos que cantar a música três vezes

no mesmo dia e logo apareceu um diretor da gravadora Continental todo entusiasmado: "Vamos gravar essa música. O que vocês têm para colocar do outro lado?". Consultamos o Adoniran, que sugeriu "Samba do Arnesto". O disco, um 78 rpm, ficou um ano nas paradas musicais. Depois veio o primeiro LP, incluindo os dois grandes sucessos e outras músicas, entre elas "Malvina", "Iracema", "Briga de vagabundo", "Samba no Bixiga", "Morro da Casa Verde" e "As mariposas". O grupo sempre trabalhava as músicas do Adoniran, cuidando das entradas, das partes criativas. "Trem das onze", por exemplo, que estourou nas paradas em 64, ficou quatro anos na nossa mão para ser trabalhada.

Orlando Silva era outro que adorava o Ponto Chic. Às vezes, tomava umas e outras e dormia sobre um banco do largo do Paissandu, ou da praça da República, quando a bebedeira era no Bar do Jeca, na Ipiranga com a São João. Algumas vezes, para lhe fazer companhia, eu também dormia no banco da praça. Naquele tempo não havia perigo, São Paulo era uma cidade segura, os boêmios podiam andar tranquilamente pelas ruas, nos locais de sua preferência.

Na década de 1950, na região central da cidade havia muitas opções para os boêmios: o Salão Verde, que era apenas para dançar, na rua São Bento, no sétimo andar do Prédio Martinelli, onde na cobertura também funcionava o Taxi-Maravilhoso, e no subsolo, com entrada pela São João, a boate A Gruta. Na esquina da Ipiranga com a 7 de Abril, havia a Oásis, uma boate que marcou época na cidade, como também o Avenida Danças e o Cassino OK, ambos na avenida Ipiranga, e o Teatro Antarctica, que ficava no Vale do Anhangabaú, onde o ingresso dava direito a um chope ou a uma cerveja, e muitos outros. Os Demônios tocavam em todos esses lugares.

Com relação ao Ponto Chic, gostaria de dizer que a maioria dos que andavam à noite pela cidade passavam por lá. Se você queria encontrar alguém para conversar ou beber junto, era só ir até o Ponto Chic. Eu, por exemplo, como morava perto, na praça Júlio Mesquita, não saía de lá.

Quando as mariposas "rondavam" a cidade

As mariposas
quando chega o frio,
fica dando vorta
em vorta da lâmpida
pra se esquentar...
    (*Adoniran Barbosa*)

Os boêmios dos anos 1950 costumam afirmar que, ao fechar a zona do Bom Retiro, o governador Lucas Nogueira Garcez apenas espalhou a prostituição pela cidade. Foi quando surgiram as duas bocas, a do Luxo, na Vila Buarque, e a do Lixo, nas ruas compreendidas no quadrilátero formado pelas avenidas São João, Rio Branco, Ipiranga e Duque de Caxias.

Em algumas ruas, usando trajes ousados, as prostitutas ficavam nas janelas das casas ou na porta dos prédios exibindo seus dotes para os interessados, e nos edifícios decadentes da Boca do Lixo, que outrora foram nobres residências, os clientes costumavam subir pelo elevador até o último andar e descer pelas escadas, percorrendo os corredores onde as mulheres disponíveis faziam ponto, vestindo apenas sensuais camisolas transparentes. A variedade era grande, bastava apenas escolher uma que agradasse, combinar o preço e entrar no aposento. Também era comum as prostitutas saírem às ruas à procura de clientes, popularizando o chamado *trottoir*, e a avenida São João, onde a vida noturna era mais intensa, tornou-se o local preferido daquelas mulheres, que foram apelidadas de "mariposas".

Durante o dia, a São João e as ruas da Boca do Lixo também eram frequentadas por garotos que, não tendo dinheiro, ou coragem para usufruir dos serviços de uma profissional, geralmente mais adulta, sorrateiramente procuravam em determinadas bancas de jornal as últimas novidades de Carlos Zéfiro, o grande mestre do desenho pornográfico que alimentava os sonhos eróticos da maioria dos adolescentes daquela época. Como sua livre comercialização era proibida, os livretes de

Zéfiro, também chamados de "catecismos", eram vendidos escondidos, colocados no meio do jornal.

Com o crescimento do submundo aumentaria também a malandragem, pois toda prostituta tinha seu protetor, um explorador personificado na figura do cafetão, uma mistura de vagabundo, amante e gigolô. Evidentemente, entre eles não faltavam desavenças, geralmente por causa de dinheiro ou traições, e algumas brigas resultavam em tragédia, acabando nas páginas dos jornais. A imprensa sensacionalista, numa época em que os crimes em São Paulo eram raros, não deixava por menos e aproveitava para abrir grandes manchetes, além de criar uma nova terminologia para a profissão mais antiga do mundo: "Mariposa foi esfaqueada pelo amásio"; "Decaída é jogada do Viaduto Santa Ifigênia"; "Mulher da vida foi estrangulada no Prédio Martinelli"; "Piranha cortou a garganta de gigolô"; "Meretriz morta a navalhadas na Boca do Lixo"; "Cafetina é encontrada morta no bordel"; "Madame explorava menores em lupanar da Boca do Luxo", e assim por diante. A boemia deixava de ser apenas romântica para tornar-se também um misto de aventura e malandragem, porém com ingredientes nada agradáveis: o perigo e a fatalidade.

Foi nesse ambiente que, no início da década, Paulo Vanzolini compôs "Ronda", um verdadeiro hino à boemia dos anos 1950. A letra da música revela todos os aspectos da época, como o próprio Vanzolini resume: "Compus 'Ronda' por volta de 1950, ou 51. Era o tempo da avenida São João e das loucas que andavam por lá":

> (...)
> E nesse dia então
> vai dar na primeira edição
> "Cena de sangue num bar
> da avenida São João".

Profissionalmente, Paulo Vanzolini é zoólogo, e durante muitos anos ocupou o cargo de diretor do Museu de Zoologia da Secretaria da Agricultura, onde começou a trabalhar na década de 1950. Amante do samba autêntico, aquele feito por crioulos, sempre dividiu sua vida profissional com a atividade de compositor e nunca abandonou a boemia, nem o cachimbo, hábitos que cultiva desde jovem.

Além de imortalizar a avenida São João, a rainha da noite paulistana de seu tempo, Vanzolini também mostrou, poeticamente, outro sinal da decadência da região central da cidade ao retratar a praça Clóvis Bevilácqua, que concentrava dezenas de pontos de ônibus e era o paraíso dos batedores de carteira:

> Na praça Clóvis minha carteira foi batida
> tinha vinte e cinco cruzeiros
> e o teu retrato.

Boemia e futebol: no Ponto Chic, uma combinação perfeita

Muitos daqueles estudantes de direito das décadas de 1930 e 1940 retornariam ao Ponto Chic nos anos seguintes. Alguns apenas para matar saudades, outros como candidatos a cargos públicos. Afinal, o Ponto Chic também era um excelente palanque eleitoral.

Como a vida boêmia acontecia ao longo da avenida São João, os novos estudantes da São Francisco, mesmo sem a mesma assiduidade das gerações anteriores, continuariam se encontrando no Ponto Chic nos anos 1950. Porém, a mudança do perfil dos frequentadores era uma realidade irreversível e o bar se tornaria um gueto da turma do futebol. Foi nessa época que surgiu o folclórico João Gaveta, torcedor símbolo do Palmeiras que, toda vez que seu time perdia, ia ao Ponto Chic chorar as mágoas. A certa altura, levantava e apontava para os dirigentes do time adversário, acusando o juiz de ter roubado seu time, afirmando que o mesmo "estava na gaveta".

Antônio Alves de Souza, atual proprietário do Ponto Chic, lembra a época em que trabalhou no bar como garçom, na década de 1950:

> Nos anos 50, o Ponto Chic vivia muito em função dos profissionais do futebol, onde jogadores, técnicos, diretores de clubes e todos os radia-

listas esportivos eram frequentadores assíduos. Técnicos como o Gil Lopes, da Portuguesa de Desportos, e o Oswaldo Brandão, que dirigia o Palmeiras, passavam no Ponto Chic quase diariamente.

Como no Ponto Chic havia um rádio, nos dias de jogo apareciam muitos torcedores que acompanhavam a transmissão bebendo chope e brigando entre eles. O locutor mais famoso da época era o Pedro Luís, da Rádio Panamericana, mas havia também o Rabelo Jr., o Geraldo José de Almeida, o Aurélio Campos, e depois apareceu o Edson Leite. Aos domingos, portanto, era uma grande festa, pois, logo que terminava o jogo no Pacaembu, todos se encontravam no Ponto Chic, que tinha um outro salão no fundo, o mesmo onde nas décadas anteriores ficavam as mesas de sinuca, e que abria somente nos finais de semana. Lembro que havia dois gerentes, o Joaquim, que comandava o salão da frente, e o Carlos, que cuidava do salão do fundo. No total, cabiam umas trezentas pessoas; porém, como não tinha acomodação para todos, as pessoas ficavam amontoadas, quase uma em cima da outra, e numa mesa em que cabiam quatro, cinco pessoas, se apertavam em sete, oito, e mais seis ficavam em volta do pessoal que estava sentado. Na hora de pagar a conta, o chope era calculado pelo número de bolachas da mesa, e não tinha a malandragem de alguém colocar uma bolacha no bolso para não pagar um chope. Com os sanduíches era a mesma coisa, contavam-se pelos pratinhos que ficavam empilhados na mesa até o pessoal ir embora.

Durante a semana, diversos profissionais frequentavam o Ponto Chic, entre motoristas de táxi, estudantes, funcionários públicos e jornalistas, além de cantores e atores de teatro ou cinema, sendo que alguns tinham até horário determinado, como recorda Antônio Alves de Souza:

> O movimento começava lá pelas onze horas, e na época, para diversificar o almoço, eu sugeri ao gerente que mandasse preparar maioneses, feijão-branco, grão-de-bico, beterraba, brócolis, vagem e outros legumes para acompanhar as porções de linguiça, presunto ou filé. Foi um sucesso, e na hora do almoço a clientela aumentou bastante.

De tarde, o movimento continuava sem parar. Primeiro vinham os estudantes da São Francisco, e por volta das 15 horas chegava o pessoal do Ministério do Trabalho, entre os quais muitos juízes, oficiais de cartório e alguns funcionários do Palácio do Governo, que ficava na avenida Rio Branco. Às 17 horas apareciam os fiscais da prefeitura, que tinham até uma mesa cativa: o primeiro a chegar era o chefe, depois os fiscais, que vinham de todos os cantos da cidade. Eles tomavam sempre a Guinness, uma cerveja preta irlandesa, e costumavam ficar no Ponto Chic até as 19:30, quando seguiam para casa. A essa altura já começava a chegar a clientela da noite, formada por radialistas – na época, todas as emissoras de rádio ficavam no centro da cidade – e jornalistas, em sua maioria da *Folha da Manhã*, do *Diário da Noite* e a *Gazeta Esportiva*, cujas redações também ficavam no centro. Horas depois, os repórteres da noite passavam pelo Ponto Chic para tomar um chopinho, comer um sanduíche e encontrar os colegas para bater papo e trocar informações.

Por volta da meia-noite, quando o local já estava lotado de boêmios, era a vez dos artistas de teatro, principalmente os que se apresentavam no Teatro Santana, na rua 24 de Maio. Quando a peça terminava, eles seguiam para o Ponto Chic, que ficava próximo e não tinha hora para fechar. Além dos atores – entre eles lembro de Procópio Ferreira, Oscarito e Grande Otelo, que eram sempre uma grande atração –, para nós, garçons, a figura principal era o empresário, que pagava a conta de toda a companhia e dava ótimas caixinhas, geralmente de quarenta ou cinquenta cruzeiros, para aqueles que ficavam atendendo até de madrugada. Para se ter uma ideia, um garçom precisava trabalhar o dia inteiro para ganhar aquele valor juntando as várias caixinhas. Muitos artistas de cinema também frequentavam o Ponto Chic, entre eles os atores da Vera Cruz, em especial o Mazzaropi. Ele tinha um carro branco, modelo rabo de peixe, que ao parar na porta chamava a atenção de todos. Na época, o Ponto Chic era o endereço obrigatório até para quem vinha de outras cidades, como o cantor Francisco Alves, por exemplo, que, quando vinha do Rio de Janeiro para São Paulo, a primeira coisa que fazia ao sair do hotel era passar no Ponto Chic. Aliás, nos anos 50, quase todos os cantores passavam por lá: Carlos Galhardo, Orlando Silva, Nelson Gonçalves, Ciro Monteiro e outros. Acredito que, naquele tempo, só não frequentava o Ponto Chic quem não tinha dinheiro nenhum, pois lá era comum os frequentadores habituais pendurarem sua despesa e pagar no dia do recebimento do salário. Mesmo as pessoas famosas como Pedro Luís, Aurélio Campos e Blota Júnior, que não tinham problemas de dinheiro, costumavam pendurar e pagar depois, inclusive o próprio Casimiro Pinto Neto, o criador do bauru, que aparecia regularmente. Existia uma caderneta que ficava com o Joaquim, o gerente, onde ele anotava a data e os gastos de cada um. O proprietário, Odilio Cecchini, quase não ficava durante a noite; portanto, era o Joaquim quem tomava conta de tudo.

Continuando, Antônio Alves de Souza aproveita para falar também sobre a cidade da década de 1950:

Na época em que eu trabalhava no Ponto Chic como garçom, São Paulo era muito agradável, em especial o largo do Paissandu, tanto durante o dia como à noite. Em frente ao bar, ao lado da igreja, tinha o famoso ponto de táxi, muito divertido por causa das brigas entre os motoristas, que trabalhavam até de madrugada para esperar as pessoas que saíam do Ponto Chic ou das casas noturnas que ficavam nas redondezas.

De um lado do largo ficava o velho e confortável Cine Bandeirantes, onde sempre passavam bons filmes; do outro, a avenida São João, com todo aquele burburinho, dia e noite, onde tinha muitos bares famosos, entre eles o Automático, o Dois Porquinhos, o Pinguim, o Americano, o Juca Pato, o Jeca, e o restaurante Leão – considerado de alta categoria – que ficava ao lado do prédio dos Correios.

Do Paissandu, também saía o ônibus circular número 1, que rodava por todo o centro. Em seu percurso, passava pela avenida São João, avenida Ipiranga, rua Barão de Itapetininga, praça do Patriarca, largo de São Francisco, praça da Sé, rua Boa Vista, largo São Bento e Viaduto Santa Ifigênia, voltando ao Paissandu.

Entre os acontecimentos da época, lembro-me da inauguração do Cine Marrocos, em 1951, que foi um evento sensacional: os convidados, todos elegantes, chegavam em seus carros de luxo, e praticamente pararam a São João. O Marrocos era um cinema superfino, com poltronas de couro e cortinas de veludo, e uma linda decoração oriental.

Um ponto de partida João Evangelista Piccirillo, que trabalhou no Ponto Chic de 1947 até 1958, em seu depoimento lembrou algumas curiosidades da época:

> Sou filho de Pascoal Piccirillo, que foi gerente do Ponto Chic durante muitos anos. Eu trabalhava no bar junto com o Lando, o lancheiro número um de São Paulo, que chegava a fazer mais de trezentos sanduíches numa única noite. Na época, o Ponto Chic era muito frequentado pelos estudantes da São Francisco, pelos profissionais do futebol e por comerciantes da 25 de Março. Era o único bar que tinha um bom relacionamento com os estudantes. No dia 11 de agosto, somente o Ponto Chic abria suas portas e servia gratuitamente chope e sanduíches para eles.
>
> No meu tempo, entre as figuras importantes que frequentavam o Ponto Chic estavam Blota Júnior, Abreu Sodré e João Brasil Vita, dono de uma oratória muito boa, um cara muito alegre. Certa vez, fizeram uma reunião no Ponto Chic e combinaram de visitar uma exposição de animais no parque da Água Branca para afanar um porquinho, que depois levaram para o restaurante Carlino, onde seria assado. Também lembro do doutor Jânio Quadros, que periodicamente aparecia por lá. Da turma do futebol, os que mais frequentavam o Ponto Chic eram os dirigentes do Palmeiras e do São Paulo. Em um dos campeonatos, o Palmeiras foi buscar o título em Santos e todos os diretores, o técnico e alguns jogadores, quando chegaram a São Paulo, foram direto ao Ponto Chic para comemorar. O técnico do Palmeiras era Oswaldo

Brandão, que logo começou a falar: "Eu dei o campeonato para vocês...". De repente, alguém falou: "Foi ele quem deu o campeonato...", apontando para o cofre.

Na época, os pratos mais apreciados no Ponto Chic eram a fritada americana, preparada com ovos, presunto, queijo, tomate e ervilhas, e o mexidinho, feito com presunto, queijo e ovos mexidos, que eram muito consumidos por esportistas, pelos boêmios e por aqueles que tinham pouco dinheiro, pois tratava-se de pratos fortes e consistentes que alimentavam bem e custavam pouco. Eram servidos cerca de quatrocentos desses pratos por dia. Entre os sanduíches, os mais pedidos eram o bauru, sempre imbatível, e o cubano.

O diplomata Silvio Costa e Silva, assíduo frequentador do bar nos anos 1950, considera o Ponto Chic parte da história de São Paulo:

> O Ponto Chic foi uma escola. Seria impossível falar sobre a cidade sem falar do Ponto Chic. Para meu grupo de amigos era um ponto de partida, ou de chegada, para a noite. Quem pretendia fazer algum programa, ir a uma festa ou para determinados lugares do centro, onde a noite rolava, invariavelmente marcava encontro no Ponto Chic. Era comum, quando uma festa não estava boa, todos voltarem ao Ponto Chic, mesmo de madrugada. Além da certeza de encontrar o saboroso bauru e o delicioso chopinho, ali a gente se sentia em casa, onde tudo era familiar: o gerente, os garçons e os muitos amigos. Foi lá que eu fiz amizade com pessoas que depois se tornariam importantes, como o Roberto Costa de Abreu Sodré e o Cunha Bueno, que se destacariam na política. Todos queriam saborear o famoso bauru. Aliás, eu considero o bauru do Ponto Chic uma marca, não apenas paulista, mas também brasileira. Foi o primeiro sanduíche que virou moda, uma coqueluche da cidade, além de ser uma refeição bem completa, muito diferente do que se fazia até então, e que continua imbatível até hoje.

O jornalista Roberto Petri, que na década de 1950 trabalhava no jornal *A Gazeta Esportiva*, fala da época em que o Ponto Chic era uma extensão da redação do jornal:

> Durante boa parte da minha vida eu trabalhei na avenida Cásper Líbero, nas proximidades do Ponto Chic, que era um complemento natural da redação do jornal *A Gazeta Esportiva*. O bar era o local onde eu encontrava os amigos e também o lugar ideal para conseguir uma entrevista exclusiva com os cartolas do futebol ou colher informações sobre os acontecimentos da área. Como na época, entre 1954 e 1960, ainda não existia essa história de concentração, técnicos e jogadores se concentravam lá mesmo, no Ponto Chic, o que era bem mais interessante. Muitas vezes, eu vi o Oswaldo Brandão e o Vicente Feola esquematizando o jogo do dia seguinte nas mesas do Ponto Chic.

Para o jornalista Pedro Luís, na década de 1950, as brigas no Ponto Chic, por causa do futebol, sempre envolviam Corinthians e Palmeiras:

> Os grupos discutiam e bebiam muito chope. Como no Ponto Chic "não servia *pizza*", as discussões acabavam em brigas que, muitas vezes, continuavam do lado de fora, no largo do Paissandu, provando que, já naquela época, o futebol era uma paixão violenta, uma situação que iria piorar com o passar dos anos.
> Ao falar do Ponto Chic hoje, lembro com saudade da boemia daquele tempo. Coitadinha! Teve o mesmo fim que todos os outros setores da vida paulistana. A cidade vai crescendo, a gente vai ficando distante, vão surgindo outros lugares, outras pessoas, não existe mais a possibilidade de concentração. Hoje somos apenas um pedacinho desta imensidão que é São Paulo.
> Para mim, o Ponto Chic representa a melhor fase da minha vida. Foi a época em que eu sedimentei minha profissão, quando colhi meus primeiros frutos e cheguei até a ficar popular. E o Ponto Chic faz parte desse pedaço da minha história.

O casamento de Bauru Em 1950, Casimiro Pinto Neto continuava trabalhando na Rádio Record, mas havia trocado o gabinete do governador Adhemar de Barros por um cartório na Vila Maria. Certamente um presente do amigo político, que acabara de deixar o Palácio dos Campos Elíseos.

Também continuava um solteirão convicto. Pelo menos no papel, como ele costumava se gabar nas rodas de amigos que se formavam à sua volta nas mesas do Ponto Chic. De fato, a lista de belas mulheres que haviam passado pela vida do Bauru era bastante extensa. Até aparecer um gato na vida dele...

Quem conta essa história é Miriam Ribeiro Leite Pinto, a mulher de Casimiro – a única oficial, como ela mesma afirma:

> Eu conheci o Casimiro em 1951, quando ele estava com quase 40 anos de idade e já tinha o cartório. Tudo começou quando nos encontramos por acaso, no elevador do prédio onde eu morava. Na ocasião eu estava com um gatinho no colo e ele perguntou se eu gostava de gatos. Respondi que adorava, ele disse que também gostava e me prometeu um bichano de raça de presente. Alguns dias depois, lá estava ele na minha casa com uma caixa contendo um lindo gatinho. Foi a partir daquele momento que ficamos apaixonados.
> Na época, ele namorava a Odete Lara, mas nossa paixão foi fulminante. Casamos e tivemos duas filhas, Patrícia e Cássia, que foram criadas no meio de muitos gatos, pois ambos gostávamos dos bichinhos.

Miriam também lembra algumas curiosidades de Bauru:

> Casimiro era um jogador inveterado. Gostava de pôquer e *snooker*, e adorava apostar na sorte: comprava bilhete de loteria toda semana e jogava no bicho diariamente, sempre na centena 914, borboleta. Ele ganhava muito dinheiro jogando, mas era um péssimo perdedor: certa vez, fomos jogar buraco com alguns amigos e pela primeira vez eu

ganhei dele. Ficou tão nervoso que rasgou o baralho. Depois disso, nunca mais joguei com ele.

Também adorava futebol e era são-paulino roxo. Ele contava que em Bauru torcia para o Noroeste, o time da cidade, e ao se mudar para São Paulo continuou torcendo para o seu time do coração. Na primeira ocasião em que o Noroeste veio jogar na capital, contra o time do São Paulo, lá estava ele no estádio para engrossar a pequena torcida de Bauru. De pouco adiantaram seus gritos de incentivo e o Noroeste perdeu de 8 a 0. Ficou decepcionado, e a partir daquele dia tornou-se são-paulino fanático.

Em casa, era um grande companheiro, muito ligado à família e preocupado com os estudos das meninas, a quem sempre ajudava nos deveres escolares.

O circo no Ponto Chic Desde o início do século, o circo esteve presente no largo do Paissandu, onde as lonas eram armadas periodicamente, e o Ponto Chic se tornaria o endereço natural daqueles profissionais, uma tendência que se intensificaria nos anos 1950, quando o governo do estado designou um espaço para espetáculos circenses no Vale do Anhangabaú, próximo ao Viaduto Santa Ifigênia. O Ponto Chic foi eleito o local onde proprietários, empresários e artistas de circo se reuniam para marcar as datas dos espetáculos e realizar contratações, inclusive de duplas de música sertaneja.

Quem conta um pouco sobre o circo no Paissandu são os palhaços Arrelia e Dengoso, que dedicaram sua vida ao picadeiro e passaram parte de sua juventude no Ponto Chic.

Waldemar Seyssel, o Arrelia, como a maioria dos artistas circenses, é filho de gente do circo. O avô, membro da família dos condes Seyssel, na França, abandonou uma vida luxuosa para se casar com uma acrobata, filha de um dono de circo. Seu pai, Ferdinando, inicialmente foi para a Argentina, em seguida veio para o Brasil junto com um circo chileno, e anos depois montou seu próprio circo em São Paulo.

Neste depoimento, aos 91 anos, Arrelia retorna algumas décadas no passado e fala do circo no Paissandu, de seu trabalho e do Ponto Chic, que começou a frequentar na década de 1930:

> O largo do Paissandu sempre foi um centro de diversão. Lá existia um terreno baldio, onde vários circos montavam suas tendas. Meu pai veio para São Paulo com o circo chileno dos Irmãos Queirolo, um dos maiores da época, de onde surgiu o Piolim (Abelardo Pinto), que era ciclista acrobata e virou um dos palhaços mais famosos, e depois o Fuzarca, que anos depois, ao lado do companheiro Torresmo, formaria a dupla mais popular do circo e da televisão.
>
> Eu praticamente nasci no circo, onde fiz de tudo: acrobacia, malabarismos, trapézio. Meu pai, que era palhaço, sempre falava: você é tão alegre, gosta de contar piadas, um dia vai me substituir. A minha mãe era contra, pois queria que eu fosse advogado. Mas, um dia, numa das peças cômicas do circo, precisavam de uma criança que chorasse muito. Vieram minhas duas irmãs, me pintaram, vestiram e me jogaram no picadeiro. Eu caí em cima de uma bengala grossa, me machuquei de verdade e comecei a gemer, a chorar, e o povo começou a rir. Então eu pensei: estou agradando. Levantei, dei um pontapé no crioulo que estava enrolando um tapete e começou a maior confusão: ele passou a mão num pau e saiu correndo atrás de mim, até que foi seguro pelos outros colegas. O povo morria de rir, e aí meu pai chegou e falou: você vai ser o palhaço. Arrelia foi um apelido dado por um tio meu, durante uma briga com meus primos, pois ele falava que eu era "arreliento", um criador de confusão.
>
> Daquele tempo, lembro que o pessoal do circo vivia no largo do Paissandu, que tinha aquela igrejinha, a da Mãe Preta, onde muitas vezes eu ia assistir às rezas. Também havia um cinema e alguns bancos bem no centro da praça, onde se fazia jogo do bicho.
>
> Em 1941, meu pai e meu tio Vicente montaram seu próprio circo no largo da Pólvora, na Liberdade, onde ficamos durante onze anos, até 1952, quando tivemos que sair, pois o proprietário resolveu vender o

terreno. Foi assim que mudamos para uma área que ficava embaixo do Viaduto Santa Ifigênia, que pertencia ao governo do estado.

Quanto ao Ponto Chic, era uma atração especial. Lembro que, nos anos 30, toda vez que eu viajava com o circo chileno, de volta a São Paulo, corria para o Ponto Chic, onde tinha o bauru, o melhor sanduíche do Brasil. Era um lugar muito frequentado pelos boêmios, por gente do teatro, do cinema e pela maioria dos políticos. Funcionava praticamente 24 horas. Fechava, e já estava reabrindo.

Nos anos 50, quando estava com 40 e poucos anos, me aposentei do circo e fui para a televisão. Eram 38 pessoas na família trabalhando no circo, e quando o espetáculo fracassava, por causa das chuvas ou por outros motivos, ficava muito difícil para todos. Então, eu estilizei meu tipo de palhaço e fui fazer cinema, teatro, *shows*. Onde havia a possibilidade de ganhar um dinheirinho, lá estava eu. Acabei ficando 21 anos na TV Record.

Assim, Arrelia passou a divertir a garotada também na televisão. Quem não se lembra da marchinha que abria o programa *Cirquinho do Arrelia*, nas tardes de domingo na TV Record: "Como vai, como vai, como vai?/ Como vai, como vai, vai, vai?/ Muito bem, muito bem, muito bem!/ Muito bem, muito bem, bem, bem!"?

A exemplo de Arrelia, Carlos Fernandes, o palhaço Dengoso, também nasceu no circo, ou melhor, no largo do Paissandu, como ele mesmo afirma: "Na época, 1934, o circo dos Irmãos Queirolo, onde meu pai trabalhava como mágico, estava montado no largo do Paissandu".

Assíduo frequentador do Ponto Chic, Dengoso fala sobre a importância do bar para os artistas circenses:

> Eu fui pela primeira vez ao Ponto Chic em 1938, com apenas 4 anos de idade, levado pelo meu pai, para comer um sanduíche. Eu já era o palhaço Dengosinho e trabalhava no circo, de rosto pintado. Meu pai, Valentim Fernandes Salseto, espanhol radicado na Argentina, era mágico e esteve pela primeira vez no Brasil em 1928, para uma apre-

sentação no Teatro Municipal. Gostou da cidade e resolveu ficar por aqui, trabalhando no circo dos Irmãos Queirolo. Ele logo passou a frequentar o Ponto Chic, que já naquele tempo era o local onde os artistas circenses se reuniam.

A partir dos anos 40, o Ponto Chic passou a funcionar como uma espécie de escritório dos profissionais do circo. Os artistas que estavam sem trabalho procuravam os empresários circenses que, todas as segundas-feiras, se reuniam no Ponto Chic.

Na metade dos anos 50 eu resolvi me afastar do circo e fui trabalhar como garçom na boate Chicote, na praça da República, convidado pelo Sílvio Caldas, que era a atração da casa. Depois segui com ele para a boate Cave, na rua da Consolação. Foi lá que eu passei um período marcante da minha vida e me apaixonei pela noite.

Depois de dez anos naquela vida eu voltei para o circo, mesmo que indiretamente. Resolvi trabalhar com produções artísticas e abrir um escritório no largo do Paissandu, bem ao lado do Ponto Chic, que continuava o ponto de encontro dos artistas circenses e era o nosso verdadeiro escritório, principalmente às segundas-feiras, quando trapezistas, malabaristas, globistas e duplas sertanejas vinham à procura de um contrato para viajar com circos ou para apresentações em espetáculos de fim de semana. Foi assim que eu conheci muita gente no Ponto Chic: Sérgio Reis, Pedro Bento e Zé da Estrada, Tonico e Tinoco, Milionário e José Rico e muitos outros.

A "música de fossa" ganha espaço nos domínios de reis e rainhas do rádio

Na década de 1950, as rádios de São Paulo e do Rio de Janeiro praticamente monopolizavam os cantores de todo o Brasil, e as gravadoras disputavam os novos ídolos, sempre uma garantia de faturamento. Na metade da década, a indústria fonográfica dava um grande salto de qualidade e comodidade com a invenção do *long-play*, um disco de 33 rotações por minuto que permitia cerca de meia hora de gravação, ou seja, cinco ou seis músicas de cada lado. Além de melhorar a qualidade da reprodução sonora, graças ao microssulco e às novas vitrolas de "alta fidelidade", não seria mais necessário trocar de lado ao final de cada música. O LP marcava o início da expansão do mercado discográfico, permitindo o surgimento de novas gravadoras e acirrando ainda mais a disputa. Entre as estrangeiras, a RCA Victor dominava o mercado, seguida pela Odeon, Philips e Columbia, mas já enfrentando a concorrência das nacionais Copacabana, Continental e RGE.

O período foi importante para a consolidação de nomes revelados na década anterior, o lançamento de talentos e a consagração do samba-canção com músicas que marcariam época.

Linda Batista, uma das "Rainhas do Rádio", ensinava como curar a raiva e a dor de cotovelo em "Vingança" (1951), obra-prima de Lupicínio Rodrigues, um *expert* no assunto, e depois em "Risque" (1952), de Ary Barroso; Isaurinha Garcia fazia sucesso com "Mensagem", "Ah! Se eu pudesse" e "Corcovado"; Ângela Maria, apelidada de Sapoti por Getúlio Vargas, eleita "Princesa do Rádio" e depois "Rainha", estourou nas paradas em 1953 com "Não tenho você", seu primeiro grande sucesso. Seguiram-se "Fósforo queimado", "Vida de bailarina", "Orgulho", "Ave Maria no morro", "Lábios de mel" e a inesquecível "Babalu"; Inesita Barroso optava definitivamente pela música cabocla e folclórica ao interpretar "Viola quebrada", "Mineiro tá me chamando", "Leilão", "Moda da mula preta" e outros clássicos sertanejos; Nelson Gonçalves, o eterno boêmio, já na década anterior havia conquistado o espaço deixado por Orlando Silva, que, por problemas de saúde, abandonou a Rádio Nacional em 1947 e se afastou dos palcos. Datam daquela época seus primeiros sucessos, entre eles "Maria Betânia", "Normalista" e "Pensando em ti". Nos anos 1950, o novo "Rei do Rádio" consolidou sua popularidade com verdadeiros clássicos do samba-canção: "Última seresta", "Meu vício é você", "A volta do boêmio", "Mariposa", "Deusa do asfalto", "Fica comigo esta noite" e muitos outros.

A década também foi marcada pela consagração de Cauby Peixoto, o primeiro cantor a ser idolatrado de maneira doentia pelas fãs. Usando roupas extravagantes para a época, modificando o tom das melodias e até colocando versos inexistentes, às vezes em inglês, criou uma maneira diferente de cantar, obtendo sucesso imediato. Durante suas apresentações, entre crises de choro, desmaios e muita gritaria, bandos de mulheres enlouquecidas tentavam rasgar suas roupas. Considerado um indiscutível fenômeno popular por alguns, para outros a imagem de Cauby foi forjada pela Rádio Nacional e seu lançamento preparado nos moldes norte-americanos, com um grande esquema promocional e muita publicidade. A partir de 1956, quando gravou "Conceição", seu primeiro grande sucesso, tornou-se o cantor mais popular do país. Seguiram-se "Nono mandamento", "Prece de amor", "Ninguém é de ninguém" e uma série de versões, inclusive "É tão sublime o amor", versão de Love is a Many Splendored Thing. Mas nenhuma superou o sucesso de "Conceição". Com a queda da popularidade no Brasil, em 1959, numa jogada de *marketing* da gravadora Columbia, foi levado para os Estados Unidos onde, cantando em inglês e usando o nome de Ron Cobby, foi apresentado como o maior ídolo da canção popular brasileira. Com sua ousadia e irreverência, Cauby criou um estilo próprio, que beira entre o "brega" e o "chique", ao qual continua fiel até hoje.

Entre as boas revelações da década, a mais agradável foi Maysa, que surgiu em 1956 optando pela música de fossa, um gênero que já tinha em Nora Ney sua musa principal, além dos veteranos Dolores Duran, Lupicínio Rodrigues e Antônio Maria, mestres em aliviar, melodicamente, aqueles que sofriam de dor de cotovelo ou da incurável dor de corno. Ao interpretar "Meu mundo caiu", "Adeus" e "Ouça", autênticas tragédias existenciais, Maysa logo seria eleita a "Rainha da Fossa".

Na São Paulo daquela década, o palco ideal para ouvir aquele tipo de samba-canção eram as boates Oásis, na rua 7 de Abril, a Cave, na rua da Consolação, e a Michel, na rua Major Sertório, verdadeiros templos da música de fossa. Num ambiente sempre marcado pela pouca luminosidade, geralmente no tom lilás, a música servia como pano de fundo para reforçar o clima nostálgico, de arrependimento, onde a regra era um copo sempre cheio, o cigarro (sem filtro) aceso, o olhar perdido e muitas lágrimas, quando uma cantora sussurrava os versos de "Ninguém me ama", de Antônio Maria: "Ninguém me ama, ninguém me quer/ ninguém me chama de meu amor". Haja choradeira.

Mas, entre tanta dramaticidade, caberia a Elizeth Cardoso, uma intérprete já bastante conhecida entre os amantes da noite, lançar a semente de uma nova tendência musical. Muito antes de ser "A Divina", Elizeth foi *taxi-girl* no Salão Verde do Prédio Martinelli, e no decorrer da década anterior já havia gravado algumas músicas de relativo sucesso. A popularidade viria em 1951, com "Barracão", e a consagração em julho de 1958, com o LP *Canção do amor demais*, reunindo composições dos novatos Antônio Carlos Jobim e Vinicius de Moraes, sendo acompanhada ao violão por um baiano recém-chegado ao Rio, quase desconhecido e que tocava de maneira esquisita: João Gilberto. Além da faixa-título, o disco trazia "Chega de saudade", música considerada o ponto de partida para o nascimento da bossa nova, um gênero que, alguns meses depois, iria renovar e modernizar a MPB.

Com o surgimento da Bossa Nova, e também devido às novas tendências que começavam a dominar o mundo, o final dos anos 1950 apontava para grandes mudanças no cenário musical brasileiro.

Rock'n'roll, uma revolução musical

No final da Segunda Guerra Mundial, mesmo tendo entrado no conflito quando diversos fatores, entre eles a falta de dinheiro e a escassez de armamentos, aliados ao alto número de baixas e ao desgaste psicológico dos países envolvidos apontavam para um final melancólico da guerra, na qual não haveria vitoriosos nem derrotados, os Estados Unidos assumiram o papel de "vencedores". Para mostrar seu poderio bélico e seus avanços atômicos, os defensores da democracia descarregaram suas bombas sobre duas indefesas e já derrotadas cidades japonesas, matando principalmente velhos, mulheres e crianças, pois os homens adultos sobreviventes à guerra ainda integravam as fileiras do exército japonês.

Nos anos 1950, tendo como linha de conduta a filosofia do sombrio senador Joseph McCarthy, que pregava uma implacável caça aos comunistas, os Estados Unidos, além de alimentar a Guerra Fria em todo o mundo, sempre em nome da democracia, patrocinaram diversas guerras na Ásia (Coreia, Formosa, Vietnã), e entrariam a todo vapor na corrida espacial com a União Soviética. Os russos lançaram seu primeiro satélite, o *Sputnik I*, no dia 4 de outubro de 1957, e um mês depois foi a vez do primeiro ser vivo no espaço, quando o *Sputnik II* subiu levando a bordo a cadela Laika. Por sua vez, os americanos lançariam sua primeira nave espacial somente em 1958, o *Explorer I*. Iniciava-se, assim, a grande batalha pela conquista do espaço, que no decorrer das décadas seguintes seria travada entre os dois países.

Além das guerras, os Estados Unidos resolveram exportar também seus hábitos, tarefa facilitada pela popularidade do cinema de Hollywood. A começar pela Coca-Cola, uma bebida gaseificada inventada por acaso (seu criador estava tentando descobrir a fórmula de um novo xarope para uso medicinal) e que se revelaria uma grande arma de Tio Sam para conquistar o mundo, os norte-americanos passaram a difundir tudo o que era produzido e consumido em seu país, desde os enormes e reluzentes "carrões" (os Studebaker, Oldsmobile e Chevrolet Bel Air eram a coqueluche da burguesia paulistana), ao revolucionário e higiênico Modess, uma novidade que, quando lançado no Brasil, em 1958, passou a ser usado, timidamente, apenas pelas mulheres consideradas modernas.

Na época, a grande moda nos salões de baile dos Estados Unidos era dançar os ritmos latinos, principalmente bolero, rumba, calipso, mambo e chá-chá-chá, os mesmos que animavam as intermináveis festas promovidas pelos cassinos cubanos nos tempos de Fulgêncio Batista, quando a famosa ilha não passava de um reduto de milionários norte-americanos em busca de prazer e diversão. Proliferaram muitas orquestras típicas, no estilo Românticos de Cuba, em sua maioria produzindo um som pasteurizado, feito apenas para dançar. Os grandes astros, bem mais originais, foram os *bandleaders* Xavier Cugat, com seus bailarinos ensinando a dançar chá-chá-chá no palco, e o formidável Pérez Prado, também conhecido como o "Rei do Mambo". Assim, nos anos 1950, via Estados Unidos, o mundo todo sacudiu as ancas ao som de "Chá-chá-chá de la secretária", "Tequila", "Mambo Jambo", "Mambo nº 5", "Mambo nº 8", "Patricia" e outros sucessos oriundos da ilha caribenha. No final da década, a revolução encabeçada por Fidel Castro e Ernesto "Che" Guevara acabaria com a festa e Cuba deixaria de ser o "balneário" dos norte-americanos, passando a viver sua própria realidade. Mas seus ritmos já dominavam o mundo e, sobretudo Pérez Prado, continuaria sua carreira de sucesso pela Europa até a metade dos anos 1960.

Outra grande revolução, porém apenas musical, já havia sido deflagrada lá mesmo, nos Estados Unidos, em 1955. O grito de guerra começava com uma contagem: "one, two, three, four...", seguida por uma alucinante batida, repetitiva e contagiante, por sons estridentes de guitarras e pelas novas palavras de ordem: "Rock around the clock... Tonight...". Era o nascimento do *rock'n'roll*, ao som do ritmo detonado por Bill Halley e Seus Cometas com "Rock around the clock", música incluída na abertura do filme *Sementes da violência*, de 1955, na mesma época em que James Dean explodia nas telas em *Juventude transviada*, dando início aos que seriam conhecidos como "Anos Rebeldes". Ao decretar que "as pedras rolassem", nem mesmo Bill Halley imaginava que os quadris dos jovens do mundo inteiro iriam rolar junto, e que o novo gênero musical estava ativando um verdadeiro vulcão musical adormecido.

A erupção ficaria por conta de um furacão chamado Elvis Presley, um ex-chofer de caminhão da cidade de Memphis que, usando roupas de couro justas, praticamente coladas ao corpo, cantava rebolando e fazendo gestos insinuantes, considerados imorais para a época. Em todas as cidade onde se apresentava, o novo ídolo provocava ataques histéricos nas adolescentes que, enlouquecidas por uma excitação incontrolável, gritavam e pulavam sem parar, algumas chegando ao delírio, outras desmaiando, criando um clima de alucinação coletiva. Muitos pais de família ficaram revoltados, proibindo as filhas até de ouvir suas músicas e, depois dos protestos de líderes cívicos e religiosos, alguns espetáculos foram interrompidos pela polícia com a alegação de que os gestos do cantor eram obscenos, o que fez aumentar ainda mais a popularidade de Elvis e do novo ritmo.

Fruto da integração da música negra, em especial o *rhythm and blues*, com a música rural urbana, duas correntes consideradas minoritárias e até então marginalizadas por emissoras de rádio e gravadoras, o *rock* foi responsável por essa fusão e pela abertura que os dois segmentos receberiam em seguida, impulsionando seu crescimento individual. Logo surgiram outros adeptos, alguns negros, entre eles Fats Domino e Little Richard, além de Jerry Lee Lewis, Chuck Berry e muitos outros, como também algumas correntes dentro do *rock'n'roll*: o *rockabilly*, que tinha como expoentes Buddy Holly, Carl Perkins e depois o próprio Elvis, e o chamado *doo-woop*, marcando o aparecimento de dezenas de grupos vocais, em sua maioria formados por negros oriundos do *gospel*, entre os quais se destacaram The Platters, The Drifters e The Coasters. Ao mesmo tempo, preocupados em agradar aos pais dos jovens das famílias mais conservadoras, os empresários das gravadoras trataram de criar ídolos bem comportados que, mesmo cantando *rock'n'roll*, se pareciam com os filhos, sobrinhos ou netos do americano padrão, podendo até mesmo ser confundidos com o filho do vizinho do outro lado da rua. Foi assim que Pat Boone, Frankie Avalon, Bobby Darin, Neil Sedaka, o canadense Paul Anka, a dupla The Everly Brothers e muitos outros conquistaram as paradas americanas e depois mundiais. Entre as cantoras, o grande destaque foi a rouca Brenda Lee.

Mais que um gênero musical, o *rock'n'roll* se revelaria uma tendência que mudaria radicalmente o comportamento de jovens e adolescentes em todo o mundo. Para os rapazes, andar na moda significava usar apertados *blue jeans*, camiseta branca, blusão de couro, sapatos de camurça azul e muita brilhantina no cabelo, e, para as moças, o visual exigia saia rodada, meia soquete e rabo de cavalo. A grande curtição dos *teenagers* norte-americanos, além de ouvir e dançar os sucessos do *rock'n'roll*, era tomar 7up, andar de lambreta e, nos fins de semana, pedir o carro emprestado aos pais para namorar nos *drive-ins*. Esse era o lado alegre da América, e os jovens aproveitavam para curtir aqueles "anos dourados" indiferentes às disputas entre americanos e soviéticos.

É claro que, ao lado daquele mundo cor-de-rosa, também surgiriam alguns problemas. Quando o filme *Juventude transviada* foi exibido nos cinemas, causou um alvoroço geral. No filme, James Dean era um adolescente, filho de pais ricos, que, ao mudar para outra cidade, tem de se adaptar ao novo ambiente, onde predomina a delinquência juvenil. Entre brigas violentas, liberdade sexual e choques com a polícia, o filme abordava uma questão até então considerada irrelevante: o conflito de gerações. Com o surgimento do *rock'n'roll*, quase na mesma época, essa tendência ganharia mais força; afinal, o novo ritmo também era sinônimo de liberdade dos costumes, tornando-se a maneira de os adolescentes manifestarem sua rebeldia, até então reprimida pelos valores morais da sociedade.

Yés, nós também temos roqueiros... No Brasil, para espanto dos boêmios, quem deu os primeiros acordes do novo ritmo foi Nora Ney, a grande musa da música de fossa, que, em 1955, devido ao sucesso de *Sementes da violência* por aqui, foi convidada a gravar justamente "Rock around the Clock". Motivo: era a única contratada da Rádio Nacional que sabia falar inglês. Mesmo obtendo certo sucesso, Nora não quis se tornar também "musa do *rock*", preferindo continuar no gênero que a imortalizara. Em seguida, com a chegada dos grandes sucessos internacionais, a adesão à nova onda foi imediata e a juventude brasileira caiu no embalo do *rock'n'roll*. Porém, aquela semente lançada por Nora Ney começaria a brotar, e logo surgiram diversas tentativas de nossos cantores, algumas oportunistas, como foi o caso de Cauby Peixoto, ou ingênuas, quando Agostinho dos Santos gravou "Até logo, jacaré", versão de "See You Later, Alligator", de Bill Halley, em 1957. No mesmo ano, Carlos Gonzaga alcançava algum êxito com a versão brasileira de "Diana", de Paul Anka, e Sérgio Murilo fazia sucesso com "Marcianita".

Finalmente, em março de 1958, os irmãos Tony e Celly Campello, nascidos na cidade paulista de Taubaté, chegaram para arrombar a festa. Ele tinha 22 e ela 15 anos quando lançaram seu primeiro disco, um compacto com as músicas "Forgive me", cantada por Tony, de um lado, e

"Handsome boy", com Celly, do outro. Mesmo vendendo pouco, o disco agradou e os dois irmãos davam início à primeira geração de roqueiros brasileiros. Na verdade, o grande salto foi dado por Celly ao interpretar "Estúpido cupido", uma versão de Fred Jorge para "Stupid Cupid", sucesso mundial de Neil Sedaka. O disco estourou nas paradas e, aos 16 anos, Celly Campello já era nossa "Rainha do *rock*", impulsionando também a carreira de Tony.

Ao se tornarem um fenômeno musical, Tony e Celly fariam muita coisa juntos: além de gravar discos, passaram a cruzar os ares do Brasil (nas asas da Panair, é claro) para cumprir uma agenda interminável de *shows*. Na TV, ainda em 1958, participaram do programa *Campeões do Disco*, na Tupi, e no ano seguinte foram comandar o programa *Celly e Tony em Hi-Fi*, na Record. No cinema, participaram dos filmes *Jeca Tatu* e *Zé do Periquito*, ambos com Mazzaropi.

Individualmente, a trajetória de Celly Campello foi meteórica, emplacando um sucesso depois do outro: "Banho de lua", "Lacinhos cor-de-rosa", "Broto certinho" e outros. No final da década, aos 18 anos, a cantora era presença obrigatória na TV, no cinema e nas capas de revistas, seu rosto era o mais conhecido do Brasil e recebia cartas de amor de todo o país. Celly Campello era a namorada que todos queriam ter.

A exemplo do que acontecia no restante do mundo, o filme e o novo ritmo também influenciariam a juventude brasileira, principalmente nas grandes cidades. Em São Paulo, no final da década, grupos de jovens barulhentos passaram a infernizar as noites paulistanas, até então tranquilas, com o som estridente de guitarras e o ronco de motocicletas. Era a chamada "juventude transviada" em ação, e seu palco era toda a extensão da rua Augusta.

Anos JK: o início de uma nova era Após o suicídio de Vargas, em agosto de 1954, o Brasil presenciaria uma sucessão de mandatos presidenciais. O primeiro a assumir foi o vice-presidente João Café Filho, que, ao ficar doente, foi substituído interinamente pelo presidente da Câmara dos Deputados, Carlos Coimbra da Luz, no dia 3 de novembro de 1955. Efetivado no cargo no dia 9 do mesmo mês, Carlos Luz foi obrigado a renunciar dois dias depois, no dia 11, após um golpe militar encabeçado pelo general Henrique Teixeira Lott. O objetivo do golpe era garantir a posse do presidente eleito, o mineiro Juscelino Kubitschek de Oliveira, cuja eleição, com apenas 36% dos votos, vinha sendo contestada pela oposição, que exigia sua impugnação alegando que o candidato não obtivera maioria absoluta. Em seguida foi a vez de Nereu de Oliveira Ramos, presidente do Senado, que governou o país sob estado de sítio até 31 de janeiro de 1956, quando transmitiu o cargo a Juscelino.

Ao tomar posse, com o *slogan* "50 anos em 5", JK pôs em prática seu Plano de Metas, dando início a um período de crescimento acelerado do país, lançando as bases da indústria automobilística e incentivando a indústria naval, além de impulsionar a produção siderúrgica e energética. Em 1957, JK viabilizava seu projeto mais polêmico ao iniciar a construção de Brasília, que seria inaugurada em 1960 como a nova capital do país. Apesar de sua popularidade, Juscelino enfrentaria forte oposição, principalmente do Senado. Seus inimigos o acusavam de abrir o país para o capital estrangeiro e o culpavam pelo aumento da inflação.

De qualquer maneira, os anos JK seriam testemunho de uma grande euforia nacional, quando o Brasil passou a compartilhar dos avanços tecnológicos que marcaram a década em todo o mundo, e, em especial para São Paulo, representaram um período de grande crescimento econômico, pois, por causa da localização privilegiada, e principalmente pelo poder econômico e de sua força de trabalho, a cidade foi escolhida para sediar as primeiras indústrias automobilísticas. Os resultados não demoraram, e o Brasil logo teria seu carro nacional, o pequeno Romi-Isetta, que, mesmo parecendo uma miniatura de automóvel, no início foi um sucesso, certamente por se tratar de uma novidade. Em seguida foi a vez de um modelo fabricado pela multinacional italiana Alfa Romeo, um automóvel de porte médio batizado de JK, em homenagem a Juscelino, que obteve boa aceitação. As montadoras internacionais logo começaram a chegar, instalando suas enormes fábricas no ABC paulista: da Alemanha vieram a Volkswagen e a DKV-Vemag, da França a

Dauphine, dos Estados Unidos a Willys, a Chrysler, a Ford e a General Motors. No mesmo período, o país também deu início à produção de caminhões, com a instalação das montadoras FNM-Alfa Romeo, Scania-Vabis e a Mercedes-Benz, que também fabricaria ônibus urbanos.

Com a consolidação da indústria automobilística, passou a se desenvolver também a indústria de autopeças, aumentou o número de oficinas mecânicas e surgiram as primeiras lojas de equipamentos para automóveis, ampliando consideravelmente o número de oportunidades de trabalho. São Paulo iniciava uma nova era, tornando-se a cidade cobiçada pela maioria dos países industrializados interessados em investir no Brasil, que passara a ser considerado "O país do futuro".

Surge o mito Pelé, e o Brasil é campeão mundial

A década não havia começado bem para o futebol brasileiro, que, em 1950, perdeu a Copa do Mundo para o Uruguai em pleno Maracanã, no Rio de Janeiro. A derrota brasileira, naquela fatídica final de 16 de julho, causou profunda tristeza em todo o Brasil, e no Ponto Chic não foi diferente, como lembra Antônio Alves de Souza:

> Foi um ano muito triste para o nosso futebol. No dia da final, o Ponto Chic estava lotado e todos acompanhavam em silêncio a transmissão de Pedro Luís pela Rádio Panamericana. Com a derrota, a tristeza foi geral, mas no Ponto Chic foi muito maior, pelo fato de ser o local preferido pelo pessoal do futebol. Até parecia que o Brasil havia perdido uma guerra.

Depois veio a Copa de 1954, na Suíça, onde a participação brasileira foi apenas discreta, esbarrando no futebol-arte da Hungria de Puskas, Boszki e Kocsis, nas quartas de final.

Em São Paulo, aquele título de campeão do IV Centenário haveria de ser comemorado pelos torcedores do Corinthians por mais de duas décadas, pois o time ficaria 22 anos na fila, sem ganhar nenhum título, o que se tornaria motivo de gozação por parte das outras torcidas. As brincadeiras eram as mais variadas, envolvendo desde ciências ocultas, passando pela crença da existência de macumbas feitas pelas torcidas adversárias, como a história de um sapo enterrado no Parque São Jorge, sede do clube, ou pela profusão de adesivos reproduzindo um sujeito enforcado e a frase "Sou corintiano", culminando com as folclóricas tabuletas com a frase "Fiado? Só quando o Corinthians for campeão...", afixadas em todos os botecos e padarias da cidade, certamente uma desforra dos torcedores da Portuguesa de Desportos, outro time que, inutilmente, perseguia um título de campeão paulista.

Mas, brincadeiras à parte, durante muitos anos o grande culpado pelo longo jejum do Corinthians não tinha nada de sobrenatural. Tratava-se apenas de um jogador de futebol, portanto, era humano e tinha nome: Edson Arantes do Nascimento, o Pelé.

Vestindo a camisa número 10 do Santos Futebol Clube, em 1958, aos 17 anos, Pelé se tornaria o grande astro do futebol paulista, batendo para sempre a artilharia num campeonato, marcando 58 gols, dando o título ao time praiano, que iniciaria uma longa série de conquistas, nacionais e internacionais.

Finalmente, na Copa de 1958, na Suécia, depois de uma campanha brilhante, no dia 29 de junho, o Brasil conquistou pela primeira vez a Taça Jules Rimet. A comemoração foi geral, e nas ruas todos gritavam os nomes dos heróis: Garrincha, Didi, Zito, Nilton Santos, Zagallo, Gilmar e de todos os outros, mas em especial do garoto Pelé, que chorara copiosamente ao final do jogo memorável contra a Suécia, quando o Brasil venceu por 5 a 2. No dia da chegada dos jogadores à cidade, São Paulo praticamente parou, com o Vale do Anhangabaú, a avenida São João e outras ruas tomadas por uma verdadeira massa humana querendo saudar os campeões. Todos queriam ver o jovem Pelé, o futuro Rei do Futebol.

Ao ganhar a Copa, o futebol brasileiro alcançava o topo com seu primeiro título mundial, uma façanha que seria repetida no ano seguinte pela tenista paulista Maria Esther Bueno, que no dia 4 de julho de 1959, aos 19 anos, conquistou o torneio internacional de Wimbledon, na Inglaterra.

A elite invade a rua Augusta Para fugir da onda de verticalização da região central, desde o início dos anos 1950 muitos paulistanos resolveram subir os morros que cercavam a cidade, onde construíram amplas residências. Foi quando surgiram os chamados "bairros altos", que se tornariam sinônimo de *status*, social e econômico: Alto da Boa Vista, Brooklin, Sumaré, Chácara Flora, Cantareira e outros. Ao mesmo tempo, a Cia. City iniciou a urbanização de grandes áreas desertas, criando os bairros de Alto de Pinheiros e Alto da Lapa, criteriosamente planejados e voltados para a classe média. Na mesma época, a exemplo do que ocorrera na década anterior no bairro do Pacaembu, luxuosas mansões da burguesia paulista foram ocupando as ruas arborizadas dos novos e elegantes bairros Jardim América, Jardim Europa, Jardim Paulistano e Cidade Jardim, que eram uma extensão do pioneiro Jardim Paulista. Outros optariam pelo Morumbi, o mais novo endereço nobre da cidade, mas ainda distante e pouco habitado.

Acompanhando essa tendência, desde o início da década algumas lojas vinham se instalando timidamente na rua Augusta. Por sua vez, sempre atentos ao comportamento do mundo dos negócios, na metade da década, os comerciantes da rua Barão de Itapetininga notaram que o segmento voltado à classe média já predominava na rua Augusta e avançava em direção à avenida Paulista. Também constataram que mesmo a clientela das lojas mais luxuosas comparecia com menos frequência a seus estabelecimentos, alegando problemas de distância, trânsito congestionado e dificuldades de estacionamento. Mas, na verdade, eram os tempos que estavam mudando. Em poucos anos, verificou-se uma verdadeira debandada para a rua Augusta, quando a maioria daqueles lojistas da Barão atravessaria a avenida Paulista em direção aos Jardins, levando o comércio sofisticado para mais perto da elite.

Ao mesmo tempo, ao se criarem mais empregos graças ao incremento da construção civil e à nascente indústria automobilística, São Paulo atraiu ainda mais gente em busca de trabalho, passando a enfrentar sérios problemas habitacionais.

Como alternativa, os municípios do ABC, Santo Amaro, Osasco, Guarulhos e outros bairros onde as indústrias se instalaram, até então considerados distantes e isolados, passaram a receber boa parte da nova leva de trabalhadores. Em seguida, com a criação de linhas de transporte ligando São Paulo à maioria daqueles bairros, núcleos habitacionais foram surgindo no caminho, ocupando áreas que, devido ao acesso difícil, ou por serem até então consideradas zona rural, continuavam desabitadas. Assim, enquanto a região central crescia para o alto, para enfrentar o aumento da população ocasionado por mais uma corrente migratória, a cidade foi obrigada a crescer também para os lados. Como resultado, o final da década apontava para uma triste e irreversível realidade: boa parte da população paulistana se distanciava do centro, principalmente as classes mais abastadas.

Em 1958, o empresário da hotelaria José Tjurs, o mesmo que havia sido proprietário do Tabu, o famoso cabaré do largo do Paissandu, inaugurava o Conjunto Nacional, um enorme edifício que ocupava uma quadra inteira formada pela avenida Paulista, alameda Santos, e pelas ruas Augusta e Padre João Manoel. O prédio, projetado pelo arquiteto David Libeskind, foi edificado em duas lâminas, sendo uma vertical, destinada a escritórios e residências, e outra horizontal, abrigando um centro de compras, lançando o comércio de galerias, que se transformaria na mais nova mania paulistana.

Com o Conjunto Nacional, a cidade ganhava seu ponto mais alto e iniciava a verticalização da região, uma tendência que, já a partir da década seguinte, transformaria completamente a avenida Paulista.

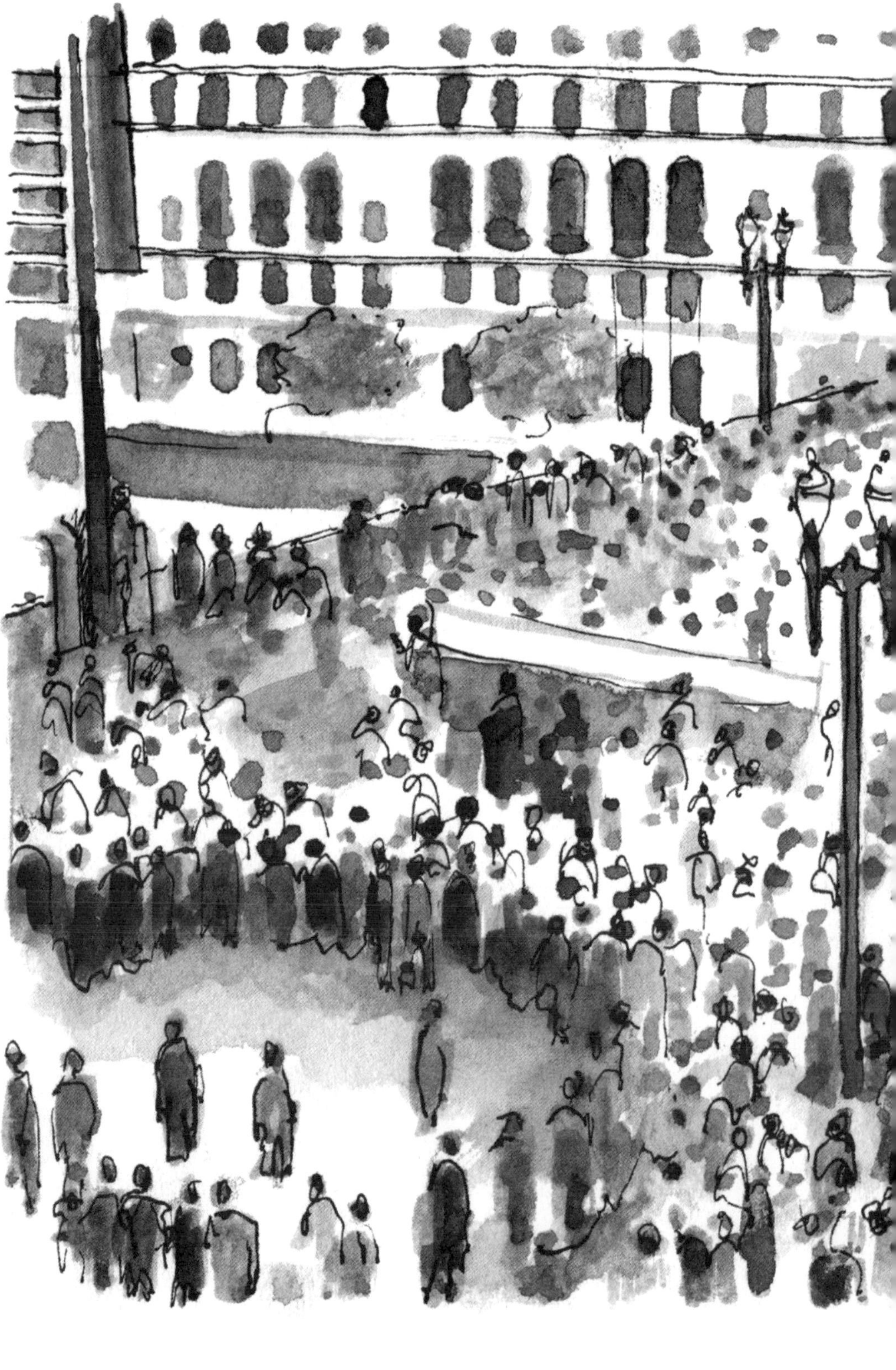

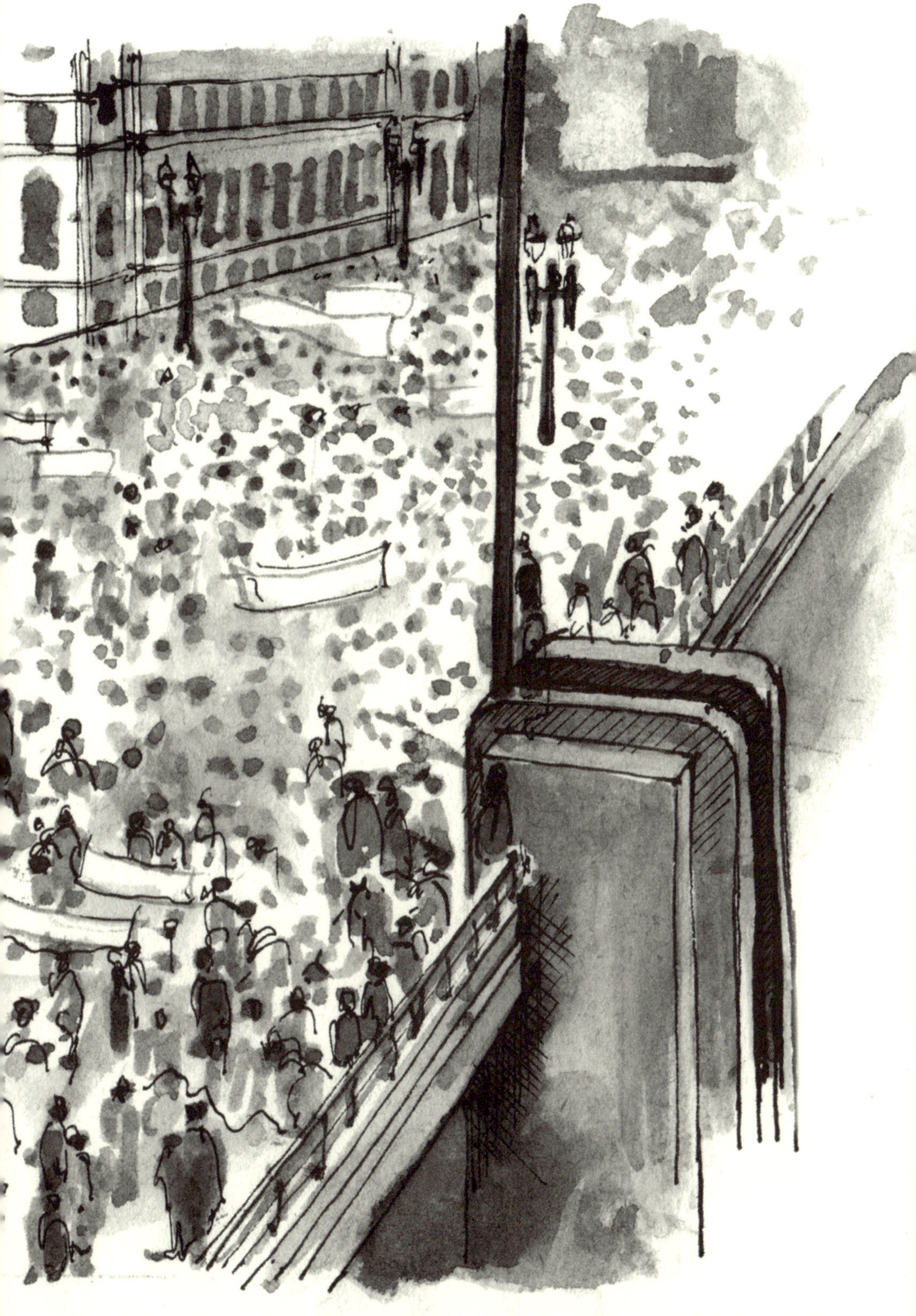

Anos 1960

Quando a liberdade é sufocada,
e até o livre cantar é proibido,
sombras negras envolvem a cidade

O poder das forças ocultas Em 1960, contando com a força partidária que resultou da aliança do PTB com a UDN, Jânio Quadros foi eleito presidente da República com mais de 5,5 milhões de votos, a maior votação conseguida até então por um político brasileiro. Ao tomar posse em 31 de janeiro de 1961, levando para Brasília sua postura extrovertida, o país achou que podia respirar aliviado, pois sendo Jânio uma figura bastante popular, certamente o povo seria o maior beneficiado. Além disso, com sua vassourinha, ele prometia lutar contra a corrupção, o grande monstro que assolava a administração pública.

Mas, em seus poucos meses de governo, Jânio mostraria que, como era seu costume, gostava de atuar sozinho, de maneira independente, não respeitando os acordos anteriores à eleição e muito menos seus compromissos partidários. De imediato, criou os ministérios de Minas e Energia e o de Indústria e Comércio, iniciou a luta contra a corrupção administrativa, acabou com os privilégios cambiais dos importadores de trigo e de petróleo e limitou a remessa de lucros para o exterior, medidas que foram alvo de muitas críticas. Em seguida, contrariando as ordens que vinham da terra de tio Sam, deu início aos entendimentos de abertura comercial e diplomática com Cuba, ampliando o número de descontentes. Ao manifestar seu apoio à Revolução Cubana, Jânio praticamente rompeu com a UDN, um dos partidos que o apoiara, e por isso começou a ser pressionado dentro e fora do país.

O primeiro a desferir violentos ataques a Jânio foi Carlos Lacerda, que havia sido eleito governador do estado da Guanabara pela UDN. Reeditando as brigas da década anterior envolvendo Vargas e Lacerda, novamente entraram em cena os jornais *Tribuna da Imprensa*, cujo proprietário era Lacerda, e *Última Hora*, de Samuel Wainer, que apoiava Jânio, alimentando a troca de acusações dos dois políticos. Nas charges do *Última Hora*, Lacerda era retratado como um corvo, simbolizando desventuras para o país.

A situação iria piorar depois da visita do revolucionário e ministro cubano Ernesto "Che" Guevara ao Brasil, que no dia 19 de agosto de 1961 foi recebido por Jânio e agraciado com a Ordem do Cruzeiro do Sul. No dia 24, num violento pronunciamento pela TV Tupi de São Paulo, Lacerda denunciava a organização de um golpe de estado para consolidar uma ditadura janista. No dia seguinte, para surpresa de todos, numa decisão inesperada, Jânio Quadros renunciou à presidência.

Em 25 de agosto de 1961, o jornal *Folha de S. Paulo* assim noticiava a renúncia:

> BRASÍLIA, 25 (URGENTE) – O presidente Jânio Quadros acaba de renunciar à Presidência da República. A informação foi comunicada à imprensa pelo sr. Castello Branco, secretário de Imprensa do Governo. Após renunciar, o presidente Jânio Quadros embarcou para São Paulo, por volta das 11 horas. O documento de renúncia está sendo entregue neste momento ao Congresso Nacional pelo ministro da Justiça. Ontem, o presidente chegou ao palácio, como de hábito, às 6h30 e, depois de rápidos despachos com o chefe da Casa Militar, conversou pelo telefone com o chefe da Casa Civil. Nesses primeiros contatos, o presidente revelou a decisão de renunciar, informando que, após a solenidade do Dia do Soldado, redigiria o documento indispensável. Terminadas as conversações no Ministério da Guerra, o presidente voltou ao palácio, chamando ao seu gabinete o general Pedro Geraldo e os srs. Quintanilha Ribeiro, José Aparecido de Oliveira e Pedro Horta e lhes informou: "Renunciarei agora à Presidência. Não exercerei o cargo com a autoridade rebaixada perante o mundo. Não nasci presidente.

Nasci, sim, com a minha consciência e é a esta que devo atender e respeitar. Ela me diz que a melhor fórmula que tenho agora para servir ao povo e à Pátria é a renúncia".

Muito se falou a respeito da renúncia de Jânio, inclusive que ele esperava um levante popular e militar que o levaria de volta à Presidência, onde teria poderes absolutos. Alguns setores acusaram Lacerda de querer vender o país aos norte-americanos, outros culparam a inércia do povo brasileiro. Mas sabemos que toda e qualquer interpretação não passou de mera especulação, e as únicas respostas que ficaram foram as justificativas, mesmo subjetivas, do próprio Jânio que, num primeiro momento, alegou a existência de "forças ocultas" que o teriam derrubado, e depois proferiu aquela famosa frase: "Fi-lo porque qui-lo".

Com 5 milhões de habitantes, uma cidade ainda mais vibrante

Indiferente aos conflitos do Planalto Central, São Paulo continuava sua escalada rumo ao progresso. Com a chegada das grandes multinacionais de diversos setores, principalmente nos segmentos de higiene e alimentação, até então dominados pelas indústrias Matarazzo, acelerou-se o processo de desenvolvimento econômico, impulsionando ainda mais o crescimento populacional. No início da década, a cidade alcançava os cinco milhões de habitantes, ingressando no restrito grupo formado pelas maiores metrópoles do mundo. Em 1961, Prestes Maia estava de volta à Prefeitura Municipal, dessa vez eleito pelo voto popular, o que representava uma garantia de muitas obras de modernização urbana.

Ao passar pelas ruas da região central, o paulistano olhava orgulhoso para o alto e, com certa dificuldade, tentava contar, pela quantidade de janelas, o número de andares dos novos arranha-céus que surgiam de um dia para outro, como num passe de mágica.

Considerado o coração financeiro da cidade, o centro velho continuava mantendo algum requinte. Na época, as ruas Boa Vista, 15 de Novembro, São Bento, Álvares Penteado, Líbero Badaró e arredores ainda concentravam a maioria dos bancos, os escritórios de grandes indústrias, a Bolsa de Valores e uma infinidade de corretoras e financeiras. A qualquer hora do dia, era comum encontrar executivos no balcão dos cafés ou passar por grupos que trocavam ideias e informações nas famosas rodinhas que se formavam no largo do Café ou na praça Antônio Prado, como também era possível ver algum renomado banqueiro atravessando a praça do Patriarca ou caminhando pela rua da Quitanda e ricos empresários devorando uma deliciosa coxinha no Guanabara, concorrido restaurante da rua Boa Vista. Os políticos, sempre à procura de apoio, principalmente financeiro, também marcavam presença no domínio dos banqueiros (muitos deles também eram candidatos a cargos públicos), sem deixar de passar pela movimentada rua Direita, um verdadeiro formigueiro humano, distribuindo sorrisos e abraços aos possíveis eleitores. Na São Paulo daquele tempo ninguém precisava de segurança particular, quando os sequestros ainda não estavam na ordem do dia e a criminalidade não fazia parte do cotidiano do paulistano.

Em função da presença do poder financeiro, diversos estabelecimentos comerciais também faziam questão de continuar em seus endereços tradicionais, onde haviam se instalado nas décadas anteriores. Ninguém podia imaginar a rua São Bento, por exemplo, sem a Botica Ao Veado d'Ouro, onde o cheiro agradável de suas ervas chegava às pessoas que por ali passavam e predominava em um longo trecho da rua. Na esquina com a rua da Quitanda, a Casa Fretin, especializada em aparelhos cirúrgicos, era o endereço obrigatório para médicos, dentistas, enfermeiros e outros profissionais da saúde, além de oferecer à população diversos acessórios hospitalares para uso doméstico. Para combater o calor, lá estava a pequena, mas sempre lotada Casa Califórnia, com seus saborosos e refrescantes sucos de frutas além de suculentos sanduíches de salsicha e linguiça. Na mesma rua, também se encontravam as lojas de sapatos finos, entre elas Sutoris.

Contrastando com os aromas agradáveis das ervas e das linguiças, o mau cheiro da rua São Bento ficava por conta do Prédio Martinelli, de onde exalava um forte odor de creolina misturada com outros desinfetantes. Já em plena decadência, o Martinelli abrigava todo tipo de inquilinos, onde antigos moradores compartilhavam o edifício com sindicatos, partidos políticos e até escritórios de um banco, além de conviver com agiotas, bicheiros, traficantes, receptadores de objetos roubados, prostitutas, gigolôs, desocupados e outros elementos de pouca reputação.

Numa época em que a maioria dos homens usava roupas feitas sob medida, centenas de alfaiatarias se espalhavam em quase todos os edifícios, indiferentes ao avanço das lojas de roupas prontas que faziam muito sucesso entre os mais jovens, sempre à procura de rapidez e cortes mais modernos. As mais famosas eram as lojas Clipper, A Exposição, Garbo, Metropolitana e Ducal (o nome significava Duas Calças, pois os ternos vinham com uma calça extra).

No centro velho também era possível encontrar excelentes livrarias, entre elas a Freitas Bastos, na rua 15 de Novembro, e a Francisco Alves, na rua Líbero Badaró, boas lojas de música, entre as quais se destacava a Casa Bevilácqua, na rua Direita, especializada em partituras, instrumentos musicais e discos, além de restaurantes tradicionais e algumas leiterias.

Em plena praça do Patriarca, o antigo prédio do Mappin dava lugar ao gigantesco edifício do banco Moreira Salles, uma obra que duraria vários anos, para transtorno dos pedestres que seguiam pela rua São Bento. Mais adiante, na esquina com a rua Líbero Badaró, no local onde ficava o antigo Palacete Prates, subia outro enorme arranha-céu, o edifício Conde Prates. Ao atravessar o Viaduto do Chá, valia a pena uma pausa bem no meio do caminho e admirar a paisagem por sobre o Vale do Anhangabaú, na época o mais conhecido cartão-postal da cidade.

Na praça Ramos de Azevedo, o Mappin era uma festa permanente de luzes, cores e muita agitação. Um convite ao consumo. Do outro lado, as escadarias do Teatro Municipal, sempre repletas de estudantes, eram o lugar ideal para os jovens poetas declamarem seus versos.

Mais adiante, já no chamado centro novo, a Barão de Itapetininga ainda conservava um pouco do charme da década anterior, visível no luxo de algumas lojas e na elegância dos frequentadores da confeitaria Vienense e do restaurante Fasano. Mas na época o local mais badalado do centro novo era o Paribar, na praça Dom José Gaspar. Com suas mesas na calçada, o bar ficava lotado nos finais de tarde e à noite, quando se tornava ponto de encontro de escritores, poetas e intelectuais.

Por sua vez, a avenida Ipiranga estava se tornando um reduto da resistência contra o processo de mudança de comportamento da população. Nos anos 1960, além de contar com muitos cinemas, boates, bares e restaurantes que garantiam uma vida noturna bastante agitada, a Ipiranga passaria a ostentar o Hilton Hotel, que durante duas décadas seria o mais luxuoso hotel da cidade, o Edifício Copan, um marco na arquitetura paulistana, e o Edifício Itália, na esquina com a avenida São Luís, o mais alto arranha-céu de São Paulo, onde também passou a funcionar o restaurante Terraço Itália, que até hoje permite uma vista deslumbrante da cidade.

Na avenida São João, cinemas, bares e restaurantes ainda conseguiam atrair um público relativamente requintado (terno e gravata continuavam obrigatórios na maioria dos cinemas), mas o perfil já não era o mesmo, pois a elite se afastava cada vez mais do centro, optando por cinemas como o Astor, no Conjunto Nacional, o edifício comercial e residencial que se tornara o novo endereço da elite paulistana. Essa tendência seria reforçada quando o Fasano, que já havia instalado no local sua confeitaria, com mesas na ampla calçada da avenida Paulista, inaugurava também um luxuoso restaurante que, no início dos anos 1960, foi palco de atrações da música internacional como Marlene Dietrich, Nat "King" Cole, Sammy Davis Jr., entre outros. No andar de cima, com entrada por um amplo terraço, passou a funcionar o Jardim de Inverno Fasano, logo eleito o mais requintado salão de festas da cidade.

Ao mesmo tempo, ao se tornar o novo endereço elegante da cidade, a rua Augusta acabou incentivando a construção de prédios de apartamentos em quase todas as ruas dos Jardins, incrementando a verticalização do espigão da Paulista.

Nos tempos da brilhantina, a mulher descobre o corpo

Em plenos "anos dourados", a juventude paulistana lotava os concorridos bailes de formatura nos salões de festas do Fasano, do aeroporto de

Congonhas ou dos clubes Pinheiros e Paulistano. Era a época dos laçarotes na cabeça das moças e brilhantina nos topetes dos rapazes, quando todos dançavam ao som da orquestra de Sylvio Mazzucca e consumiam litros e mais litros de cuba libre – uma bebida feita com rum, Coca-Cola, limão e bastante gelo –, um casamento perfeito do imperialismo ianque com a ilha de Fidel Castro. Outra bebida da moda era o hi-fi, feito com vodca, Crush, gelo e limão.

Entre as mulheres, os penteados "bolo de noiva" continuavam em alta e, graças a uma boa quantidade de laquê, a maioria levava na cabeça verdadeiras esculturas. Algumas moças, geralmente solteiras, deixavam uma mecha cair sobre a testa: era o "pega-rapaz", um sinal verde para os candidatos a um envolvimento mais íntimo... Um compromisso sério, é claro. Para namorar, casar e ter filhos...

Mas, apesar daquela mentalidade conservadora, seria justamente a mulher a responsável por um grande salto para a modernidade: de repente, ela abandonou os vestidos de cintura marcada e saia rodada e passou a usar os modelos "tubinho", um vestido longo, reto e confortável. Em seguida, quando a moda feminina determinou o uso de saias um pouco abaixo dos joelhos, ela começou a mostrar as pernas e depois descobriu os ombros nos modelos "tomara que caia". Também passou a usar calças compridas, revelando os contornos do corpo e estimulando cada vez mais a imaginação masculina.

Porém a grande mudança no vestuário feminino se daria com os trajes de banho com o surgimento do generoso "duas peças", quando finalmente a mulher pôde mostrar seu umbigo, criando verdadeiro alvoroço nas praias e nas piscinas. Tempos depois, para indignação dos moralistas e felicidade da maioria dos homens, chegava o biquíni, muito menor e sensual, que iria aposentar definitivamente o comportado maiô com saiote.

Cinema Novo e Bossa Nova: o Brasil conquista o mundo

No cinema, a semente lançada por Nelson Pereira dos Santos com *Rio 40 graus* começava a dar seus frutos e, nos anos 1960, concorrendo com produções norte-americanas, francesas e italianas, o Brasil vivia o auge do Cinema Novo, cujo lema era "Uma câmera na mão e uma ideia na cabeça". O próprio Nelson havia realizado também *Rio Zona Norte* e planejava completar a trilogia com *Rio Zona Sul*, filme que não chegou a viabilizar. A ideia de fazer um tipo de cinema barato, de autor, com a preocupação de retratar a cultura brasileira e seus problemas sociais logo teria outros seguidores, entre eles Roberto Santos, Paulo César Saraceni, Roberto Farias, Walter Lima Jr., Cacá Diegues e o moçambicano Ruy Guerra, que causou grande impacto com o filme *Os cafajestes*, em 1962, onde a sensual Norma Bengell aparece no primeiro nu frontal do cinema brasileiro moderno.

Porém caberia ao baiano Glauber Rocha, com seu estilo contundente e perturbador, dar maior impulso ao movimento a partir de *Barravento* (1961) e ao longo da década com as obras-primas *Deus e o diabo na terra do sol* (1964), *Terra em transe* (1967) e *O dragão da maldade contra o santo guerreiro* (1969), filmes que tiveram grande repercussão internacional.

Ainda em 1962, atuando fora do Cinema Novo, Anselmo Duarte conquistava a Palma de Ouro em Cannes com *O pagador de promessas*, tendo no elenco Leonardo Villar, Glória Menezes, Dionísio Azevedo e Norma Bengell.

Mesmo considerado um movimento musical tipicamente carioca, a Bossa Nova deu início a um período de grande renovação da MPB, que pela primeira vez ultrapassaria as fronteiras do país, consagrando uma nova safra de compositores e intérpretes, entre eles Tom Jobim, Vinicius de Moraes, João Gilberto, Carlos Lyra, Lucio Alves, Roberto Menescal, Ronaldo Bôscoli, Nara Leão, Dick Farney, Milton Banana e o grupo Os Cariocas.

Com a Bossa Nova, o Brasil lançou também um novo e revolucionário estilo de cantar: as canções eram interpretadas em voz baixa, um acompanhamento caracterizado por acordes blocados em posições invertidas no violão e uma batida inovadora que fazia a marcação e era responsável pelo balanço cativante do novo estilo musical.

A música brasileira tradicional, com suas baladas trágico-românticas, boleros e sambas-canções, mesmo sendo a grande atração na maioria das boates da cidade e em algumas emissoras de rádio, já dava sinais de desgaste e, principalmente em televisão e rádios, logo estaria perdendo espaço para a Bossa Nova e para a música jovem, que avançava a todo vapor.

Aos poucos, muitas casas noturnas também começaram a trocar os clássicos da fossa e da dor de cotovelo pela revolucionária batida da Bossa Nova, quando dramalhões do tipo "Meu lamento", "Se eu morresse amanhã" e "De cigarro em cigarro" dariam lugar à cadência de melodias como "Desafinado", "Copacabana", "Marina", "Insensatez", "O barquinho", "Corcovado", "Tereza da praia", "O pato", "Minha namorada" e outras.

No escurinho do cinema Ao assumir um comportamento mais liberal na maneira de vestir, a mulher também passou a valorizar seu potencial de sedução ao libertar aos poucos sua libido, até então reprimida. Com isso, abriu caminho para alguns desejos antes proibidos também entre as garotas adolescentes. Afinal, em plena era do *rock'n'roll*, as meninas queriam dançar, sair com as amigas e, principalmente, namorar.

Foi nesse ponto que começaram a surgir alguns problemas. Naquele tempo, namoro era coisa muito séria, quando o rapaz adulto pedia aos pais da moça permissão para namorar. Se o pretendente era aprovado, os dois jovens podiam namorar inicialmente no portão da casa da moça, depois na sala de visitas, passando a compartilhar o sofá e a televisão da família, sob os olhares sempre vigilantes dos futuros sogros. Portanto tinha que ser um compromisso pra valer, e os garotos, considerados imaturos por causa da idade, eram vistos sempre com certa desconfiança pelos pais das garotas. Mas, com um pouco de criatividade e de sorte, sempre era possível dar um jeito de fugir ao controle paterno na hora de ir ao baile ou ao cinema. A solução era a mocinha levar uma "cocada", apelido dado a uma prima mais velha ou uma vizinha, com quem antes fazia um trato: ela não contaria nada sobre aquele garoto com quem dançou várias músicas de rosto colado, ou sobre aquele outro com quem assistiu ao filme inteiro de mãos dadas.

Naquela época, o melhor lugar para namorar, sem dúvida alguma, era o escurinho do cinema – durante as matinês, é claro –, pois as moças de boa família tinham que estar em casa tão logo começasse a escurecer. Assim, nas sessões da tarde de sábado e domingo, a maioria dos cinemas da cidade recebia bandos de ruidosos adolescentes, e a paquera corria solta entre os brotos. Geralmente, a abordagem era feita pelo rapaz, que oferecia à garota um dropes, invariavelmente sabor hortelã ou anis. Depois, era só torcer para que ela consentisse em sentar ao lado dele, o primeiro passo para rolar algo mais, como uma "casquinha", por exemplo.

O namoro no cinema também seria tema das músicas da nova geração de ídolos da juventude, como Celly Campello, que assim cantava em "Os mandamentos do broto":

> Se o garoto é delicado
> e mora no coração
> no escuro sentado ao lado
> durante toda a sessão
> tem direito a uma casquinha
> e um pouquinho de emoção
> pra não perder a linha
> pode só pegar na mão

Twist, Hully gully..., novos ritmos balançam a juventude

Os irmãos Tony e Celly Campello continuavam a todo vapor: seus rostos marcavam presença nas capas de revistas, participavam da maioria dos programas de rádio e TV e viajavam por todo o Brasil, seguindo uma carreira que parecia inabalável. E assim seria pelo menos até 1962, quando, antes de completar 20 anos de idade, a nossa rainha do *rock* não resistiu às flechadas de um cupido "nada estúpido" e, para desespero dos fãs, resolveu casar e abandonar a carreira para se tornar uma pacata dona de casa.

Mesmo tendo perdido sua primeira grande estrela, estava claro que o *rock'n'roll* chegara ao Brasil para ficar e, desde o começo da década, novos astros foram surgindo, com destaque para Demétrius, que se tornaria famoso com "Broto levado" e a versão de "Corina, Corina", e Ronnie

Cord, que estourou nas paradas com "Biquíni de bolinha", popularizando ainda mais o ousado traje de banho feminino. Também começaram a se firmar os primeiros grupos de roqueiros, todos com nomes em inglês: The Jet Black's; Renato e seus Blue Caps; The Clevers e The Fevers, e os grupos vocais Golden Boys e Trio Esperança.

Além do *rock 'n' roll*, outros ritmos conquistaram os jovens no início da década, entre eles o *hully gully*, mas em especial o *twist*, dança que alcançou grande popularidade internacional através do norte-americano Chubby Checker, mundialmente conhecido como o "rei do *twist*". No Brasil, o cantor repetiu o sucesso dos outros países e seus discos logo passaram a figurar na lista dos mais vendidos, que era publicada semanalmente pelo jornal *O Estado de S. Paulo*, disputando a liderança com Miltinho e Rinaldo Calheiros, os dois cantores de maior sucesso na época. No dia 27 de maio de 1962, por exemplo, Chubby Checker apareceu em primeiro lugar com *Let's Twist Again* na lista dos compactos, os pequenos discos com apenas duas músicas, e em quarto com *The Twist*, enquanto Miltinho e Rinaldo Calheiros ocupavam respectivamente a segunda e terceira colocação. Já na lista dos *Long Playings*, em primeiro lugar aparecia *Ouvindo com amor*, com Silvana e Rinaldo Calheiros, seguido por um disco definido como de "efeitos naturais", intitulado *Cantos de aves do Brasil*, *Os grandes sucessos de Miltinho* e, em quarto lugar, *Let's Twist Again*, com Chubby Checker.

Aproveitando o embalo, a cantora Meire Pavão gravou "Lição de *twist*" e de imediato foi aclamada nossa "rainha do *twist*" pela garotada que animava os chás dançantes, os famosos "bailinhos" realizados nas tardes de domingo em clubes, escolas e residências. A letra da música também era um convite ao namoro, apontando para as mudanças dos novos tempos: "*Twist* é bom pra se dançar todinho/ *twist* é bom pra namorar benzinho/ *twist* é bom pra se declarar/ um grande amor sensacional".

Evidentemente, não era apenas a música jovem que fazia sucesso em São Paulo, uma cidade cosmopolita onde havia público para todos os gêneros musicais, a começar pelas concorridas temporadas líricas no Teatro Municipal ou no Teatro São Pedro, na Barra Funda, passando pelas apresentações de música erudita no Teatro Cultura Artística, recém-inaugurado na rua Nestor Pestana. Ao mesmo tempo, o teatro da TV Record, na rua da Consolação quase esquina com a Paulista, era o principal endereço da música popular brasileira, onde eram gravados programas de auditório como *Esta noite se improvisa* e *Hebe Camargo*, entre outros, que contavam com a participação da maioria dos cantores da época.

Apesar de São Paulo ter uma população cada vez maior, os bons espetáculos musicais eram raros na cidade, portanto, nos dias de gravação o teatro lotava, e na porta se formavam enormes filas. Para suprir essa carência, a TV Record começou a trazer alguns cantores internacionais de sucesso para curtas temporadas no teatro. Foi assim que o Teatro Record tornou-se o palco de grandes atrações como Marlene Dietrich, Nat "King" Cole, Sammy Davis Jr., Louis Armstrong, Ella Fitzgerald, Yma Sumak e muitos cantores da nova música italiana que, a partir do sucesso internacional de "Volare", interpretada pelo fenômeno mundial Domenico Modugno, começava a ganhar espaço no Brasil, em especial em São Paulo, onde a colônia peninsular é muito representativa. Esses artistas também faziam uma apresentação no restaurante Fasano, geralmente nas noites de sábado, para uma clientela mais requintada, com direito ao *show* e a um jantar dançante que se prolongava pela madrugada.

"Anos dourados", mas nem tanto... Os primeiros anos da década foram tempos felizes para o paulistano. Em 1960, o boxeador Eder Jofre conquistou o título mundial de peso-galo e Maria Esther Bueno foi outra vez vitoriosa em Wimbledon, no torneio que conquistaria também em 1964. Em 1962, no Chile, a seleção brasileira tornou-se bicampeã mundial, revelando ao mundo o craque Amarildo, quando a cidade novamente comemorou em festa, pois o futebol já estava no sangue de todos os brasileiros.

Na época, o mundo acompanhava atento as disputas ideológicas, tecnológicas, científicas, políticas e bélicas travadas entre União Soviética e Estados Unidos, as duas grandes potências mundiais. O clima de suspense, perigo e aventura ficava por conta dos espiões internacionais da KGB e da CIA que, sempre cheios de truques, competiam entre eles usando armas sofisticadas e engenhosos equipamentos. No espaço, os russos continuavam levando vantagem: em abril de 1961, Iúri Gagárin tornou-se o primeiro homem a realizar um voo espacial, enquanto o norte-americano Alan Shepard repetiria a façanha em maio do mesmo ano. Em terra, a guerra de nervos entre o presidente norte-americano John Kennedy e o primeiro-ministro soviético Nikita Kruchev dava empate. A tensão entre os dois países chegaria ao clímax em 1962, por causa dos famosos mísseis soviéticos em Cuba, quando o mundo ficou na expectativa para saber qual das duas potências iria apertar primeiro o tal botão vermelho e detonar os armamentos nucleares que acabariam com boa parte do planeta. Mas, felizmente, nada disso aconteceu. Em 22 de novembro de 1963, Kennedy foi barbaramente assassinado na cidade de Dallas, um crime que nunca foi esclarecido, criando um clima de comoção mundial. Com a morte do simpático e mulherengo presidente norte-americano, até a Guerra Fria perdia sua graça.

No Brasil, após a renúncia de Jânio Quadros, foi aprovada uma emenda constitucional que instituiu o parlamentarismo. Essa mudança permitiu a posse do vice João Goulart que, mesmo enfrentando muita resistência à aprovação de seu nome, assumiu a presidência da República em setembro de 1961. Seu mandato se arrastava, entre uma crise e outra, piorando em janeiro de 1963, quando um plebiscito decidiu a volta do presidencialismo. Em clima de total instabilidade, o ano seria marcado por revoltas no campo, levantes militares e manifestações de rua. A tensão aumentaria no dia 13 de março de 1964, após o comício realizado em frente à Central do Brasil, no Rio de Janeiro, quando Jango prometeu grandes reformas sociais e a nacionalização de empresas estrangeiras, inclusive as refinarias de petróleo, além da reforma agrária. O discurso inflamou os grupos oposicionistas, dentro e fora do país, e acentuou a crise, mergulhando o Brasil no caos. O estado de Minas Gerais, governado pelo banqueiro Magalhães Pinto, era o reduto principal da oposição, seguido pelo estado da Guanabara, onde o governador Carlos

Lacerda, candidato pela UDN à sucessão presidencial, fazia dos ataques a Goulart sua maior bandeira política, com claros objetivos eleitorais. Em São Paulo, o governador Adhemar de Barros continuava a velha raposa de sempre, preferindo aguardar o desenrolar dos acontecimentos para decidir de que lado iria ficar.

Em 19 de março, São Paulo presenciava a "Marcha da Família com Deus pela Liberdade", organizada pela União Cívica Feminina, reunindo cerca de 500 mil pessoas, em sua maioria representantes da burguesia e da extrema-direita, temerosos pelo avanço dos grupos esquerdistas no Brasil. Depois de desfilar de mãos dadas pelas ruas centrais da cidade, políticos, banqueiros, empresários e fazendeiros, acompanhados de suas senhoras, foram rezar na Catedral da Sé pelo milagre que iria garantir a manutenção de seu *status* econômico. Nos dias que se seguiram, uma revolta entre membros dos fuzileiros navais causou a queda do ministro da Marinha, acelerando as disputas entre os militares que, descontentes, passaram a conspirar em todo o país. Nos "idos de março", João Goulart estava com os dias contados.

Inicialmente, o golpe estava programado para o dia 2 de abril de 1964, mas os militares mineiros resolveram antecipar a rebelião para o dia 31 de março, quando Goulart se encontrava fora de Brasília. No dia seguinte, contando com a adesão da maioria dos comandos militares, em especial do II Exército, de São Paulo, o golpe foi considerado vitorioso em todo o país. Eram os "anos dourados" que, repentinamente, perdiam seu encanto e chegavam ao fim.

A liberdade é amordaçada, em nome da democracia
Naquele 1º de abril, que estava longe de ser o dia da mentira, São Paulo amanheceu em clima de guerra, com tropas do exército e tanques de guerra – que eram de verdade – ocupando as ruas centrais. O povo olhava desconfiado e apressava o passo.

Goulart, que se encontrava no Palácio Guanabara, no Rio de Janeiro, viajou imediatamente para Brasília, de onde esperava poder controlar a situação, mas não encontrando apoio político e muito menos militar seguiu para o Rio Grande do Sul. No dia 2 de abril, no plenário do Congresso Nacional, o funesto Auro de Moura Andrade, então presidente do Senado, embarcava por alguns segundos no bonde da história ao declarar, aos berros: "Está vaga a Presidência da República!". Paschoal Ranieri Mazzilli, presidente da Câmara dos Deputados, assumiu interinamente a Presidência. João Goulart, recusando sugestão do governador gaúcho Leonel Brizola, desistiu de qualquer tentativa de resistência e, no dia 4 de abril, pediu asilo político ao Uruguai.

Nos dias após o golpe, reinava um clima de total insegurança na cidade, quando os paulistanos, temerosos por um conflito armado, começaram a estocar alimentos para enfrentar uma possível crise de abastecimento. Para tranquilizar a população, muitos políticos que fizeram oposição a Goulart foram às emissoras de rádio e TV proclamarem o triunfo da "revolução", alardeando que a mesma representava a vitória da democracia sobre o comunismo.

Na verdade, todos aqueles políticos que de repente haviam se tornado "heróis revolucionários" tinham apenas objetivos eleitoreiros e muita sede de poder, em especial os governadores golpistas, que visavam à Presidência da República. Mas os fatos mostrariam outra realidade: dessa vez, tratava-se daquela situação típica em que o tiro iria sair pela culatra. A confirmação viria em 9 de abril, quando os ministros militares assinaram o Ato Institucional nº 1, que suspendia por dez anos os direitos políticos de centenas de pessoas, entre as quais figuravam muitos nomes ilustres, inclusive os ex-presidentes Jânio Quadros e João Goulart, além de governadores, parlamentares e líderes sindicais e estudantis.

Em 11 de abril de 1964, quando o mesmo Ato Institucional "permitiu" ao Congresso "eleger" o marechal Castello Branco presidente da República, os militares deixavam claro que os políticos não teriam vez, e aquele primeiro ato arbitrário inaugurava uma longa série daqueles fatídicos instrumentos antidemocráticos que se tornariam o símbolo do regime totalitário que se inicia.

Ao assumir a Presidência, em 15 de abril, o novo chefe da nação tratou logo de mostrar as garras: em poucos meses, o governo brasileiro rompeu relações diplomáticas com Cuba (diziam que os cubanos, além de fumar charutos fedorentos, adoravam comer criancinhas, de preferência no espeto), criou o temido Serviço Nacional de Informações (SNI), extinguiu a União Nacional dos Estudantes (UNE) e, como se não bastasse, iniciou um longo período de cassações que atingiram principalmente intelectuais, jornalistas e muitos políticos que, mesmo eleitos legalmente pelo povo, perderam seus cargos públicos. No dia 8 de junho seria a vez também do ex-presidente Juscelino Kubitschek, que, ao ter seus direitos políticos cassados, partiu para o exílio no exterior, seguindo o exemplo de Jânio Quadros e João Goulart.

Apesar das chuvas, uma cidade musical Em 1964, pelo menos em São Paulo, as famosas "águas de março" resolveram cair em abril, mais parecendo um prenúncio dos acontecimentos nebulosos que iriam se abater sobre o país. Chovia torrencialmente na cidade e, para entrar no clima, em todas as lojas de discos das ruas São Bento e Direita, os balconistas selecionavam, em alto som, músicas adequadas como "Chove lá fora", de Tito Madi, "Piove", outro *hit* internacional de Domenico Modugno, e dois grandes sucessos daquele ano que, coincidência ou não, apelavam para a meteorologia: "Chove chuva", com Jorge Ben (muito antes de ele se tornar Benjor) e "O ritmo da chuva", com Demétrius.

Ao mesmo tempo, o Teatro Paramount, na avenida Brigadeiro Luiz Antonio, foi escolhido para ser o palco do *show* beneficente "O fino da bossa", em 25 de maio de 1964, com a participação de diversos cantores, em sua maioria emergentes, entre eles Nara Leão, Chico Buarque de Hollanda, Jorge Ben, Sérgio Mendes, Marcos Valle e Zimbo Trio. Com aquele espetáculo, o Paramount abria suas portas para a música popular, e o *show*, além de alcançar enorme sucesso, sendo inclusive gravado em disco, representou um marco para o surgimento de uma nova geração de cantores que logo alcançaria grande popularidade.

Na mesma época, ainda timidamente, começava a despontar no eixo Rio-São Paulo o cantor Roberto Carlos que, após algumas tentativas frustradas em busca do sucesso, conseguiu conquistar o público jovem com "O calhambeque", e logo depois com "História de um homem mau", "Não quero ver você triste" e *"Splish, Splash"*, um sucesso mundial de Bobby Darin, em uma versão de seu amigo e já parceiro Erasmo Carlos. A grande aceitação daquelas músicas seria o ponto de partida para a consagração, no ano seguinte, do cantor como ídolo da juventude.

Outros sinais de mudanças na MPB começavam a se acentuar na Bahia, com o *show* "Nova Bossa Velha, Velha Bossa Nova", realizado no Teatro Vila Velha, em Salvador, reunindo cantores quase desconhecidos: Caetano Veloso, Gilberto Gil, Gal Costa, Tom Zé e Maria Bethânia. Era o nascimento do formidável e muito unido "grupo dos baianos", que logo aportaria no "sul maravilha" em busca do sucesso e da consagração em todo o Brasil.

Ainda em 1964, a mais nova sensação mundial chegava à cidade. Pela primeira vez o paulistano ouvia a música rebelde e contagiante do grupo inglês The Beatles, formado por quatro rapazes cabeludos de Liverpool: John Lennon, Paul McCartney, George Harrison e Ringo Starr que, através de letras românticas e irreverentes, tocadas em um ritmo alucinante, conquistariam a juventude em todo o mundo. Desta vez, o grito de guerra da rebeldia era o refrão "Yeah, yeah, yeah!", repetido à exaustão em "I Want to Hold Your Hand", música que, junto com "She Loves You", fazia parte do primeiro compacto simples do quarteto lançado no Brasil.

Playboys e gatinhas invadem a rua Augusta

O *rock* nacional, até então inocente e adocicado, com suas letras comportadas, também começava a mudar. Em 1964, Ronnie Cord dava os primeiros sinais de rebeldia com "Rua Augusta":

> Entrei na Rua Augusta a 120 por hora!
> Botei a turma toda do passeio pra fora!
> Fiz curvas em duas rodas sem usar a buzina!
> Parei a quatro dedos da vitrina!

Além de ser o novo endereço da elite paulistana, com dezenas de lojas em que era possível encontrar os últimos lançamentos da moda e principalmente as pessoas que andavam na moda, a rua Augusta também passou a concentrar a maioria dos jovens, elegantes e barulhentos, logo chamados de "rebeldes" ou "transviados". Para tanto, bastava usar calças justas e blusões de couro, dançar *rock* ou *twist*, tomar Crush e andar de moto ou lambreta, os principais objetos de desejo da juventude da época.

Mas era nas noites de sábado que a rua Augusta realmente fervia, ao se tornar o ponto de encontro das turmas de baderneiros, os chamados *playboys*, em sua maioria jovens, ricos e ociosos. Para dar trabalho à polícia e infernizar a vida dos moradores da região eles aprontavam de tudo, além de lançar alguns modismos violentos como os "pegas", uma perigosa competição que consistia em apostar corridas de carro pela Augusta, e a "roleta paulistana", quando o motorista aguardava o sinal vermelho para atravessar o cruzamento em alta velocidade. Muitas vezes, na esquina da Augusta com a rua Estados Unidos, eles espalhavam óleo no asfalto e ficavam olhando os carros derraparem. Em todas aquelas brincadeiras as batidas eram inevitáveis, para delírio da multidão de jovens que ficava assistindo ao espetáculo.

Outra presença marcante eram os motoqueiros, que também escolheram a rua Augusta para exibir suas roupas de couro e, principalmente, suas barulhentas e reluzentes máquinas, quase sempre importadas, de preferência da marca Harley-Davidson, cuja potência das cilindradas era importante para a realização de malabarismos e manobras perigosas. Assim, nas tardes de sábado e domingo, verdadeiros bandos de motoqueiros desciam e subiam a rua Augusta durante horas seguidas, sempre levando a bordo uma "gatinha", escolhida entre as muitas garotas que se acotovelavam na calçada à espera de um convite para dar uma volta na garupa das possantes motocicletas.

Com música e futebol: a TV Record lidera absoluta

Logo depois da conquista do mundial do Chile, em 1962, no Brasil só se falava em futebol. A escalação da equipe verde-amarela estava na ponta da língua de todos, e a frase "o futebol brasileiro é o melhor do mundo" era repetida com orgulho em todas as conversas que envolviam o "rude esporte bretão", como era definido pelos cronistas da época. Atento a essa grande massificação, Paulo Machado de Carvalho, o proprietário da TV Record, resolveu transmitir ao vivo os jogos do campeonato paulista, o que seria mais uma "bola dentro" do "marechal da vitória", assim chamado por ter chefiado a seleção brasileira nos gramados suecos e chilenos.

Ao televisionar os jogos a partir de 1963, a liderança da emissora disparou nas tardes de domingo, batendo todos os recordes de audiência. Na época, as transmissões se tornaram uma verdadeira mania, quando nove entre dez paulistanos acompanhavam os jogos pela tevê, o que incrementou consideravelmente a venda de aparelhos de televisão. Para resolver o problema da tediosa lentidão dos narradores, a maioria dos telespectadores tirava o som da televisão e colocava um rádio de pilha sobre o aparelho. Evidentemente, e com razão, todos preferiam a narração emocionante e dinâmica dos radialistas.

Além do futebol, os dirigentes das redes de televisão perceberam que a música seria outra valiosa alternativa para atrair novos telespectadores. Afinal, o sucesso daquele *show* no Teatro Paramount continuava na memória dos paulistanos e o público pedia novos espetáculos do gênero.

O primeiro passo foi dado pela TV Excelsior, Canal 9, já instalada no Teatro Cultura Artística, que entre março e abril de 1965 promoveu o 1º Festival da Música Popular Brasileira, realizado no Guarujá (litoral sul paulista). Venceu "Arrastão", composição de Vinicius de Moraes e do novato Edu Lobo, interpretada por Elis Regina, uma das mais notáveis revelações da nova safra de cantores da moderna MPB.

A TV Record não perdeu tempo e, em maio do mesmo ano, no teatro da emissora, foi gravado e depois exibido pela televisão o primeiro programa da série *O fino da bossa*, apresentado por Elis Regina e Jair Rodrigues, cantor que vinha colhendo relativo sucesso, e contando com a participação de Nara Leão, Edu Lobo, Baden Powell, Zimbo Trio e outros, reeditando em parte o *show* do Paramount, que tinha o mesmo nome. O programa foi um sucesso, tornou-se semanal e, no dia da gravação, passou a ser transmitido ao vivo pela Rádio Jovem Pan, alcançando altos índices de audiência e permanecendo no ar até junho de 1967. Assim, enquanto o Teatro Record se consolidava como o mais importante reduto musical da cidade, uma tendência que aumentaria ainda mais no decorrer da década, a liderança da TV Record se tornava cada vez mais absoluta. Por sua vez, a cidade de São Paulo passou a ser considerada o principal centro de difusão das novas tendências musicais que estavam surgindo, e o ano de 1965 se tornava uma espécie de divisor de águas entre o velho e o novo, um período fundamental para a renovação da música brasileira.

É uma brasa, mora! O grito da Jovem Guarda conquista a cidade Como consequência direta das transmissões dos jogos de futebol pela televisão, os estádios começaram a perder público para desespero dos grandes clubes que, por causa da queda das arrecadações, quase foram à falência. Os dirigentes reagiram e, depois de muitas brigas e discussões envolvendo os clubes, a TV Record e a Federação Paulista de Futebol, dias antes do início do campeonato paulista de 1965 as transmissões esportivas ao vivo foram proibidas.

Acostumado a torcer pelo seu time no conforto de sua casa, onde não faltavam os tradicionais salgadinhos e uma cerveja bem gelada, o paulistano ficou decepcionado. Resultado: na falta de bons programas, quase todos os televisores permaneciam desligados nas tardes de domingo. Um péssimo negócio para a Record, a mais poderosa emissora brasileira de então.

Com a queda da audiência por causa do futebol, a Record logo perderia a liderança, e com o desaparecimento de alguns anunciantes também caiu o faturamento, prejudicando inclusive os programas do meio da semana, entre eles *Esta noite se improvisa* e *O fino da bossa*. Tornava-se necessário preencher rapidamente o horário dominical para garantir a fidelidade de seu público e, principalmente, recuperar os anunciantes.

Na época, a maioria da população brasileira era formada por jovens, e mais da metade tinha menos de 20 anos de idade. Os Beatles e os

Rolling Stones, a exemplo do que acontecia no restante do mundo, também faziam a cabeça de nossos adolescentes, porém, além da dificuldade em entender a letra das músicas por causa da língua, a vinda daqueles dois grupos ao Brasil era uma possibilidade muito remota. Portanto estava aberto o caminho para o surgimento de novos ídolos da juventude daqui mesmo, desde que usassem cabelos compridos e falassem diretamente aos jovens. Aproveitando essa brecha musical, uma nova geração de roqueiros, encabeçada por Jerry Adriani em São Paulo e por Roberto Carlos no Rio de Janeiro, desde o ano anterior começara a se firmar entre os jovens das duas cidades.

Algumas cabeças pensantes da TV Record perceberam aquele vazio e chegaram à conclusão de que valia a pena lançar nossos próprios ídolos e vislumbraram a possibilidade de criar uma verdadeira "galinha dos ovos de ouro". Afinal, aqueles jovens que amavam os Beatles e os Rolling Stones, em sua maioria pertencentes à classe média, representavam um grande potencial de consumidores e, portanto, a garantia de um bom faturamento. A decisão foi imediata: se os Beatles eram os reis do "yeah, yeah, yeah", o Brasil teria seus reis do "iê-iê-iê".

A emissora, então, contratou um grupo de publicitários, liderado por Carlito Maia, que tiveram a ideia de fabricar ídolos de consumo seguindo os padrões norte-americanos, com o apoio de uma maciça campanha publicitária. A escolha caiu sobre aqueles roqueiros emergentes e o objetivo era transformá-los nos novos reis da juventude através de um programa dominical. Com títulos provisórios do tipo *Festa de arromba* e *Os reis do Iê-iê-iê*, o primeiro nome a ser sondado para comandar o programa foi a "ex-rainha" Celly Campello, que recusou. Ela não estava disposta a abandonar sua vida de mulher bem casada, e a tranquilidade do seu lar, por um programa cujo êxito era totalmente incerto. Outros nomes foram sugeridos, inclusive o de Meire Pavão, mas nenhum teve aprovação de todo o grupo.

A escolha estava se tornando uma tarefa difícil, quando entrou em cena Paulo Machado de Carvalho sugerindo o nome de Roberto Carlos, que começava a estourar nas paradas das rádios paulistas com *É proibido fumar* e *Parei na contramão*, composições da dupla Roberto e Erasmo Carlos. O todo-poderoso da emissora achava que o cantor tinha um semblante de garoto abandonado e que aquele ar de tristeza poderia cativar tanto o público jovem quanto o adulto.

Depois de longas negociações, envolvendo principalmente acertos financeiros, finalmente o acordo foi fechado e, numa tarde de setembro de 1965, um domingo, estreava na TV Record de São Paulo o programa *Jovem Guarda*, comandado por Roberto Carlos e tendo como fiéis escudeiros Erasmo Carlos e Wanderléa. Entre os convidados, estavam quase todos os cantores e grupos que, desde o início da década, vinham se revezando na preferência dos jovens, entre eles Tony Campello, Sergio Murilo, Ronnie Cord, Meire Pavão, Jerry Adriani, além de novos intérpretes como Renato e seus Blue Caps, The Clevers, Golden Boys, Trio Esperança, Eduardo Araújo, Rosemary, Martinha e outros. Era a *Festa de arromba* que se tornava realidade, como havia imaginado um ano antes Erasmo Carlos na letra de sua música.

O endereço da festa, naturalmente, era o Teatro Record, que aos domingos passou a ser tomado por uma enorme plateia onde se misturavam jovens de todas as classes sociais, composta principalmente de estudantes, roqueiros, crianças acompanhadas pelas mães, empregadas domésticas e, representando a maioria, as famosas "macacas de auditório", como passaram a ser chamadas as fãs alucinadas que gritavam, choravam e se descabelavam de maneira enlouquecida quando seus ídolos pisavam no palco. O espetáculo alcançava seu clímax quando Roberto Carlos, já consagrado o "rei da juventude", apanhava uma rosa no chão do palco e, depois de beijá-la, atirava-a de volta para a plateia, criando um verdadeiro delírio entre as jovens que se lançavam incontroladamente em direção à flor, na esperança de conquistar ao menos uma pétala.

Na televisão, bastaram poucos meses para o programa se tornar sucesso absoluto de audiência, atraindo um público de mais de três milhões de telespectadores apenas na cidade de São Paulo. Novamente o "marechal" acertava na mosca, e o que parecia impossível aconteceu: nas tardes de domingo, os dribles de Pelé deram lugar a uma verdadeira legião de astros do iê-iê-iê, e o grito de "Gooooooooool, do Santos!!!!!!" foi substituído pela palavra de ordem do novo ídolo da juventude: "É uma brasa, mora!".

Um ano depois de sua estreia, além de revelar novos ídolos da juventude, entre eles Wanderley Cardoso, Sérgio Reis, Vanusa e Ronnie Von, o programa *Jovem Guarda* já era sucesso nacional, sendo assistido em videoteipe no Rio de Janeiro, Belo Horizonte, Recife, Salvador e Porto Alegre. Ao mesmo tempo, havia se tornado um ótimo negócio comercial, com o lançamento de uma grife associada ao movimento musical que se consolidava. Com a marca *Calhambeque*, nome de um dos sucessos de Roberto Carlos, o país inteiro foi inundado por calças, saias, bolsas, botas, blusões de couro, cintos, chapéus, chaveiros, cadernos, canetas e outras bugigangas, alcançando um faturamento astronômico, para alegria dos publicitários da Magaldi, Maia & Prósperi, da TV Record e de Roberto Carlos, é claro, o dono da festa.

Viaduto do Chá, onde o povo ainda podia protestar

Passado um ano do golpe militar, estava explícito que os novos inquilinos do Planalto Central queriam mesmo o poder. Em 1965, depois de criar o cruzeiro novo, o primeiro presidente da ditadura militar baixou o Ato Institucional nº 2, determinando a extinção de todos os partidos políticos e criando o sistema de eleições indiretas para presidente. Ao mesmo tempo, os jornais continuavam publicando longas listas de cassados. Bastava algum deputado contestar qualquer ato do governo que, com a acusação de "ofender" as Forças Armadas, a punição era imediata.

Numa época em que o regime militar ainda não havia mostrado suas garras, o paulistano protestava, ou melhor, tentava protestar, e o palco escolhido para divulgar ideias e ideais era o Viaduto do Chá (a avenida Paulista, uma artéria distante do centro e estritamente residencial, ainda não era acessível às manifestações populares), que na época viveu momentos de intensa agitação política e cultural, quando manifestantes de diversas correntes se revezavam ao longo de suas calçadas. Quem mais despertava a curiosidade popular eram os integrantes da TFP (Tradição,

Família e Propriedade), uma organização de extrema-direita sempre pronta a combater o avanço do comunismo no mundo. Usando cabelos bem curtos e mantos vermelhos, eles invadiam periodicamente o viaduto para apoiar a ditadura, armados de megafones e exibindo enormes e coloridos estandartes medievais. Eles tentavam transmitir seus princípios, também medievais, sempre sob as vaias dos estudantes que passavam pelo local.

Outra atração era um pequeno quiosque de madeira localizado no início do viaduto, e em especial o seu folclórico ocupante, Pedro Geraldo Costa. Sempre candidato a algum cargo político, ele era conhecido por sua peculiar plataforma política, formada por gente humilde para quem distribuía alimentos, e pelas futuras noivas, a quem garantia, por empréstimo, o vestido para a cerimônia nupcial. Nos dias marcados para aquelas obras assistencialistas, centenas de pessoas se aglomeravam em frente ao comitê eleitoral do candidato, na rua da Consolação. Naquele ano, ele disputava as eleições municipais e escolheu o Viaduto do Chá como local para distribuir, pessoalmente, sua propaganda eleitoral: pequenos corações de papel com o *slogan* "Na prefeitura Pedro, no buraco pedra".

Na mesma época, pelo menos uma vez por mês, sempre no início da noite, uma perua Kombi com quatro alto-falantes estacionava na calçada em frente ao prédio das indústrias Matarazzo, onde o jovem poeta Álvaro Alves de Faria, armado de um microfone, chamava a atenção dos passantes ao declamar seus versos:

> Todos ergam as mãos
> e chorem as mães:
> o sermão do viaduto
> vai começar.

Foi assim, usando a tática dos pastores bíblicos, que o poeta encontrou a melhor maneira de levar seus versos para junto do povo e com eles revolucionar a própria poesia, além de transmitir seus temores em relação ao futuro, quando até pensar estava se tornando perigoso. No ano seguinte seus versos foram reunidos no livro *O sermão do viaduto*. Mesmo depois da publicação, Álvaro ainda realizaria vários recitais no viaduto, quase todos interrompidos pela polícia, culminando com algumas visitas às dependências do Dops, como ele mesmo conta:

> Na metade dos anos 60, a exemplo de outros poetas, eu fazia recitais de poesia principalmente em escolas da periferia da cidade, e a ideia de fazer um recital na rua foi sendo elaborada devagar, com firmeza. Nesse tempo, aos 20 anos de idade, meu espaço poético numa cidade que ainda não estava de todo brutalizada começava na rua Barão de Itapetininga, passava pela praça Ramos de Azevedo, o Viaduto do Chá, a praça do Patriarca, a rua Direita e terminava na praça da Sé. Escolhi o Viaduto do Chá, que era, para mim, um local apaixonante. Era onde estavam os suicidas em potencial.
>
> *O sermão do viaduto* foi escrito pensando no Viaduto do Chá, com o objetivo de unir os poemas ao local. Uma coisa pertencendo a outra. Além disso, era preciso anarquizar certos costumes. Para muitos, o *sermão* foi um escândalo, já que – de acordo com algumas opiniões – a poesia não podia ser utilizada nesse tipo de manifestação.
>
> Ao declamar poemas no Viaduto do Chá, certamente, eu pensava estar salvando o mundo da última hecatombe. Os poemas mostravam especialmente indignação diante da brutalidade que apenas começava a mostrar seu semblante de horror. Daí a palavra envolvida nas sombras de um tempo amargo, quando mostrava minha apreensão: "Tenho medo dos que dominam o pavor dos dominados", ou quando advertia que era preciso "censurar a censura dos ditadores", dizendo que faria um hino igual. O som invadia a praça do Patriarca, a praça Ramos de Azevedo, a Barão de Itapetininga e o Vale do Anhangabaú, naquele tempo apinhado de gente nos pontos iniciais dos ônibus.
>
> Segundo alguns jornais da época, que noticiavam meus recitais, eu era um agitador. Como consequência, os policiais interrompiam os recitais e, mesmo não sendo – segundo eles – uma detenção política, eu era sempre levado para o Dops, onde era encaminhado para uma mesma pessoa que achava tudo engraçado e dizia: "Mas você aqui ou-

tra vez? Você precisa mudar de vida. Por que você não vai trabalhar em vez de ficar rezando lá no viaduto com uma porção de crentes em sua volta?". Em seguida eu era liberado.

Mas no último recital, numa noite de agosto de 1966, foi tudo diferente. O recital foi interrompido pelos policiais e eu fui novamente levado ao Dops. A sala não era a mesma e a situação era bem diferente das vezes anteriores. Depois de duas horas de espera, ouvi a porta se abrir atrás de mim e um homem de poucas palavras contornou a mesa e me olhou de maneira grave demais, por um tempo que não acabava nunca. Parecia coisa de teatro: ele colocou as mãos em cima da mesa, curvou o corpo para frente e bradou: "Pra mim, todo poeta é veado". Tentei dizer qualquer coisa, mas a reação foi rápida: "Cala a boca, poeta de merda, poeta veado, filho da puta". Depois ele deu a sentença final: "Se você cair aqui outra vez, poeta de merda, eu vou te arrebentar inteiro". Chamou um ajudante e me dispensou, dizendo: "Leva o veado embora".

Assim, na noite de 9 de agosto de 1966, os *sermões do viaduto* chegavam ao fim. Até hoje não sei se gloriosa ou melancolicamente.

O adeus do doutor Adhemar Em outubro de 1965, as eleições municipais foram realizadas normalmente em todo o país. Em São Paulo foi eleito Faria Lima, outro prefeito que seria lembrado como obreiro. Quanto aos pleitos estaduais, apenas em alguns estados o povo foi às urnas escolher seus governadores, enquanto em outros, inclusive em São Paulo, as eleições foram adiadas para o ano seguinte.

Mas, como era previsível, as eleições acabariam não acontecendo. De fato, antes mesmo do final de 1965, o Ato Complementar nº 4 instituiu o sistema bipartidário, com a criação da Aliança Renovadora Nacional (Arena), que seria o partido governamental, e o Movimento Democrático Brasileiro (MDB), que faria oposição ao governo. O golpe de misericórdia foi dado no início de 1966 com o Ato Institucional nº 3, quando o governo decretou o sistema de eleições indiretas também para governador.

Os novos atos geraram uma série de protestos, movimentando os políticos de oposição, alguns empresários e a maioria das classes trabalhadoras, contando com o apoio de intelectuais, jornalistas, líderes estudantis e sindicalistas. Como resposta, novamente o governo utilizaria seu poder antidemocrático e inconstitucional: usando a filiação partidária como pretexto para determinar quem era contra ou a favor da ditadura, os militares deram início a uma verdadeira "caça às bruxas", ordenando a prisão de muitos simpatizantes do partido de oposição, além de divulgar novas listas de cassados.

Até Adhemar de Barros, nosso governador "revolucionário", perdeu o mandato e teve seus direitos políticos suspensos por dez anos. Justificaram o ato alegando que ele era um político corrupto. Quanta injustiça com o doutor Adhemar... Logo ele que, para administrar eficientemente as finanças estaduais, havia construído o imponente edifício da Secretaria da Fazenda, na avenida Rangel Pestana, e, para melhor dirigir os rumos dos paulistas, abandonara o velho Palácio dos Campos Elíseos transferindo a sede do governo para o Morumbi, o novo bairro nobre da cidade, em um enorme edifício. O prédio, um verdadeiro elefante branco de propriedade do grupo Matarazzo, havia sido projetado para ser uma universidade e, depois de demoradas reformas, passou a abrigar o Palácio dos Bandeirantes.

Com a cassação, a epopeia do popular e bonachão Adhemar também chegava ao fim. Ele partiu levando para o exílio europeu sua tática dos "tapinhas nas costas" e suas promessas. Apesar de todas as acusações de incompetência e corrupção, a política paulista perdia seu mais simpático e folclórico representante.

O cancelamento definitivo das eleições deu início a um período de arbitrariedades, que duraria duas décadas, quando apenas vereadores, deputados estaduais e federais e alguns senadores seriam eleitos pelo povo. Os candidatos a governador passaram a ser indicados por delegados partidários e depois eleitos pelos deputados estaduais; os outros senadores eram nomeados pelo presidente (os famosos biônicos), e os prefeitos de cidades importantes também passaram a ser nomeados pelo presidente ou pelos governadores. Portanto, aquelas eleições parciais de 1965 foram as últimas diretas.

Com os festivais, a renovação da MPB Nos primeiros anos que se seguiram ao golpe militar, ainda não existia a censura à imprensa, ao cinema, ao teatro, à música e aos programas de televisão. A repressão era voltada apenas aos políticos, sindicatos e agremiações estudantis, portanto o clima ainda era propício ao surgimento de novos talentos musicais.

Em junho de 1966, sem muita repercussão, foi realizado o 2º festival da TV Excelsior, conquistado por Geraldo Vandré com "Porta-estandarte". No entanto o grande impacto seria causado pela realização do 2º Festival da Música Popular Brasileira, dessa vez organizado pela TV Record, entre setembro e outubro de 1966 no Teatro Paramount, em São Paulo, que seria palco de acirrada disputa entre "A banda", de Chico Buarque, interpretada por Nara Leão, e "Disparada", de Geraldo Vandré e Théo de Barros, interpretada por Jair Rodrigues. O público estava dividido, e para evitar um eminente tumulto as duas músicas foram declaradas vencedoras. No mesmo festival, Caetano Veloso debutava com "Bom dia", interpretada por Maria Odete, e recebeu o prêmio de melhor letrista.

Ao mesmo tempo, *O fino da bossa* continuava consagrando os novos talentos surgidos nos festivais, entre eles Elis Regina, Jair Rodrigues, Nara Leão, Chico Buarque, Geraldo Vandré, Edu Lobo e o bloco dos baianos, formado por Gilberto Gil, Caetano Veloso, Maria Bethânia e Gal Costa, a mais nova revelação do grupo, que periodicamente marcavam presença no programa.

Por causa do grande sucesso dos festivais paulistas, o Rio de Janeiro também resolveu entrar na disputa, realizando o Festival Internacional da Canção (FIC), com apoio da recém-nascida TV Globo. A primeira edição, em 1966, foi inexpressiva, e a segunda, em 1967, teve sua importância resumida à revelação do talento de Milton Nascimento, que obteve a segunda colocação com "Travessia".

O 2º Festival da Música Popular Brasileira, também promovido pela Record, foi realizado em setembro de 1967 no mesmo Paramount. As boas novidades foram "Domingo no parque", de Gilberto Gil, interpretada por ele mesmo acompanhado pelos Mutantes, grupo que revelaria a cantora Rita Lee, e "Alegria, alegria", o primeiro sucesso de Caetano Veloso como compositor e intérprete. Eles não ganharam o festival, mas estavam lançando a semente do Tropicalismo, que iria se consolidar no ano seguinte.

Considerado um movimento musical de ruptura, reunindo Caetano Veloso, Gilberto Gil, Gal Costa, Tom Zé, Nara Leão, os Mutantes, os compositores José Carlos Capinan e Torquato Neto, o maestro Rogério Duprat e outros, o Tropicalismo tornou-se realidade a partir do lançamento do disco *Tropicália*, em 1968. Com o Tropicalismo, a renovação musical já era uma realidade.

Na primavera, as flores da discórdia O ano de 1968 seria mundialmente marcado pela Primavera de Paris, o movimento neoanarquista que envolveu principalmente intelectuais e estudantes e provocou verdadeiras batalhas urbanas que quase levaram a França a uma guerra civil. O protesto dos franceses logo encontraria eco em outros países, inclusive no Brasil, onde os intelectuais e os estudantes já começavam a sentir na pele os efeitos do golpe militar de 1964.

Quando a TV Globo anunciou a realização do III FIC em setembro de 1968, no Rio de Janeiro, a fórmula dos festivais já apresentava algum desgaste e, principalmente, os tempos eram outros. A nova geração de cantores e compositores havia superado o processo de afirmação e buscava novos aportes, mais condizentes com a realidade do país. Se a juventude francesa despertara na primavera europeia, estava na hora do despertar de nossa juventude e, coincidência ou não, o mês de setembro marcava o início da primavera nos trópicos. Seguindo o exemplo que vinha da Europa, a juventude brasileira também adotou a palavra de ordem das barricadas parisienses: "Não confie em ninguém com mais de 30 anos!".

A eliminatória paulista do III FIC foi realizada no Teatro da Universidade Católica de São Paulo (Tuca), na qual Caetano Veloso interpretou sua composição "É proibido proibir" que, não por mera coincidência, também era o nome de um *slogan* das barricadas parisienses. Gilberto inviável e começaram a surgir grupos armados e organizações guerrilheiras de esquerda para tentar resistir ao autoritarismo.

Ao ter a criatividade reprimida e a liberdade ameaçada, verificou-se uma debandada geral de poetas, escritores, cantores e compositores. Geraldo Vandré, Chico Buarque, Caetano Veloso, Gilberto Gil e outros seguiram para um exílio voluntário que duraria alguns anos.

Enquanto isso, em Woodstock... Em 1969, o mundo vivia o auge do movimento *hippie*, que tinha seu epicentro na cidade de São Francisco, nos Estados Unidos, e era uma evolução natural do antigo movimento *beatnik*, que surgira na cidade no início da década. De repente, "Frisco" se tornou o centro das atenções ao reunir milhares de jovens com um visual propositadamente desarrumado, com roupas coloridas e flores nas vastas cabeleiras.

Com o lema "Paz e amor", o movimento *hippie* pregava a liberdade sexual, o nudismo, o uso de drogas, principalmente LSD e maconha, além de substituir os laços familiares por comunidades tribais, desprezando as regras e os valores dominantes na sociedade. Ao assumir o amor livre e suas consequências, era grande a presença de crianças nos acampamentos e repúblicas que proliferavam nos arredores de São Francisco.

Politicamente, a maioria daqueles jovens se empenhava em contestar arduamente a intromissão dos norte-americanos em políticas de outros países, em especial no Vietnã, onde uma guerra absurda se arrastava há vários anos envolvendo e matando milhares de jovens. Muitos daqueles sobreviventes que voltaram ao seu país passariam a conviver com sérios problemas psiquiátricos, enquanto outros, mutilados, seriam tratados como párias da sociedade.

Diante de toda aquela loucura, a música teria um papel fundamental para embalar aquela catarse coletiva, e logo surgiram festivais que se tornariam essenciais para consagrar o movimento. O encontro musical de maior repercussão foi realizado nos dias 15, 16 e 17 de agosto de 1969, na fazenda do produtor de leite Max Yasgur, a 80 km de Woodstock, estado de Nova York, reunindo cerca de 450 mil jovens e a participação

de dezenas de cantores e bandas. Estiveram em Woodstock Bob Dylan, Janis Joplin, Jimi Hendrix, Joan Baez, Ravi Shankar, Santana, Joe Cocker, Johnny Winter, Grateful Dead, The Who, Creedence Clearwater Revival e muitos outros. O festival teve repercussão mundial, principalmente após a distribuição do filme-documentário e a produção de vários discos, que renderam milhões de dólares aos organizadores.

Na mesma época, a cultura "paz e amor" dos *hippies* seria tema do filme-manifesto *Sem destino*, com roteiro de Dennis Hopper e Peter Fonda, que também interpretaram os papéis principais. No filme, a bordo de suas imponentes Harley-Davidson, eles resolvem percorrer, sem destino definido, o interior dos Estados Unidos. Depois de vivenciar inúmeras experiências, com direito a orgias e viagens alucinógenas em comunidades *hippies*, acabam mortos por caipiras (ou "Jecas", como diria Paulo Francis) ignorantes. Mas a grande vitória da chamada Geração Woodstock foi ter contribuído para que os Estados Unidos se retirassem, de maneira inglória, do Vietnã.

Apesar do ambiente repressivo, o Brasil também receberia forte influência do Festival de Woodstock e viajaria pelo interior dos Estados Unidos na garupa das motos de Dennis Hopper e Peter Fonda. Quanto aos costumes, os *hippies* tupiniquins, caracterizados por usarem ponchos, geralmente adquiridos na Bolívia ou Argentina, foram apelidados de bicho-grilo e criaram várias comunidades alternativas, urbanas e rurais (a mais famosa foi a de Arembepe, na Bahia) onde, além do amor livre, a moda era praticar ioga e seguir uma alimentação naturalista que incluía macrobiótica e produtos que não continham defensivos agrícolas ou fertilizantes, sem esquecer o uso de algum tipo de droga ou alucinógeno. Foi a época em que o livro de cabeceira da maioria era *A erva do diabo*, de Carlos Castañeda, um *best-seller* entre os jovens do movimento *hippie* e da contracultura, que elegeram o escritor seu guru e queriam reviver as experiências descritas no livro.

Na música, em pleno período conhecido como "anos de chumbo", enquanto os ouvidos eram bombardeados diariamente por coisas do tipo "Eu te amo, meu Brasil", criação ufanista de Dom e Ravel que dominava as programações das rádios, a única luz nas trevas foi o sur-

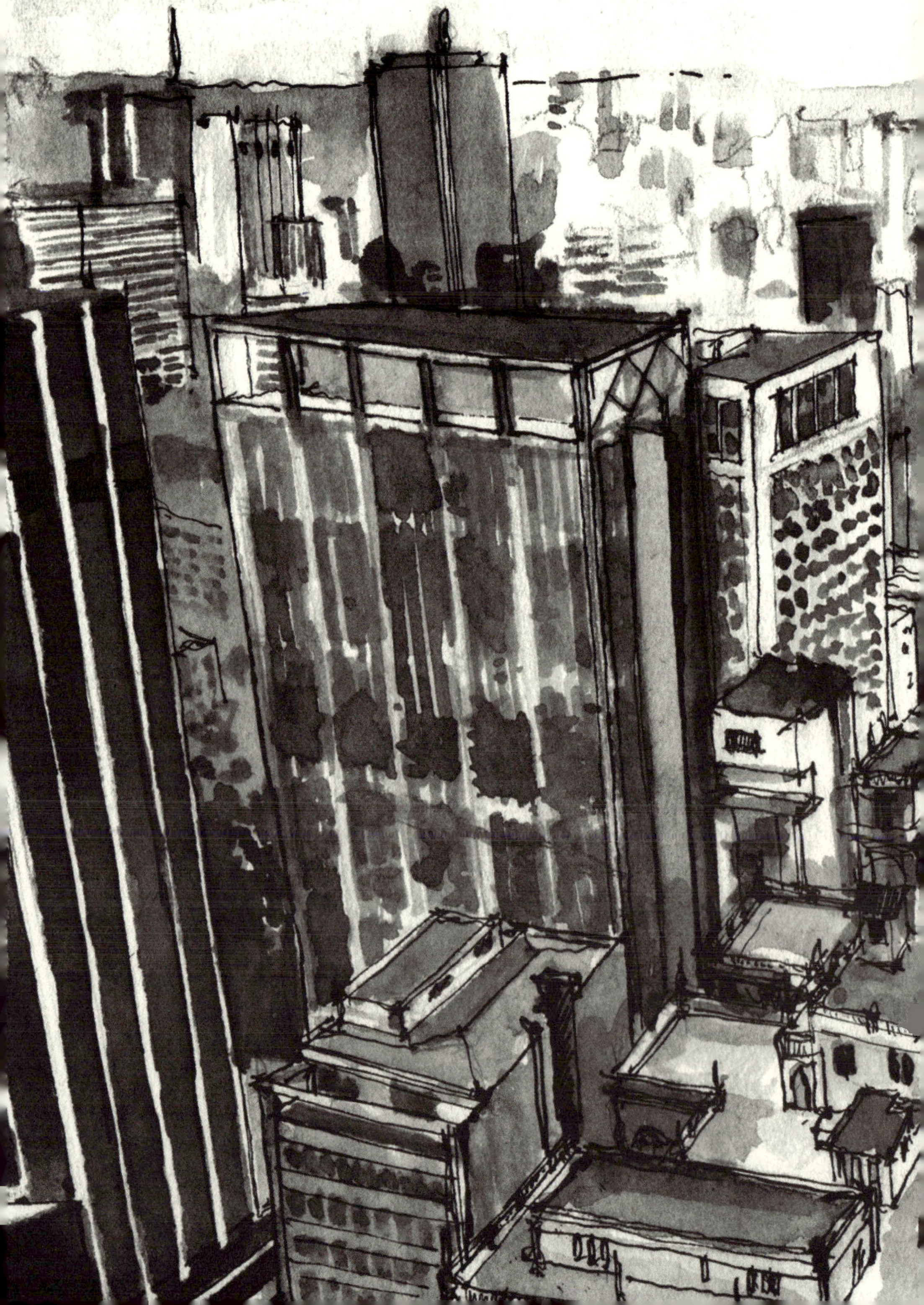

de dezenas de cantores e bandas. Estiveram em Woodstock Bob Dylan, Janis Joplin, Jimi Hendrix, Joan Baez, Ravi Shankar, Santana, Joe Cocker, Johnny Winter, Grateful Dead, The Who, Creedence Clearwater Revival e muitos outros. O festival teve repercussão mundial, principalmente após a distribuição do filme-documentário e a produção de vários discos, que renderam milhões de dólares aos organizadores.

Na mesma época, a cultura "paz e amor" dos *hippies* seria tema do filme-manifesto *Sem destino*, com roteiro de Dennis Hopper e Peter Fonda, que também interpretaram os papeis principais. No filme, a bordo de suas imponentes Harley-Davidson, eles resolvem percorrer, sem destino definido, o interior dos Estados Unidos. Depois de vivenciar inúmeras experiências, com direito a orgias e viagens alucinógenas em comunidades *hippies*, acabam mortos por caipiras (ou "Jecas", como diria Paulo Francis) ignorantes. Mas a grande vitória da chamada Geração Woodstock foi ter contribuído para que os Estados Unidos se retirassem, de maneira inglória, do Vietnã.

Apesar do ambiente repressivo, o Brasil também receberia forte influência do Festival de Woodstock e viajaria pelo interior dos Estados Unidos na garupa das motos de Dennis Hopper e Peter Fonda. Quanto aos costumes, os *hippies* tupiniquins, caracterizados por usarem ponchos, geralmente adquiridos na Bolívia ou Argentina, foram apelidados de bicho-grilo e criaram várias comunidades alternativas, urbanas e rurais (a mais famosa foi a de Arembepe, na Bahia) onde, além do amor livre, a moda era praticar ioga e seguir uma alimentação naturalista que incluía macrobiótica e produtos que não continham defensivos agrícolas ou fertilizantes, sem esquecer o uso de algum tipo de droga ou alucinógeno. Foi a época em que o livro de cabeceira da maioria era *A erva do diabo*, de Carlos Castañeda, um *best-seller* entre os jovens do movimento *hippie* e da contracultura, que elegeram o escritor seu guru e queriam reviver as experiências descritas no livro.

Na música, em pleno período conhecido como "anos de chumbo", enquanto os ouvidos eram bombardeados diariamente por coisas do tipo "Eu te amo, meu Brasil", criação ufanista de Dom e Ravel que dominava as programações das rádios, a única luz nas trevas foi o sur-

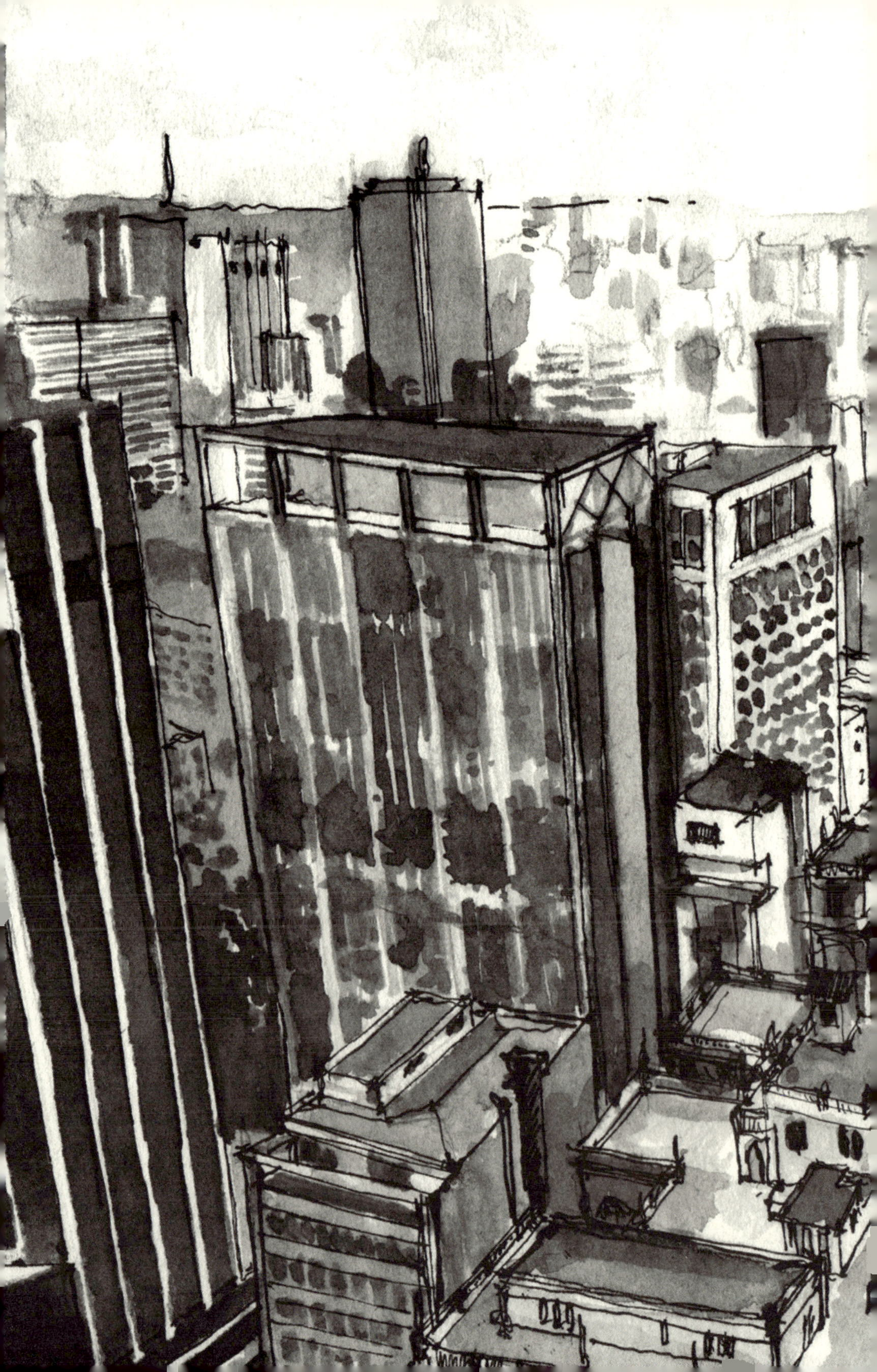

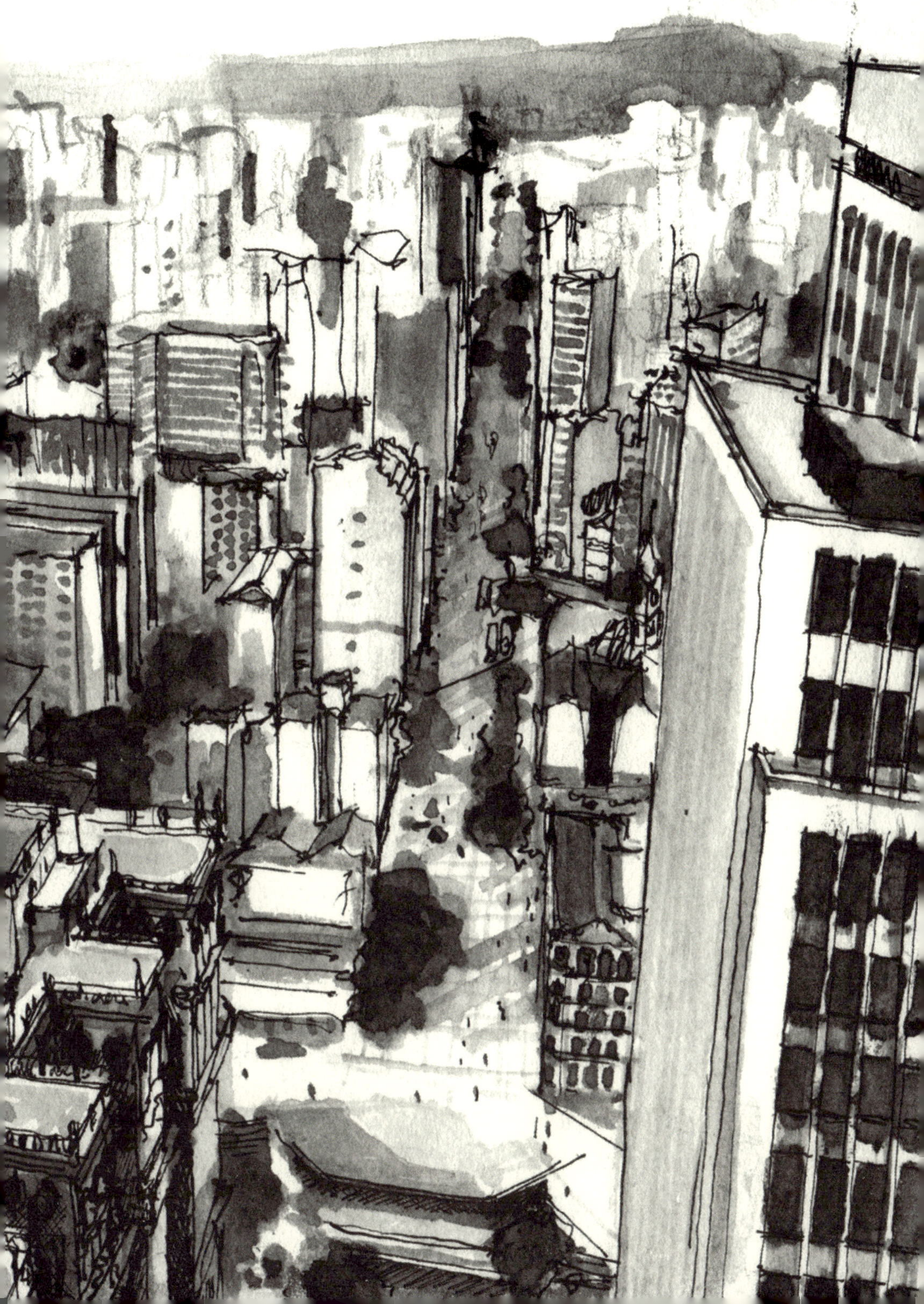

de decretar a deterioração da bela e arborizada praça Roosevelt, onde a grama deu lugar ao concreto, prejudicou centenas de casas e edifícios residenciais pertencentes à classe média, nos bairros de Vila Buarque, Santa Cecília, Higienópolis, Campos Elíseos e Perdizes. Esses imóveis, alguns de alto padrão, perderam seu valor de mercado, foram abandonados pelos antigos proprietários e se tornaram verdadeiros cortiços.

Descontando alguma facilidade no escoamento do trânsito na ligação leste-oeste da cidade, o elevado, inaugurado em 1971 e batizado com o nome Costa e Silva, uma homenagem ao ex-presidente, se tornaria abrigo de moradores de rua e reduto de desocupados e marginais embaixo de toda sua extensão, acelerando o avanço da degradação da região central da cidade. Apesar de alguns projetos propondo sua demolição, o triste marco ainda permanece na paisagem urbana, contribuindo para embrutecer nossa metrópole.

Também agraciados pelo "milagre", os banqueiros faziam a festa no mercado financeiro. Concretizaram-se várias fusões, quando pequenos bancos familiares se uniram para criar grandes instituições, surgiram vários bancos de investimentos, muitas financeiras e, com o *boom* do mercado de ações, uma infinidade de corretoras de valores. Finalmente, com a chegada da primeira administradora de cartões de crédito, o Brasil já podia contar com o dinheiro de plástico e entrar definitivamente na ciranda consumista comandada pelos mestres de Wall Street. Com o cartão de crédito, agora o brasileiro também podia comprar hoje e pagar depois, igual a qualquer norte-americano comum, uma prática até então vista apenas em filmes da terra de Tio Sam.

Ocorre que, no mundo capitalista, o objetivo final é sempre o lucro, portanto, logo seria apresentada a conta. Com a remessa de lucros daquelas empresas multinacionais que operaram o tal "milagre", os dólares que haviam entrado no país voltavam em dobro para seus verdadeiros proprietários, aviltando cada vez mais as reservas do país, obrigando o governo a recorrer cada vez mais ao FMI, cujos tentáculos, traduzidos em juros sobre juros, acabariam por sufocar a economia brasileira.

Alheio a esses problemas (a censura aos meios de comunicação não deixava vazar informações que poderiam abalar a eficiência do regime

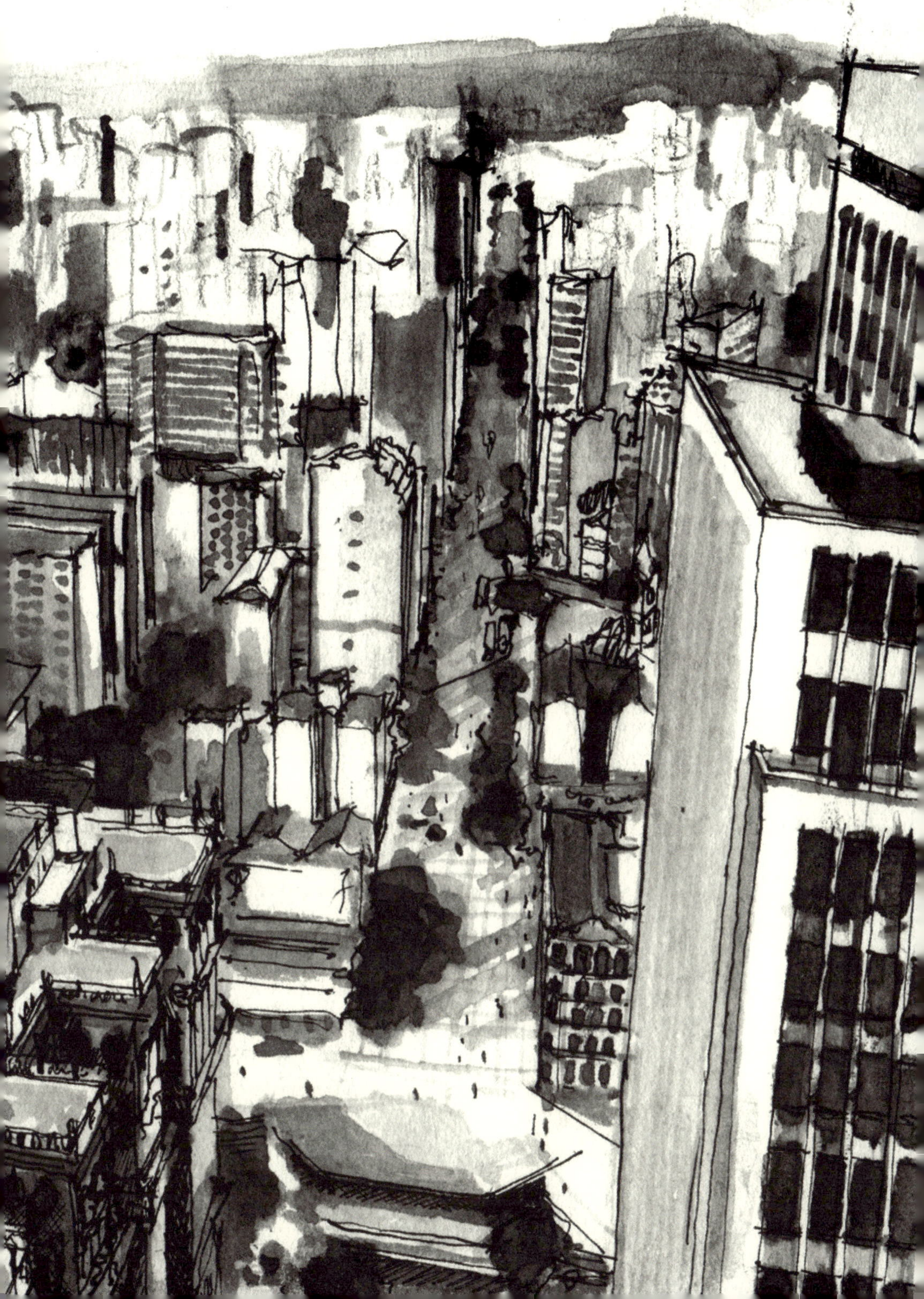

militar), o povo aproveitava para comemorar intensamente a conquista do tricampeonato de futebol na Copa do México, em 1970, que pela primeira vez foi acompanhada ao vivo pela televisão graças ao inovador sistema de transmissão via satélite. Como se não bastasse, muitos brasileiros tiveram o privilégio de admirar os ídolos Pelé, Tostão, Jairzinho e companhia em cores. De fato, com o surgimento da TV em cores, a tecnologia dava outro grande passo no século XX.

Uma cidade nas trevas... Aproveitando o *boom* econômico, que lhes garantia o apoio da classe média, e a euforia popular pela conquista do tricampeonato mundial de futebol, os militares intensificaram o combate aos militantes de esquerda, e os anos que se seguiram devem ser considerados os mais negros da história brasileira.

Num momento em que a guerrilha agonizava por falta de dinheiro, escassez de armamentos e carência de novos adeptos, as Forças Armadas partiram para o extermínio premeditado dos militantes que, mesmo quando capturados com vida, eram barbaramente torturados e depois friamente executados. Ficou tristemente famoso o aparelho clandestino da repressão conhecido como a Casa da Morte, de Petrópolis (RJ), um antro de torturas que nada ficava devendo às masmorras medievais dos tempos da Inquisição.

Outras atrocidades foram cometidas nas proximidades do rio Araguaia, no Pará, onde alguns militantes haviam criado um núcleo de resistência à ditadura. Além de contar com menos de uma dezena de integrantes históricos do PC do B, o grupo era formado por médicos, intelectuais, estudantes, profissionais liberais e camponeses, em sua maioria pessoas inofensivas. Mesmo assim, o governo ordenou o extermínio daquela comunidade. Entre 1973 e 1975, seguiram-se os assassinatos sistemáticos dos combatentes do Araguaia, quando os carrascos, além de torturar e matar, davam sumiço nos restos mortais de suas vítimas. Muitos daqueles corpos até hoje continuam sem a digna sepultura a que teriam direito.

Em São Paulo, surgiram os famigerados organismos policiais do Destacamento de Operações de Informações – Centro de Operações de

Tristeza na cidade: em 1977, o Ponto Chic fecha as portas Consideradas um sinal de progresso por alguns, na verdade, aquelas mudanças do poder financeiro para a avenida Paulista representavam o início da decadência da região central, que em poucos anos se tornaria irreversível.

Ao longo da década, muitas salas de cinema surgiram nos grandes edifícios que, a exemplo do Conjunto Nacional, contavam com prédio de escritórios e galerias comerciais no piso térreo e nos mezaninos. Além do Cine Belas Artes, na rua da Consolação quase esquina com a Paulista, com várias salas de exibição, o Cine Astor e o Cine Rio no Conjunto Nacional, inaugurados na década anterior, novas salas se multiplicavam ao longo da avenida e entorno: Bristol, Liberty, Gazeta, Gazetinha, Top Cine, Paulistano, Majestic, entre outros.

Ao mesmo tempo, os amplos e luxuosos cinemas da região central começaram a sentir os efeitos daquelas mudanças. Pela falta de público, muitas salas foram reformadas e transformadas em duas ou mais salas, em sua maioria pequenas e pouco confortáveis. A qualidade dos filmes também mudou para pior, com a exibição de comédias tipo pastelão, filmes eróticos e as famosas pornochanchadas, produzidas em série pelas pequenas produtoras instaladas na Boca do Lixo. Com uma programação tão "pouco recomendável" e a oferta de ingressos a "preços promocionais", o perfil do público mudaria radicalmente. Como resultado, em poucos anos, alguns cinemas tradicionais seriam demolidos para dar lugar a estacionamentos, como foi o caso do Cine República, na praça da República, e do Coral, na rua 7 de Abril; outros se tornariam "templos" de igrejas evangélicas, entre eles o Metro, na avenida São João. Nas décadas seguintes, com o surgimento de vários *shopping centers*, essa tendência se repetiria também nos bairros da cidade. Um triste fim para os cinemas de rua.

O êxodo da clientela também afetaria os restaurantes tradicionais da região central. Alguns, seguindo os rastros do Fasano, avançaram em direção ao espigão da Paulista, optando pela alameda Santos, outros tiveram que acompanhar o novo ritmo do paulistano, que não dispunha de muito

tempo para almoçar, criando alternativas como o prato rápido, que anos depois seria rotulado com o nome sofisticado de prato executivo.

Ao mesmo tempo se multiplicavam as lanchonetes e restaurantes que serviam o famoso prato feito, geralmente consumido em pé, no balcão. Desses locais, um dos mais agradáveis e, portanto, bastante concorrido, era a rotisseria Massadoro, na rua 7 de Abril, que tinha no cardápio deliciosas massas, grelhados, assados e outros pratos típicos italianos, além de servir sopas no final da tarde. A qualidade duvidosa ficava por conta do restaurante popular denominado Giratório, no largo do Paissandu, quase ao lado do Ponto Chic, onde o cliente entrava, sentava-se a uma plataforma giratória e comia o chamado prato do dia, que era consumido rapidamente, até chegar à saída da plataforma. Um garçom limpava o balcão e o lugar estava pronto para o próximo cliente.

Alguns estabelecimentos comerciais, entre eles o Mappin, a Casa Fretin, a Botica Ao Veado d'Ouro, a Casa Califórnia, a Casa São Nicolau e poucas outras ainda resistiam bravamente, mas a região central já havia perdido seu *glamour* e a decadência era cada dia mais visível.

Com a mudança do perfil dos frequentadores dos cinemas, bares e restaurantes da avenida São João, que à noite se tornara um lugar pouco recomendável, a boemia também começou a procurar locais mais seguros. Mesmo assim, graças à preservação da qualidade do chope e do sanduíche bauru, o Ponto Chic ainda contava com a fidelidade de sua clientela mais saudosista.

No entanto, em 1977, por causa de uma "denúncia vazia", um artifício da Lei do Inquilinato que permitia aos proprietários retomar o imóvel para uso próprio, o Ponto Chic fechou as portas, para tristeza de várias gerações de boêmios. Houve uma emocionante festa de despedida reunindo os frequentadores mais assíduos, mas também a reação violenta de alguns funcionários que, revoltados com o fechamento de um reduto tão emblemático para a cidade, praticamente destruíram as instalações do bar.

Em 1978, surge o novo Ponto Chic

Mas estava escrito que o Ponto Chic não iria morrer, e logo seria reaberto em outro endereço.

Quem conta essa história é José Carlos Alves de Souza, um dos atuais proprietários:

> Desde pequeno ouvia meus pais, Antonio Alves de Souza e Edna Carloni Alves de Souza, que já eram do ramo de restaurantes, comentarem com os amigos a respeito dos bares, restaurantes, cinemas, teatros, casas noturnas, bilhares e outros pontos importantes do centro de São Paulo. Muitas e muitas vezes ouvi os nomes do Bar do Jeca, Bar Avenida, Bar Brahma, Bar Guanabara, Salada Paulista, e dos restaurantes Fasano, do Papai, Filé do Moraes, Automático, Giratório e outros que no momento não me recordo, além, é claro, de comentários especiais sobre o Ponto Chic, onde meu pai havia trabalhado como garçom nos anos 50. Aquilo sempre aguçava minha curiosidade de criança e aguardava ansioso o dia em que poderia conhecer aqueles locais.
>
> Durante toda minha infância passei a frequentar quase diariamente o chamado centro novo da cidade e aprendi a gostar de tudo que ali se encontrava: as lojas, os cinemas, os bares, e observava as pessoas sempre apressadas, em busca de algo que parecia inatingível. Com meus pais, frequentei alguns daqueles locais que, anos depois, em minha juventude, passei a admirar ainda mais, embora ciente de que alguns já não mais existiam.
>
> Com interesse, às vezes com medo e preocupação, acompanhei as mudanças que vertiginosamente aconteciam na região central. Eram casas famosas que fechavam dando lugar a novos tipos de comércio, outras porque os prédios seriam demolidos para dar lugar a novas construções. Porém, o que mais chamava minha atenção eram os comentários das pessoas que lastimavam não poder mais frequentar determinados locais, fosse apenas para seus passeios ou mesmo devaneios dos arroubos da juventude.
>
> Eu presenciava a vida passar e o progresso avançar como um rolo compressor numa cidade onde tudo se modificava. Constatava que também um pouco da minha história se perdia: a praça Clóvis, onde eu pegava o ônibus que me levava para casa, de repente não mais existia. Em seu lugar surgira uma grande praça da Sé. Muitas lojas famosas

haviam fechado, outras mudaram de endereço, empobrecendo ainda mais o centro de tantas tradições. Certo dia, em 1977, uma manchete estampada em diversos jornais da época despertou minha atenção: "FECHOU O PONTO CHIC." Com tristeza eu pensei: lá se vai o último reduto boêmio da cidade.

No entanto, os astros quiseram o contrário. Ocorre que, na mesma época, o sr. Antonio Alves de Souza estava prestes a abrir um bar no largo Padre Péricles, no bairro de Perdizes. Diante da triste notícia do fechamento do Ponto Chic, ele resolveu procurar o antigo proprietário disposto a não deixar que o bar morresse para sempre. José Carlos relata como seu pai conseguiu salvar o Ponto Chic:

> Logo que soube da notícia do fechamento melancólico do Ponto Chic, meu pai se empenhou a não permitir que o bar simplesmente fechasse as portas para sempre. Disposto a resolver o assunto, procurou o antigo proprietário, Odilio Cecchini, para saber se realmente ele não tinha mais interesse em continuar com o bar. Recebeu como resposta que ele não tinha disposição para continuar e que meu pai poderia utilizar o nome.
> Imediatamente, meu pai procurou os antigos funcionários propondo que fossem trabalhar no novo Ponto Chic que seria aberto nas Perdizes, convite que de imediato foi aceito por alguns deles. Assim, em julho de 1978, o Ponto Chic foi reaberto tendo em seu quadro cinco dos ex-funcionários.
> A notícia se espalhou como rastilho de pólvora, e novamente os jornais traziam manchetes em letras garrafais, desta vez anunciando a reabertura do Ponto Chic, um dos mais tradicionais pontos de encontro da boemia paulistana. Nós não estávamos preparados para tamanha repercussão e foi uma correria só: casa lotada, fila na calçada, garçons perdidos no meio do movimento, o caixa que não dava conta de receber, a chapa que esfriava não dando tempo para que o queijo derretesse no ponto... Foi uma loucura total que durou algumas semanas.

Parecia que São Paulo inteira resolveu conhecer ou matar saudades do Ponto Chic e do tradicional sanduíche bauru. Por fim, conseguimos atender todos a contento. Aos poucos o movimento da casa foi se assentando; mesmo assim, durante meses, tivemos casa lotada diariamente até altas horas da madrugada. De quinta a sábado, rodávamos praticamente 24 horas por dia, e vários dos antigos frequentadores voltaram a ser *habitués*.

O Ponto Chic de volta ao largo do Paissandu

O novo Ponto Chic se consolidava no bairro de Perdizes, e seu grande sucesso serviu como incentivo para que, em 1981, a família Alves de Souza também levasse o bar de volta ao seu endereço original, no largo do Paissandu, como lembra José Carlos:

Em 1979, eu ainda exercia a profissão de engenheiro eletricista, que é minha formação, em uma indústria de Guarulhos. Por causa de um desentendimento com a diretoria da empresa, pedi demissão e resolvi ajudar meus pais na organização do escritório do Ponto Chic, que na verdade não existia, pois dependíamos exclusivamente de um escritório de contabilidade que nos assessorava. Passados três meses, tentei retornar ao mercado de trabalho, mas não foi possível devido aos baixos salários oferecidos. Resolvi então ajudar meus pais a ampliar a empresa.

Quase no final de 1980, uma placa "aluga-se" anunciava que o velho casarão (um prédio de três andares com mais de 100 anos) onde nascera o Ponto Chic, em 1922, estava novamente disponível para locação, pois havia terminado a carência de três anos da denúncia vazia que motivara o despejo e o fechamento do bar. Entramos em contato com a imobiliária responsável pela administração, e logo estávamos de posse do imóvel. Num primeiro momento ficamos assustados, pois o local, que permanecera fechado todo aquele tempo, estava praticamente em ruínas. Lembro que meu pai quase chorou ao ver o enorme balcão de mármore partido ao meio e os espelhos quebrados. Arregaçamos as mangas e, após três meses de reformas, o velho Ponto Chic ressurgira dos escombros e estava pronto para ser reaberto em seu antigo e tradicional endereço.

Ao anunciarmos a reabertura, novamente o Ponto Chic ocupou as manchetes dos jornais e o noticiário de todas as rádios e TVs. A Rede Globo entrevistou antigos frequentadores e a matéria foi exibida no *Jornal Nacional*.

Para a festa de reabertura, dia 24 de março de 1981, foram convidadas pessoas que de alguma forma haviam contribuído para o sucesso da casa. Por volta das 19 horas, os convidados foram chegando, e uma multidão de curiosos também. Duas horas depois, havia centenas de pessoas no largo do Paissandu querendo entrar no bar e fomos obrigados a fechar as portas, pois não havia como servir aquela multidão. Lá pelas tantas, portas fechadas, chegou o ex-governador Abreu Sodré, que foi barrado por um dos seguranças, que não o reconheceu. Avisado por outras pessoas de quem se tratava, ele pediu mil desculpas e permitiu a entrada do ilustre convidado. Também estavam presentes aqueles que durante muitos anos gerenciaram o Ponto Chic, o sr. Joaquim, o sr. Alcides e o senhor Cipriano, que, felizes em poder relembrar os velhos tempos, mal conseguiam conter a emoção.

Para a ocasião, mandamos confeccionar um busto em bronze de Casimiro Pinto Neto, de autoria do escultor Luiz Morroni, e uma placa com os dizeres "Sua Excelência, o Bauru", uma justa homenagem ao criador do famoso sanduíche. O discurso de inauguração do busto foi feito pelo vereador João Brasil Vita, e o descerramento pela esposa de Casimiro, sra. Miriam. Infelizmente Casimiro não pôde comparecer, pois estava hospitalizado.

De fato, Casimiro Pinto Neto estava muito debilitado e faleceu no dia 3 de dezembro de 1983. Nesse dia, em sinal de luto, o Ponto Chic do largo do Paissandu fechou as portas e foi homenagear o inventor do bauru, como lembrou Miriam, esposa de Casimiro: "Foi uma coisa muito bonita. Fecharam o Ponto Chic e foram todos ao velório do Bauru. Serviram sanduíche bauru a noite inteira."

O Ponto Chic se espalha pela cidade Devido ao grande sucesso das duas casas, que viviam lotadas, e graças à divulgação espontânea por ocasião da reabertura em seu tradicional endereço do largo do Paissandu, os novos proprietários resolveram levar o Ponto Chic para outros pontos da cidade, como lembra José Carlos:

> Em 1982, recebemos uma proposta nos oferecendo um imóvel localizado na avenida Ibirapuera, no bairro de Moema, bem em frente ao *shopping*. Na época, a avenida concentrava uma infinidade de restaurantes, bares para o público jovem e casas noturnas onde se podia ouvir boa música ao vivo. Nas noites de sexta e sábado, o movimento de automóveis era intenso e o trânsito praticamente parava a avenida, o que significava a garantia de um grande fluxo de público, portanto, resolvemos investir na montagem de mais um Ponto Chic, que foi inaugurado em março de 1983 e foi um sucesso total.
>
> Em novembro de 1986, compramos o ponto de uma lanchonete que havia na praça Oswaldo Cruz, no bairro do Paraíso, ao lado da antiga loja de departamentos Sears, onde atualmente funciona o Shopping Paulista. Renegociamos o contrato de aluguel e, depois de alguns meses de reforma, em março de 1987 inauguramos o Ponto Chic também na região da avenida Paulista, realizando um antigo sonho de meus pais.

Encerrando seu depoimento, José Carlos Alves de Souza relata um fato, entre tantos, que marcou profundamente sua vida à frente do Ponto Chic:

> Ao longo desses anos, em minha convivência diária com os frequentadores do Ponto Chic, ouvi muitas histórias interessantes e presenciei muitos acontecimentos. Alguns fatos marcaram minha vida nesse período, mas o que mais me emocionou aconteceu em outubro de 1985, no Ponto Chic do Paissandu.
>
> Eu estava sentado no caixa quando um senhor bem vestido entrou e ficou observando a casa, em seguida dirigiu-se ao banheiro. Retornando, observou novamente a casa e saiu para a rua, voltando logo em se-

guida para novamente ficar observando, e tornou a sair. Passado algum tempo, ele retorna e eu, já preocupado com aquela presença estranha, abordei-o e procurei saber se desejava alguma coisa. Foi quando ele me disse que não queria nada, apenas queria observar o local. Em seguida sentou-se a uma das mesas. Retornei ao meu posto de trabalho e fiquei observando aquele senhor que, de repente, começou a chorar. Abordei-o novamente, ele me convidou a sentar e, entre lágrimas, começou a contar que ali passara bons momentos de sua juventude e que aquele lugar lhe trazia muitas recordações de amigos e de fatos. Disse que era médico e que estava clinicando em uma cidade do interior, mas sempre que podia retornava a São Paulo, em especial ao Ponto Chic, para matar saudades. Disse também que provavelmente aquela seria a sua última visita ao local, pois seu estado de saúde não lhe permitia mais viajar. Eu fiquei muito emocionado e quase chorei junto com aquele senhor.

Até há alguns anos, no Ponto Chic do largo do Paissandu, fatos como esse, envolvendo antigos frequentadores em busca das boas lembranças da juventude, eram observados cotidianamente pelos garçons, fosse numa conversa de amigos ou mesmo num desabafo com o próprio garçom.

Mas, todos sabem, o tempo é inexorável. Ele passa rápido e, como um vendaval, arrasta a maioria das lembranças.

O Ponto Chic multiplicou-se, modernizou-se e, para não perder o bonde da história, teve que adaptar o cardápio aos novos tempos. No entanto, basta entrar naquele velho casarão colonial localizado no número 27 do largo do Paissandu para sentir uma agradável sensação de que o passado ainda está presente no local. Em seguida, ao saborear um bauru, acompanhado de um chope, descobrir o verdadeiro sabor paulistano.

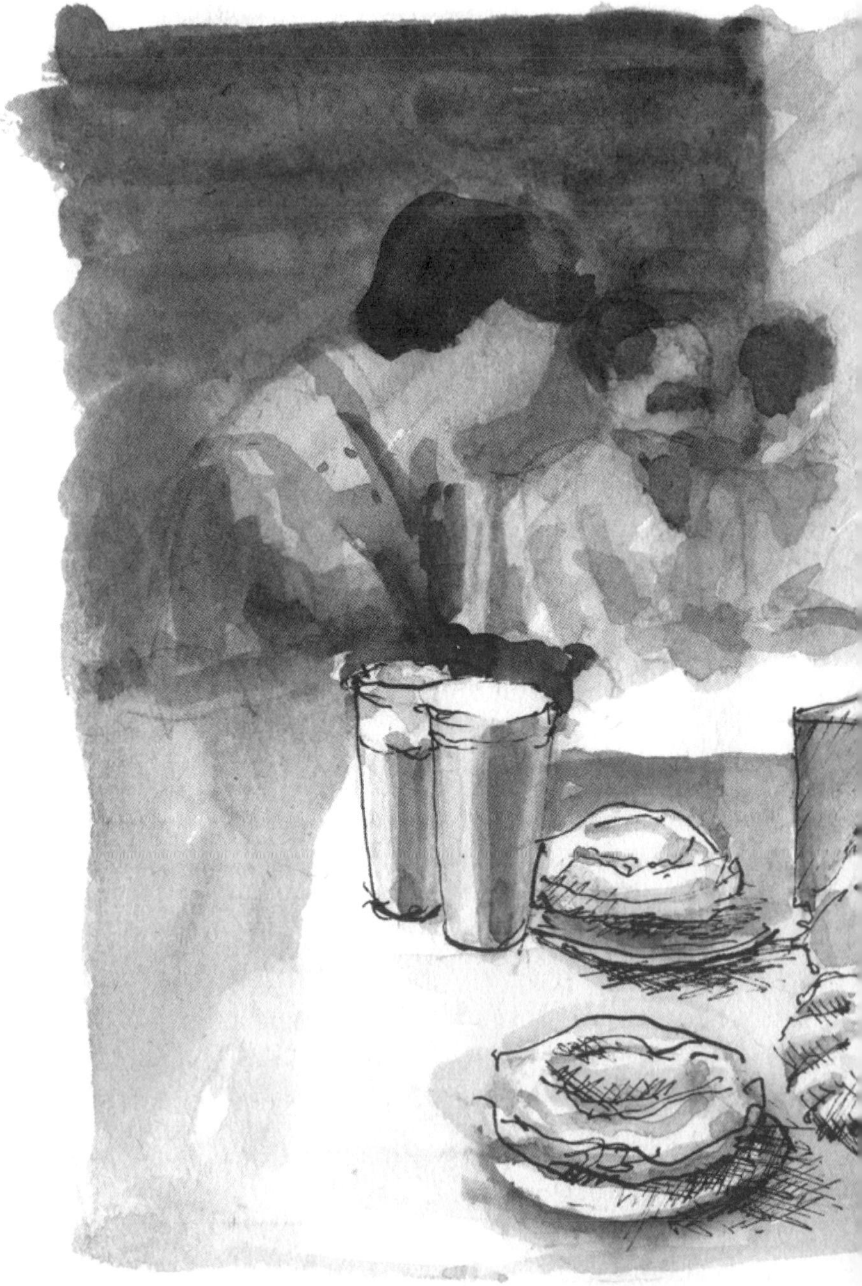

Receitas do Ponto Chic

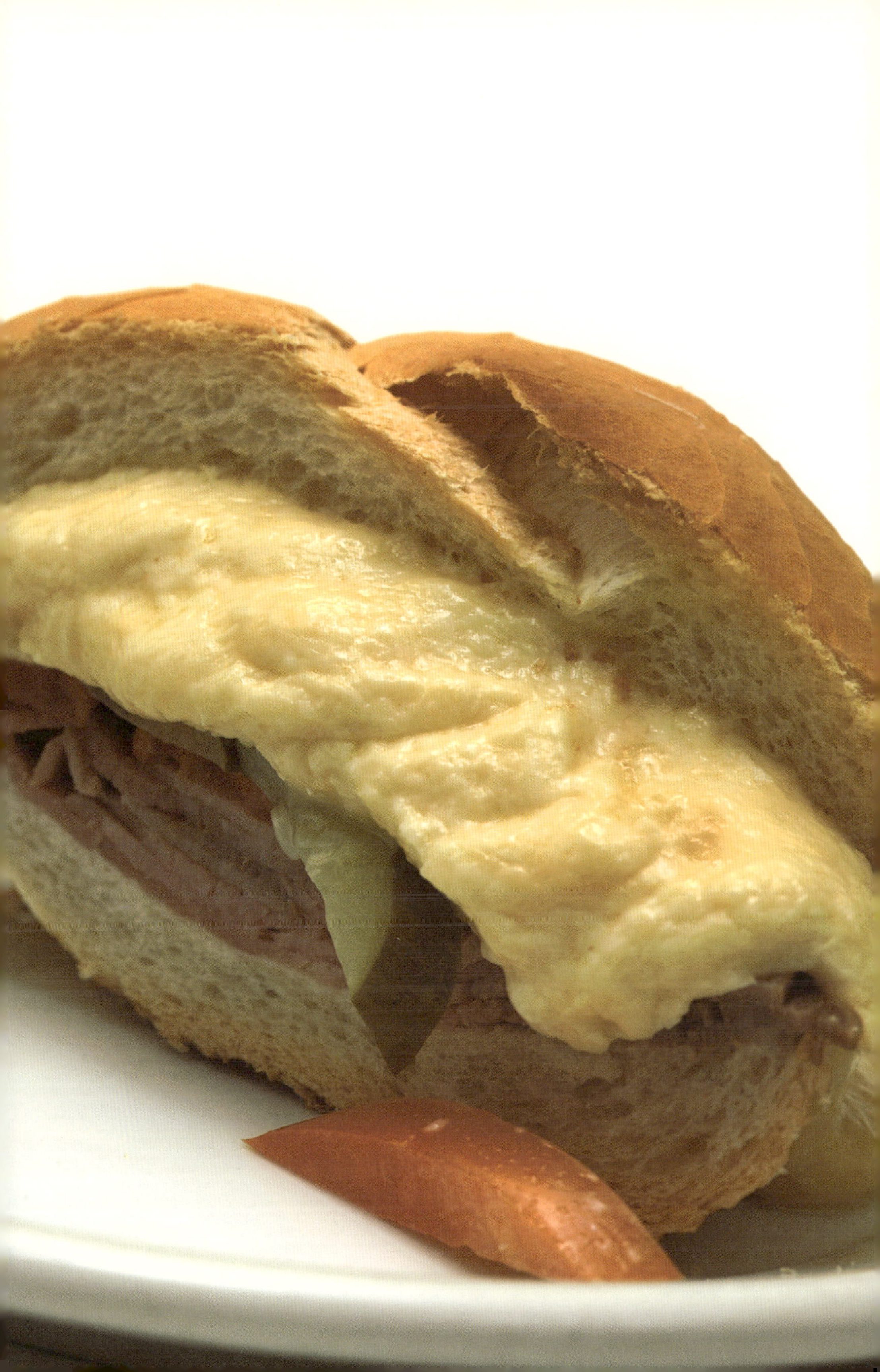

Bauru

RENDIMENTO: 1 sanduíche

INGREDIENTES
Rosbife
100 g de três queijos fundidos (porções iguais de queijo estepe, golda, suíço ou prato)
50 g de manteiga (consistente e bem gelada)
3 rodelas de tomate
2 rodelas de pepino em conserva
1 pão francês ou outro de sua preferência

PREPARO DO ROSBIFE
Limpe uma peça inteira de lagarto e coloque-a para assar em forno bem quente, girando-a algumas vezes e regando com a própria gordura. A peça de lagarto deve ficar tostada por fora e malpassada por dentro. Deixe esfriar e coloque na geladeira por mais ou menos 5 horas. Quando estiver fria, fatie em lâminas finas.

PREPARO DA MISTURA DE QUEIJOS

Em uma forma de alumínio média, coloque um pouco de manteiga para que o queijo não grude no fundo.

Após a manteiga ter derretido, insira quantidades iguais dos três tipos de queijo. **1 2**

Adicione água suficiente para que a mistura não fique muito grossa. **3**

Mexa até que todos os ingredientes estejam totalmente mesclados. **4 5 6**

PREPARO DO PEPINO EM CONSERVA

Deixe um pepino grande imerso em vinagre por mais ou menos sete dias.

MONTAGEM DO SANDUÍCHE

Prepare o pão para receber o recheio, retirando parte do miolo da metade superior do pão. **1 2 3**
Coloque 3 a 4 fatias de rosbife sobre a metade de baixo do pão. **4**

MONTAGEM DO SANDUÍCHE (cont.)

Cubra o rosbife com 3 fatias finas de tomate. **5**
Em seguida, coloque fatias finas de pepino em conserva. **6**
Na outra metade do pão, coloque parte do queijo fundido em banho-maria. **7 8 9**
Junte as duas partes, corte ao meio e sirva acompanhado de uma bebida bem gelada. **10**

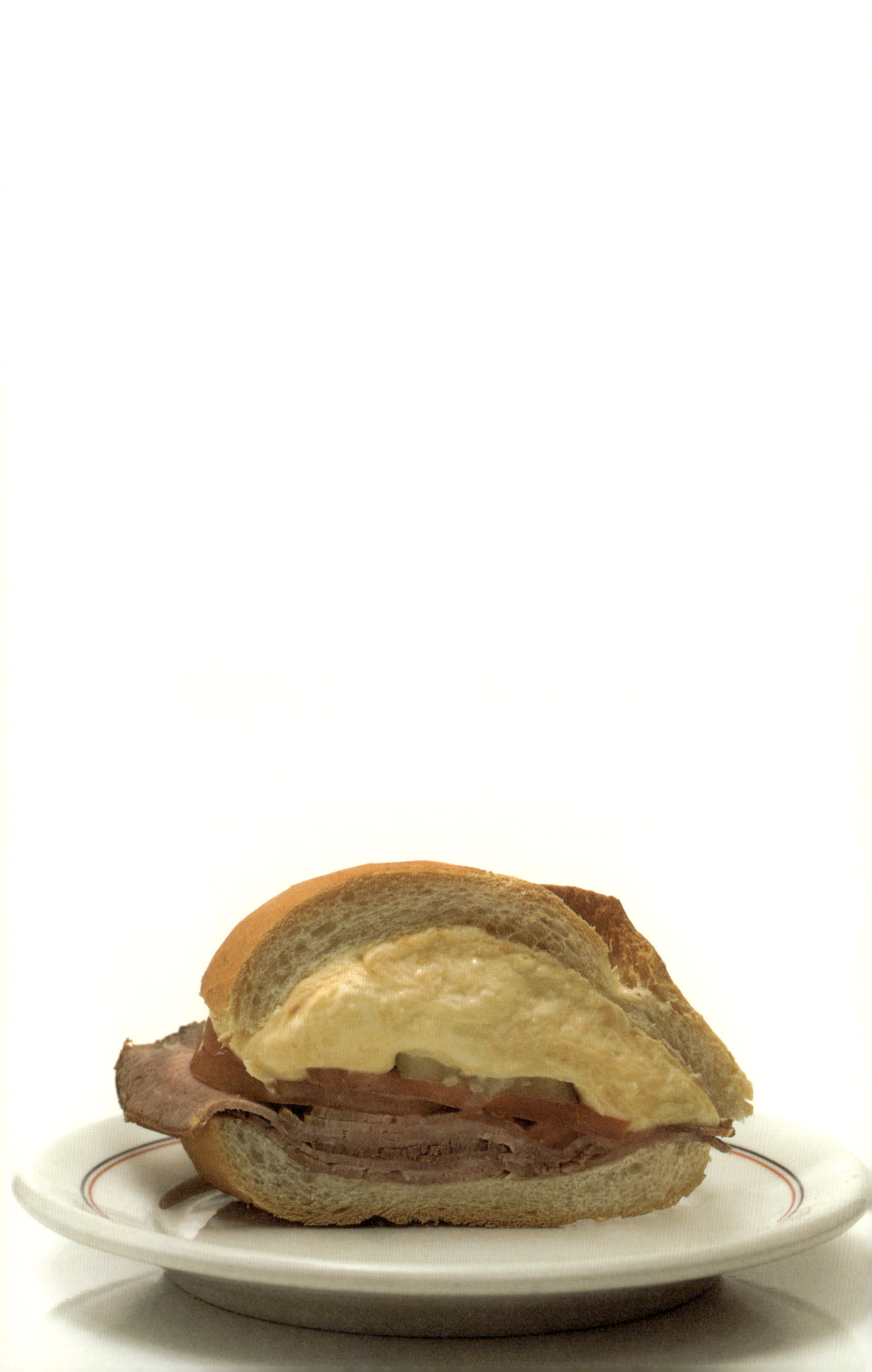

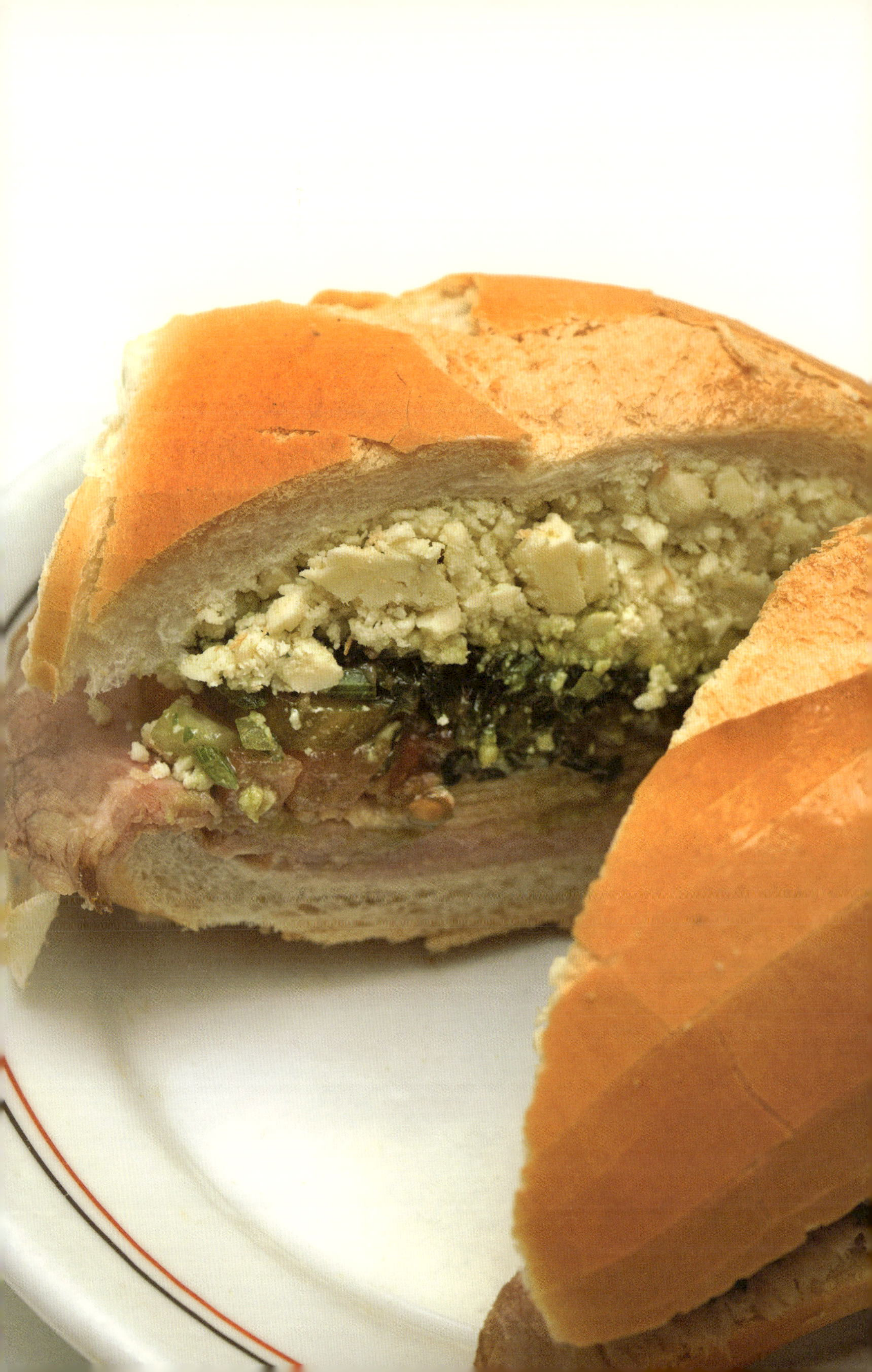

Rococó

RENDIMENTO: 1 sanduíche

INGREDIENTES
Rosbife
50 g de queijo gorgonzola
50 g de anchova (aliche)
50 g de manteiga (consistente e bem gelada)
1 colher de salsinha bem picada (somente as folhas)
1 colher de cebola bem picada
3 rodelas de tomate
2 rodelas de pepino em conserva
Pão (francês, forma ou de centeio)

PREPARO DO ROSBIFE
(ver receita do Bauru)

PREPARO DO QUEIJO
Corte o queijo gorgonzola em pedaços pequenos. Faça o mesmo com a manteiga. Misture com um garfo grande o queijo gorgonzola e a manteiga amassando até conseguir uma mistura uniforme, como uma pasta.

PREPARO DO ALICHE
Com uma faca, pique a salsinha até conseguir uma massa uniforme. Misture a cebola e a salsinha. Acrescente os 50 g de anchova (retire o sal) e volte a picar com a faca até que a mistura fique homogênea. Coloque a mistura em uma forma e leve à geladeira por cerca de 4 horas.

PREPARO DO PEPINO EM CONSERVA
(ver receita do Bauru)

MONTAGEM DO SANDUÍCHE
Prepare o pão para receber o recheio. Na metade de baixo coloque de 3 a 4 fatias de rosbife, cubra com a pasta de aliche. Acrescente 3 fatias finas de tomate e 2 fatias finas de pepino em conserva. Na outra metade passe a pasta de queijo. Junte as duas partes, corte em quatro pedaços e sirva acompanhado de uma bebida quente (Steinhäger, caninha ou vodca) e cerveja ou chope.

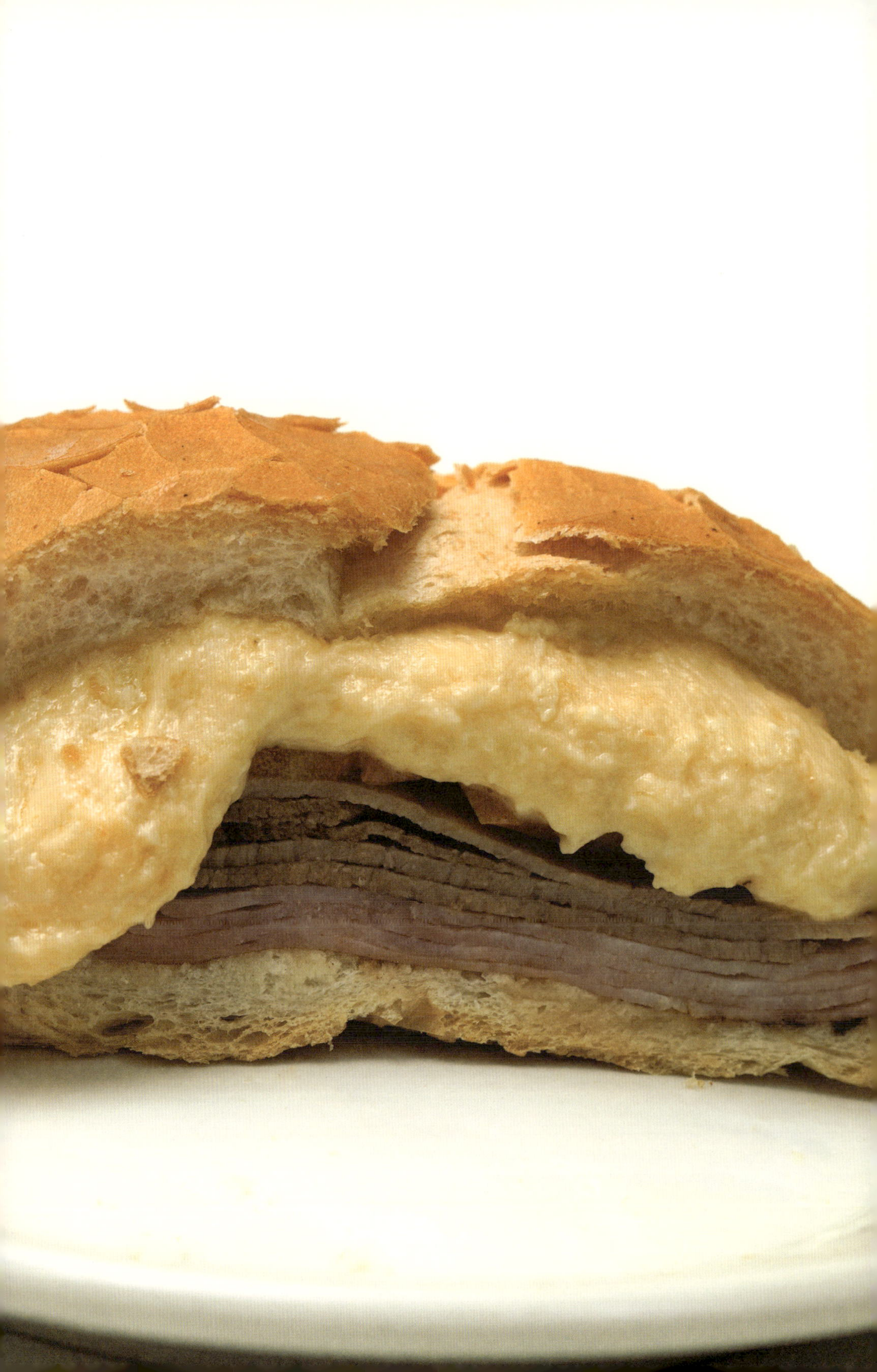

Seleto

RENDIMENTO: 1 sanduíche

INGREDIENTES
100 g de mistura de três queijos fundidos em banho-maria
(porções iguais de queijo estepe, golda, suíço ou prato)
70 g de rosbife
70 g de presunto gordo
50 g de manteiga (consistente e bem gelada)
3 rodelas de tomate
2 rodelas de pepino em conserva
1 pão francês

PREPARO DO QUEIJO
(ver receita do Bauru)

PREPARO DO ROSBIFE
(ver receita do Bauru)

PREPARO DO PEPINO EM CONSERVA
(ver receita do Bauru)

MONTAGEM DO SANDUÍCHE
Em uma chapa de ferro ou frigideira frite o presunto. Coloque sobre o presunto as fatias de rosbife para que aqueçam levemente. Prepare o pão para receber o recheio. Na metade de baixo, coloque o rosbife e o presunto. Acrescente 3 fatias finas de tomate e 2 fatias finas de pepino em conserva. Retire o miolo da parte superior do pão, coloque a mistura de queijos fundidos e cubra a outra parte. Está pronto. Corte ao meio e sirva acompanhado de chope ou cerveja bem gelada.

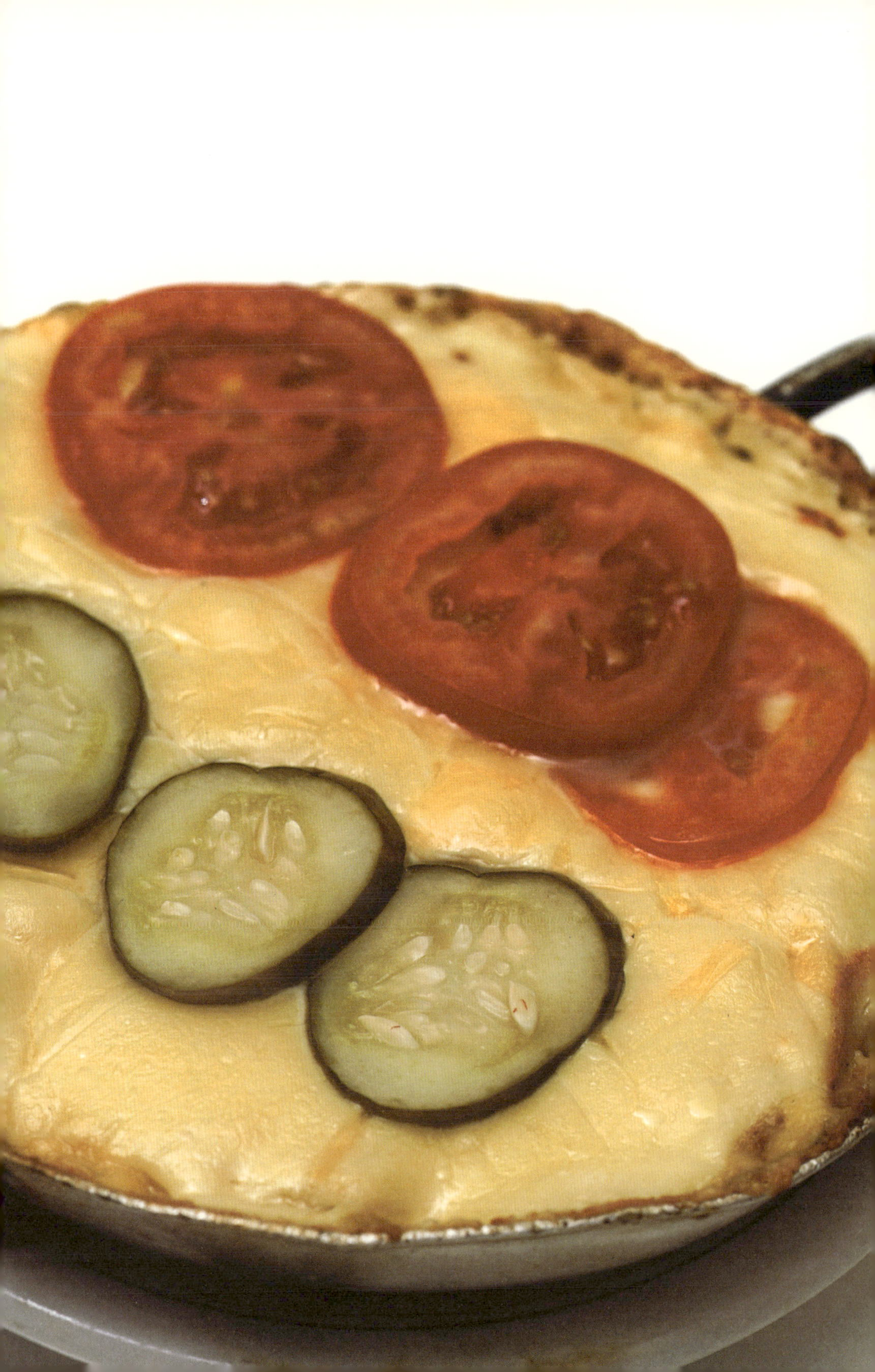

Mexidinho

RENDIMENTO: 1 porção

INGREDIENTES
60 g de mistura de queijos fundidos em banho-maria
(porções iguais de queijo estepe, golda, suíço ou prato)
90 g de presunto magro picado
2 ovos
20 g de manteiga
2 rodelas de tomate
2 rodelas de pepino em conserva

PREPARO
Unte com meia colher de sopa de manteiga um pergaminho tamanho médio ou frigideira pequena (18 cm de diâmetro). Leve ao fogo baixo e deixe a manteiga derreter. Coloque o presunto picado e deixe fritar na manteiga, sempre mexendo para não queimar, até dourar. Coloque os ovos em uma xícara, mexa-os e depois despeje sobre o presunto. Não pare de mexer. Acrescente a mistura de queijos (previamente derretidos em banho-maria). Misture tudo até obter uma massa homogênea. Sobre a massa, acrescente duas rodelas de tomate e duas de pepino. Sirva bem quente, direto no pergaminho ou frigideira, acompanhado de rodelas de pão francês.

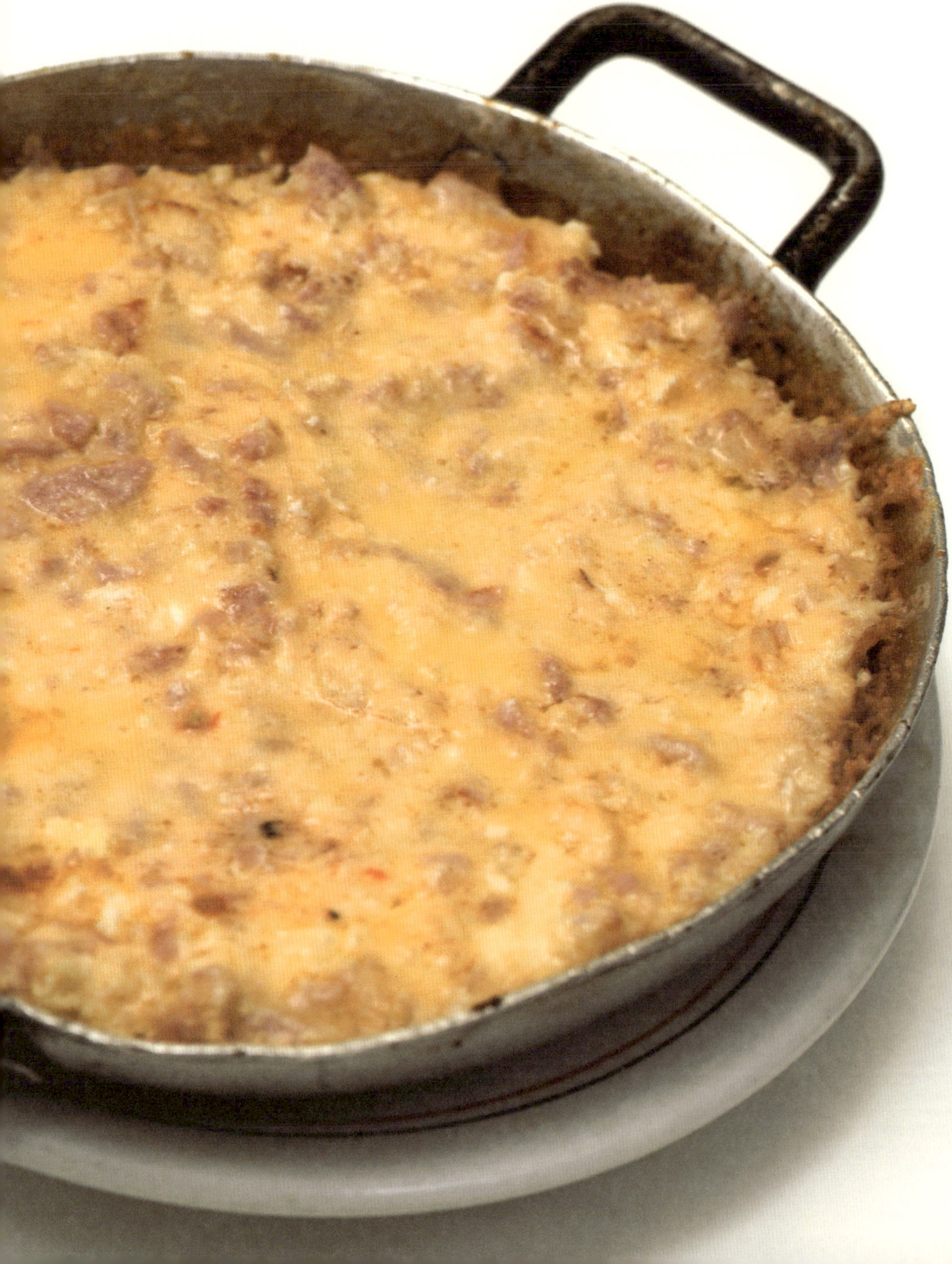

Fritada ao Ponto Chic

RENDIMENTO: 1 porção

INGREDIENTES
100 g de queijo suíço ou estepe em fatias
100 g de presunto gordo em fatias
1 ovo
1 colher de manteiga
2 rodelas de tomate
2 rodelas de pepino em conserva

PREPARO

Em um pergaminho tamanho médio ou frigideira pequena (18 cm de diâmetro), passe a manteiga por toda a área. Coloque as fatias de presunto em volta deixando o centro do fundo vazio. Quebre o ovo e coloque no centro do pergaminho. Em seguida, cubra tudo com as fatias de queijo. Tampe e leve ao fogo brando por 5 minutos ou até o presunto ficar levemente tostado. Retire do fogo e acrescente duas rodelas de tomate e duas de pepino. Saboreie no próprio recipiente acompanhado de fatias de pão francês ou de pão de forma.

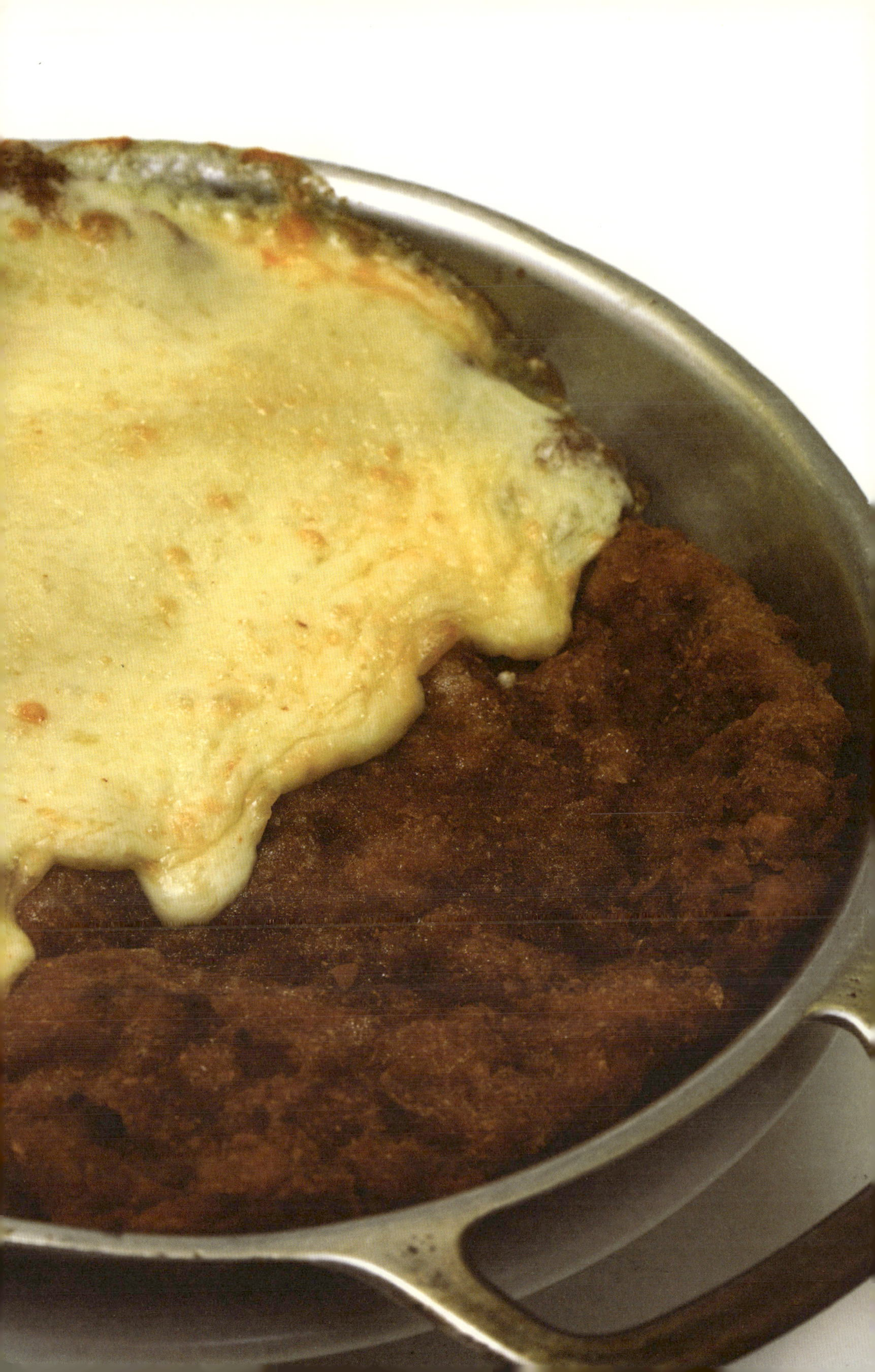

Filé à parmegiana

RENDIMENTO: 1 porção

INGREDIENTES
300 g de filé-mignon
2 xícaras de molho de tomate (molho ao sugo)
120 g de queijo tipo mussarela fatiado
2 ovos batidos com ½ xícara de leite
100 g de farinha de trigo
100 g de farinha de rosca

PREPARO
Abra o filé-mignon até que fique com 1 cm de espessura.
Cubra o filé com a farinha de trigo, depois passe-o nos ovos batidos com leite até umedecê-lo bem e, em seguida, na farinha de rosca, cobrindo-o todo. Com a palma da mão, bata no filé para fixar bem a farinha de rosca.
Frite o filé em uma frigideira com bastante óleo quente, até que a farinha de rosca comece a ficar dourada.
Coloque o filé frito em um pergaminho de 22 cm de diâmetro ou em uma assadeira pequena de metal.
Despeje as duas xícaras de molho de tomate sobre o filé.
Cubra o filé com as fatias de queijo tipo mussarela.
Leve ao forno aquecido a 300 °C por 5 minutos.
Sirva acompanhado de arroz e batatas fritas.

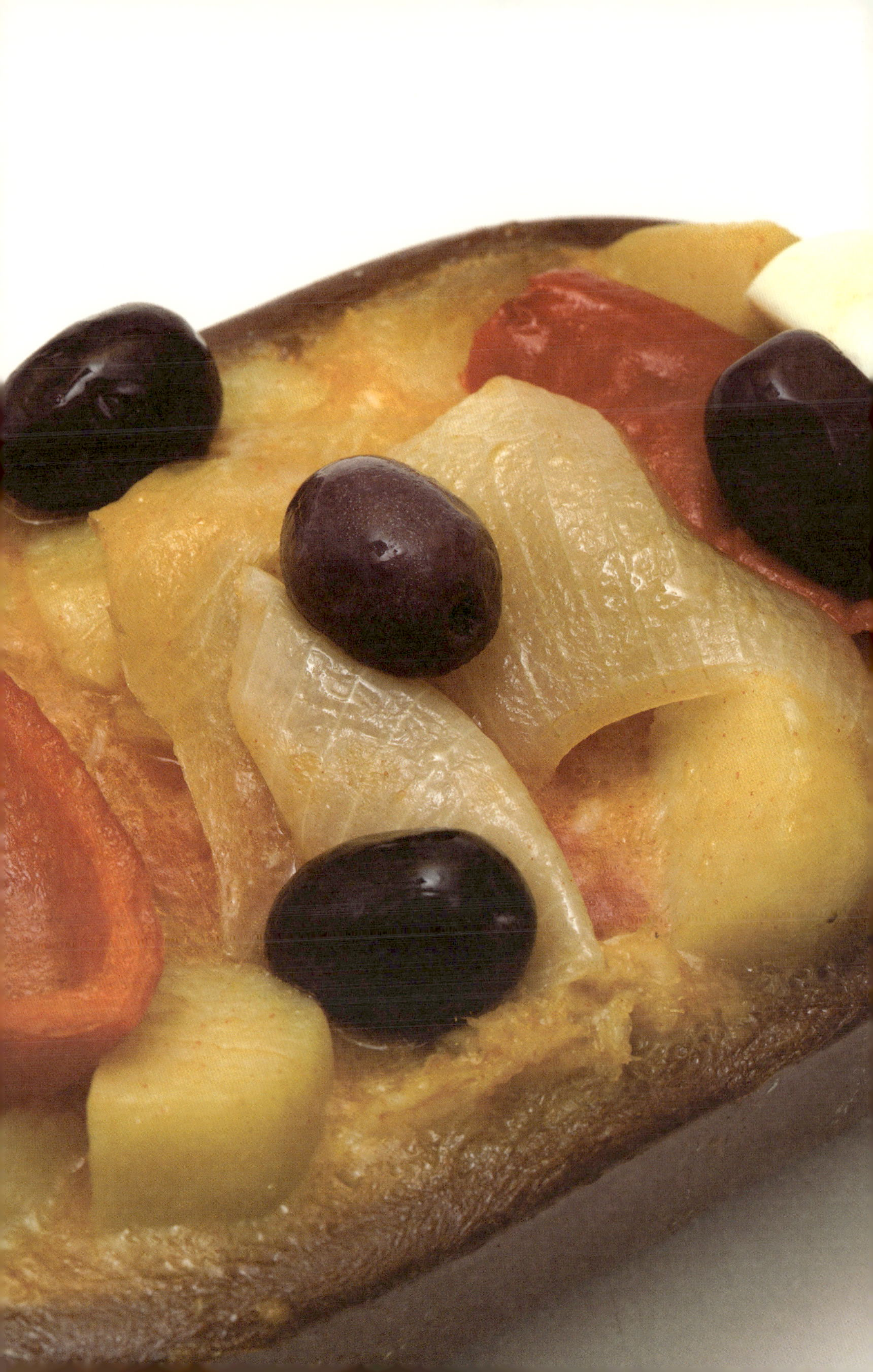

Bacalhau ao forno

RENDIMENTO: 2 porções

INGREDIENTES
300 g de filé de bacalhau dessalgado em postas altas
1 xícara de molho de tomate (molho ao sugo)
½ cebola cortada em 4 pedaços
½ pimentão vermelho fatiado em 6 pedaços
6 azeitonas verdes
3 batatas cozidas cortadas ao meio
1 ovo cozido cortado em 4 pedaços
2 dentes de alho amassados
Salsinha (cheiro-verde)
100 g de farinha de rosca
1 xícara de água
Azeite a gosto

PREPARO
Em uma frigideira, doure o alho com um pouco de azeite, misture o molho de tomate, a cebola cortada, as fatias de pimentão, as batatas cozidas, as azeitonas, cheiro-verde a gosto e uma xícara de água. Deixe cozinhar tudo por mais ou menos 5 minutos. Em uma travessa de barro ou pirex, coloque as postas de bacalhau, despeje o molho sobre elas e leve ao forno. Regue com um pouco mais de azeite e coloque os pedaços de ovo cozido por cima de tudo. Leve ao forno quente (300 °C) por 5 minutos. Sirva com arroz branco.

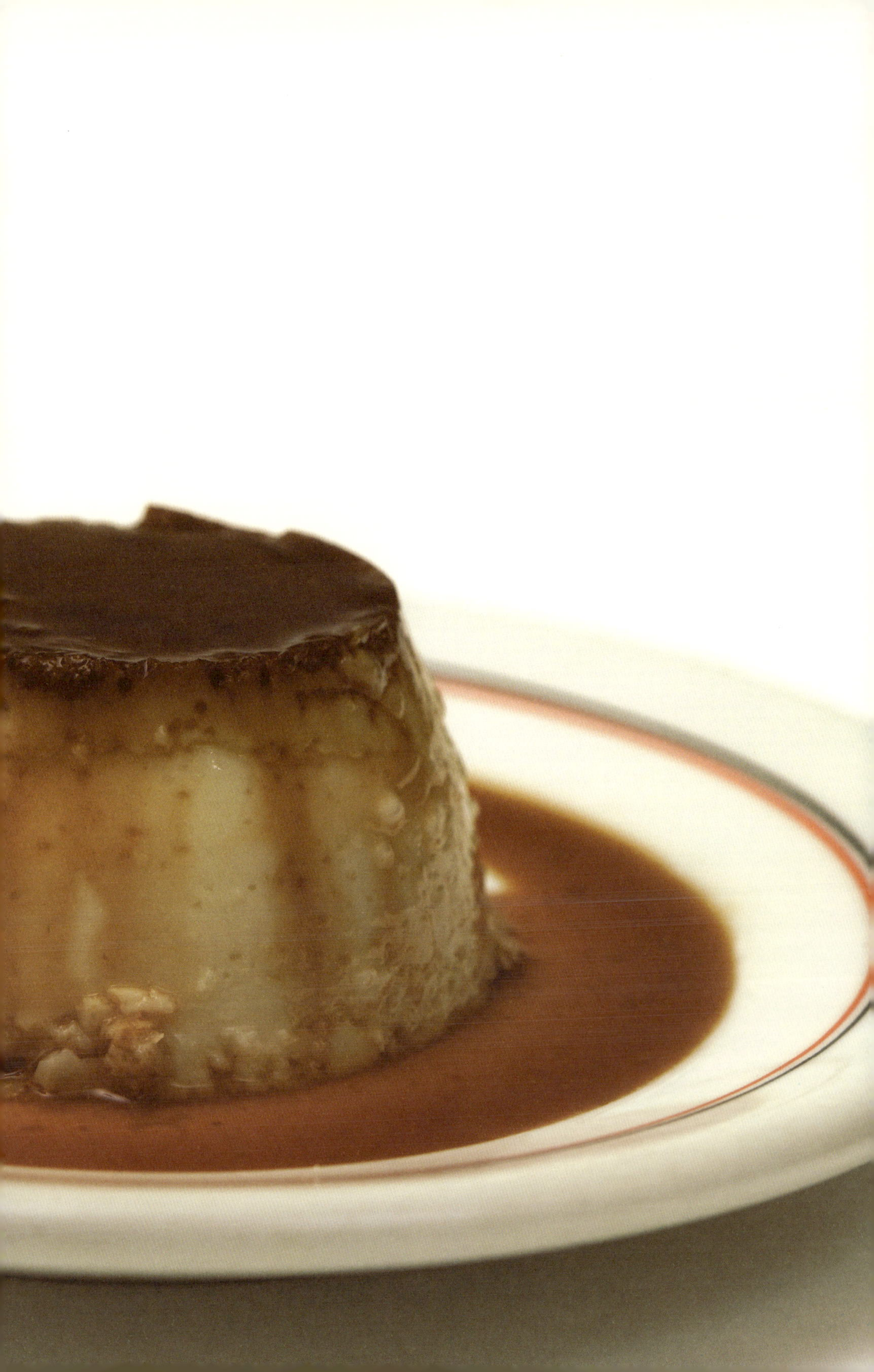

Pudim

RENDIMENTO: 10 unidades

INGREDIENTES
6 ovos
1 litro de leite
½ lata de leite condensado
250 g de açúcar
100 g de açúcar para caramelizar

PREPARO

Misture tudo, exceto o açúcar para caramelizar, e bata no liquidificador por cerca de 1 minuto. Deixe descansar. Prepare o caramelo com 100 g de açúcar, deixando passar um pouco do ponto para dar um leve gosto amargo no caramelo, o que irá contrastar com o doce do pudim. Caramelize o fundo das forminhas para pudim (o ideal são formas de aproximadamente 150 ml) e deixe esfriar. Coloque a mistura do liquidificador dentro de cada forminha até próximo da borda. Em uma forma grande, ou assadeira, de alumínio coloque água até ⅓ de sua capacidade. Em seguida, coloque as forminhas de pudim e leve ao forno pré-aquecido por cerca de 1 hora. Retire do forno, deixe esfriar e coloque-as na geladeira. Para servir, retire a massa das forminhas usando uma faca com lâmina fina, que deve passar entre a massa e a forma, vire sobre o prato de sobremesa e, se preferir, cubra com creme chantili.

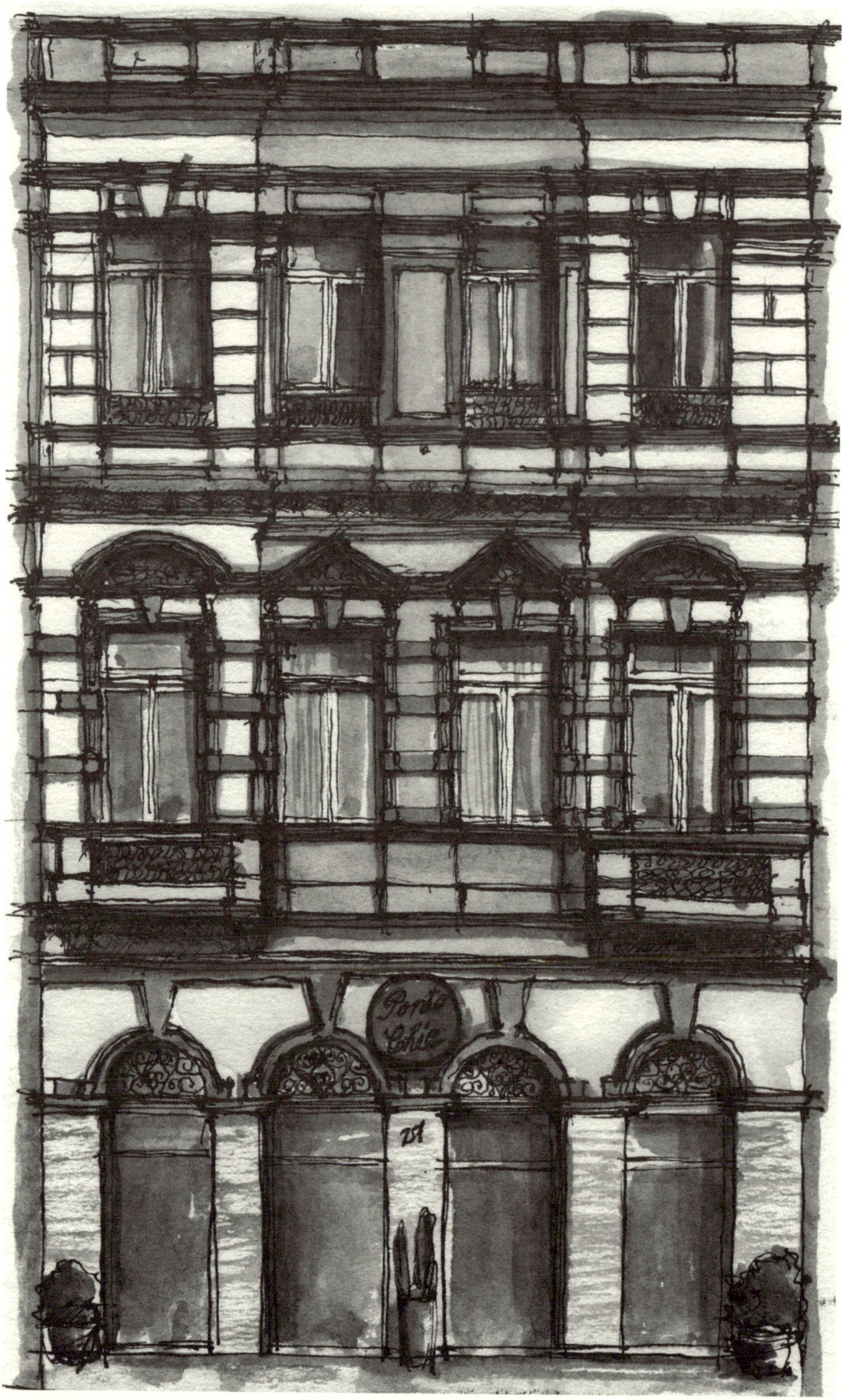
Porto Chic

Bibliografia

ALMEIDA, Fernando Azevedo de. *O franciscano Ciccillo*. São Paulo: Livraria Pioneira, 1976.

AMARAL, Aracy A. *Artes plásticas na Semana de 22*. São Paulo: Bolsa de Valores de São Paulo e BM&F, 1992.

BATISTA, Marta Rossetti; LOPEZ, Telê Porto Ancona; LIMA, Yone Soares de. *Brasil: 1º tempo Modernista (1917/29) – Documentação*. São Paulo: Instituto de Estudos Brasileiros da Universidade de São Paulo, 1972.

FLORENÇANO, Paulo C. *Nasce uma metrópole*. Edição comemorativa para a Companhia Antarctica Paulista. São Paulo: Livraria Martins Editora, 1954.

ISOLA, Ivan Negro; MORAES, Amaro; SILVA, João Baptista Moraes e. *Odisseia do som*. Catálogo. São Paulo: Museu da Imagem e do Som de São Paulo, 1987.

MURAKAMI, Ana Maria Brandão (coord.). *A Revolução de 1930 e seus antecedentes*. Rio de Janeiro: Nova Fronteira, 1981.

ROSSETTI, Marta Batista; MAGALHÃES, Fábio; ABRAMO, Radha. *Do Modernismo à Bienal*. Catálogo. São Paulo: Museu de Arte Moderna de São Paulo, 1982.

SCAVONE, Míriam. "O homem que deu a São Paulo a cara do século XX". Em *Veja São Paulo*, São Paulo, 28-2-1999.

SODRÉ, Roberto Costa de Abreu. *No espelho do tempo – meio século de política*. São Paulo: Best Seller, 1995.

THOMPSON, Mario Luiz. *Música popular brasileira*. Vols. 1 e 2. São Paulo: Bem Te Vi Arte Brasil, 2001.

TOLEDO, Benedito Lima de. *São Paulo: três cidades em um século*. São Paulo: Livraria Duas Cidades, 1981.